本书出版得到了国家自然科学基金面上项目（71171099）、江苏省哲学社会科学基金基地重点项目(10JD006)、江苏省高校"青蓝工程"中青年学术带头人和江苏省"333工程"资助

江苏省城乡一体化发展演化、测评与策略研究

杜建国　赵爱武　顾　鹏 等◇著

中国社会科学出版社

图书在版编目（CIP）数据

江苏省城乡一体化发展演化、测评与策略研究/杜建国等著.
—北京：中国社会科学出版社，2015.7
ISBN 978 - 7 - 5161 - 5792 - 3

Ⅰ.①江…　Ⅱ.①杜…　Ⅲ.①城乡一体化—研究—江苏省
Ⅳ.①F299.275.3

中国版本图书馆 CIP 数据核字（2015）第 058949 号

出 版 人	赵剑英	
责任编辑	卢小生	
特约编辑	梁　雁	
责任校对	董晓月	
责任印制	王　超	

出　　　版	中国社会科学出版社
社　　　址	北京鼓楼西大街甲 158 号
邮　　　编	100720
网　　　址	http：//www.csspw.cn
发 行 部	010 - 84083685
门 市 部	010 - 84029450
经　　　销	新华书店及其他书店
印　　　刷	北京市大兴区新魏印刷厂
装　　　订	廊坊市广阳区广增装订厂
版　　　次	2015 年 7 月第 1 版
印　　　次	2015 年 7 月第 1 次印刷
开　　　本	710×1000　1/16
印　　　张	13
插　　　页	2
字　　　数	219 千字
定　　　价	48.00 元

序　言

近年来，中国经济发展取得了举世瞩目的成就，GDP（国内生产总值）总量已跃居世界第二位。然而，长期以来以 GDP 为导向的发展模式导致城乡差异不仅没有缩小，相反却有继续增大的趋势，由城乡发展失调而造成的诸多问题也更显突出。如何科学地认识和评价城乡一体化，城乡一体化进程中会受到哪些因素的影响和制约，城乡一体化发展的空间差异及演化趋势如何，如何监测与预警城乡一体化进程，这些都是当前我国城乡一体化研究中亟须厘清的问题。

十八届三中全会公报提出要构建城乡一体的新型城乡关系，使亿万农民平等地参与城乡现代化进程，共同分享社会发展的成果。在国家政策引导和试点实践的基础上，各级政府对城乡一体化发展的关注和支持均达到了一个新的高度，发展不再是"重速度、轻质量"，也不再是"重城市、轻农村"，城乡一体化建设步入了一个崭新的发展时期。

然而，城乡一体化发展问题是一个具有高度复杂性的问题，其复杂性主要体现在结构复杂、组成因素众多、作用方式错综复杂等方面，可视作一个包含区域内部经济、社会、制度、空间、人口、资源环境等诸方面在内的复杂系统。系统内各要素只有协调一致、有序发展，才能保证整个系统的健康、可持续发展。这就要求我们基于复杂性科学的视角，从系统论角度出发，在研究城乡一体化发展问题时，既要关注整系统中子系统的发展和协调问题，更要关注系统整体的良性发展问题。

对城乡一体化的研究不能仅仅停留在理论层面，城乡一体化是社会经济发展到一定水平的历史产物，国外城乡一体化发展的经验与教训告诉我们，城乡一体化的发展没有统一的模式，我们必须立足本地区经济社会发展现状，因地制宜寻求适合地区发展的城乡一体化道路。同时，城乡一体化也是一个不断发展的动态演化过程，只有及时掌握其基本特征，发现其动态变化规律，才能制定正确的发展目标，确定合理的工作重点并选择恰当的政策措施。另外，城乡一体化发展只有与外部环境相互和谐、融洽，才具有可持续发展能力，反过来也可以促进经济社会的良性发展。因此，我国政府需要在充分认识区域城乡发展现状的基础上，设计一套合适的评价指标体系，选择科学合理的研究方法测度和评价城乡一体化发展的情况，掌握其发展动态及路径，及时发现并解决问题。上述举措对于维持整个系统良好、稳定的发展状态具有重要意义。

本书在总结、归纳国内外城乡一体化相关理论与实践经验的基础上，以江苏省城乡一体化实践作为实证研究的对象，通过大量统计数据，多角度分析了各区域城乡差异现状，并通过不均衡分解方法剖析了各种不均衡的演化规律及其构成主体，深层次揭示了城乡二元差异形成的原因及基础；进而立足社会发展现状，构建了城乡一体化发展水平评价指标体系；并运用复合系统协调度与发展度模型，对江苏省城乡一体化发展水平展开评测与讨论，在对比分析与历史演进中发现城乡一体化发展的"短板"；进而立足地区特点，结合资源禀赋以及发展重点，提出促进城乡要素流动、资源统筹、协调一体化发展的对策与建议。

该书基于系统论视角分析城乡关系的理论和方法，为城乡一体化相关理论的研究提供了新思路；基于复合系统发展度与协调度构建城乡一体化发展水平评价系统的方法，对于其他地区城乡一体化发展水平评价系统的构建具有借鉴作用；通过理论研究与实证分析得出的研究成果，对于全面推进江苏省城乡一体化可持续发展具有重要意义，为实现"两个率先"，谱写中国梦江苏篇章奠定了坚实的理论与实证基础。江苏省是一个苏南、苏中、苏北经济发展水平梯度差异典型的区域，基本代表了中国的东部、中部、西部的发展格局。江苏的城乡一体化发展水平在一定程度上代表了同时期国内城乡一体化发展能够达到的高度，其发展趋势也反映了国内城乡发展战略的走向，并对落后地区推进城乡发展的相关战略具有一定的借鉴、参考作用。

南京大学工程管理学院

盛昭瀚

2014 年深秋

内容提要

　　城乡一体化可持续发展对实现亿万人民共同的"中国梦"具有重要意义。本书以江苏省为实证研究对象，以国内外相关理论与实践研究为基础，从系统论视角出发，将城乡作为一体化发展的两个子系统，在多视角、多层面剖析城乡差异及其构成的基础上，构建了复合系统发展度与协调度评价模型，从空间和时间角度评测了江苏省城乡一体化发展的历史演进，并根据分析结果提出推动城乡一体化可持续发展的对策与建议。由于江苏省是中国的经济发展强省，其城乡一体化发展水平在一定程度上能够代表国内城乡一体化发展现阶段能够达到的高度，而江苏省内苏南、苏中、苏北地区之间的发展差异在一定程度上可以代表中国东部、中部、西部的发展格局，因此，江苏省城乡一体化发展的演化规律及经验教训对中国其他地区城乡一体化发展具有一定的借鉴意义。

　　本书采用多学科交叉的研究方法，将理论与实证相结合，历史与逻辑相统一，静态分析与动态分析交互进行，在横向对比与演化分析中发现各区域城乡一体化发展的"短板"，并从地区特点、资源禀赋以及发展重点等方面出发，探寻促进城乡要素流动、资源统筹、协调一体化发展的有效途径。研究内容主要包括：城乡一体化概念、内涵及目标任务的界定，江苏省各区域城乡经济、城乡居民收入、城乡教育水平发展差异性分析及不均衡分解，城乡一体化发展水平评价指标体系的构建与评测，城乡一体化发展对策与建议，等等。

Abstract

The sustainable development of urban – rural integration plays an important role to the realization of our "Chinese dream". In this book, we take Jiangsu Province as the empirical research object. Our research is based on domestic and foreign relevant theories and practice research. From the perspective of system theory, the urban and the rural is looked as two subsystems in the whole system. We analyze the differences between urban and rural areas from multi angles and multi levels. Then, we set up an evaluation model for the composite system basing on development degree and coordination degree. Employing the model, we study the historical evolution of urban – rural integration development in Jiangsu Province from the perspective of space and time, and put forward the countermeasures to promote the sustainable development of urban – rural integration according to the analysis results. As an economic developed province, the level of urban – rural integration development of Jiangsu can reflect the highest level of current stage in China. Meanwhile, the differences of development level among South – Jiangsu, Mid – Jiangsu and North – Jiangsu can represent the development pattern of the east, the middle, and the west part of China. Therefore, the evolution law, experiences and lessons of the development of Jiangsu Province have reference meanings for the development of other areas in China.

We use interdisciplinary research methods in this book, and combining theory with practical method, history and logic, static analysis and dynamic analysis, horizontal contrast and evolution analysis, to find the "short board" during the urban – rural integration development of different regions. Then, from regional characteristics, resources endowment and development focus, we explore the effective way to promote the flow of factors, resources integration and coordinating development. The research content mainly includes: concept, connotation and tasks of urban – rural integration, differences and unbalanced decomposition of economy, income and education level between urban and rural areas in Jiangsu Province, construction and evaluation of urban – rural integration evaluation system, countermeasures and suggestions about the development of urban – rural integration.

目　　录

第一章 绪论

　　江苏省作为中国的经济发展强省，经济总量占全国的 1/10 强，财政收入占 1/8，经济社会发展已经达到了较高的水平，城市化进程速度加快，城乡一体化发展的条件和时机已然成熟。城乡一体化是城市化的高级阶段形式，是社会进步、生产力发展到一定阶段的历史产物，是人类历史发展的必然趋势。城乡一体化发展问题是一个复杂性问题（杜建国，2008），其复杂性主要体现在结构复杂、组成因素众多、作用方式错综复杂等方面，可视作一个包含区域内部经济、社会、制度、空间、人口、资源环境等诸方面在内的复杂系统（张竟竟，2010）。我国有着世界上最悠久的农业历史和规模最庞大的农民群体，地域差异、社会体制、历史遗留等问题导致我国城乡发展的复杂性超过了世界上大多数国家，在改革发展中也遇到了诸多有关城乡发展的难题。为此，党和政府对农村问题十分重视，多次对农村工作进行部署，改革开放至今先后出台了 14 个关于农村问题的"中央一号文件"，旨在解决农业、农村、农民问题，农业生产与农村改革都有了大幅度的改善，我国农村出现了翻天覆地的崭新变化。然而，与城市相比，农村的发展速度还是相对较慢，城乡差异不仅没有缩小，相反却有继续增加的趋势，由城乡发展失调而造成的种种问题也更显突出。在国家政策引导和实践的基础上，各级政府对城乡一体化发展的关注和支持均达到了一个新的高度，发展不再是"重速度、轻质量"，也不再是"重城市、轻农村"，新型城镇化建设、"城乡统筹发展"业已成为区域新时期发展的重点目标（王怀超，2012），城乡一体化建设步入了一个崭新的发展时期。面对如此大的机遇，从江苏省区域经济社会发展的实际出发，深刻理解城乡一体化的内涵，统筹利用城乡资源，合理规划城乡一体化发展的目标和路径，对于提高人民生活水平，实现可持续发展具有重要意义。

　　改革开放以来，我国城镇化加速发展。1978—2012 年，我国城市化率由 17.9% 提高到 52.6%，平均每年以 1% 的速度增长（姜太碧，2005）；到 2012 年年底，全国城镇人口达 7.1 亿，是美国人口总数的两倍有余，高于欧盟 27 国的人口总量，城市化规模居世界第一。然而，以GDP 为导向的城镇化通过低价工业化用地与高价城镇化用地来谋求 GDP增长和财源扩大，虽然通过利用廉价劳动力的比较优势和城镇化进程中的"土地红利"促进了经济发展，但也强化了城乡二元结构，并带来诸多社会问题（张桂文，2014）。城镇化进程中物质资本与人力资本迅速向大城市集中，导致长期制约中国经济发展的"三农"问题没有得到有效缓解，城乡间经济、社会发展差距不断加大，在"农村病"严重存在的同时，"城市病"日益突出。这使得我国国民经济发展未能遵循发达国家的规律，步入城乡经济社会协调、一体、均衡的发展道路，而是在城乡经济社会发展中形成了城市和乡村非均衡发展的二元结构特征，即形成了"现代城市、落后农村"的格局。随着农村剩余劳动力大量流向城市，进城农民工达到了 2.6 亿人，由此带来的城乡矛盾和问题主要表现在以下几方面：一是随着户籍制度改革后"农民"由身份象征向职业称谓的转变，出现了如何使大量进城农民工真正融入城市，尤其是农民工子女就学、住房、就医、养老等关键民生问题；二是如何完善城市基础设施建设，解决城市交通拥挤和城市居民住房问题；三是如何缩小城乡生活水平及收入差距，使农民充分享受到社会发展的成果；四是如何缓解经济发展带来的城市生态环境问题（陈伯庚、陈承明，2013）；等等。所有这些问题不仅关系到农民工的生存和发展，而且关系到全体城乡居民生活状态的质量。

　　针对城乡发展的不均衡，党的十六大首次提出"统筹城乡经济社会发展"的理念，并在十六届三中全会上进一步提出"全面协调可持续的科学发展观"和"五个统筹"的要求；十八届三中全会公报指出，城乡二元结构的长期存在是制约城乡区域发展一体化的难点和障碍，全面推进城乡体制改革就是要健全体制机制，构建有助于工农业互促、城乡互动、工农互惠、城乡一体的新型城乡关系，使亿万农民平等地参与城乡现代化进程，共同分享社会发展的成果。可见，建立和谐社会，统筹城乡发展是我国现阶段的重要目标之一，而二元经济结构是实现统筹城乡发展战略目标的最大障碍。农村城市化、城乡一体化与城市现代化将是推动我国顺利实现小康社会的重要战略，是解决"三农"问题的根本途径，也是经济社会进入新阶段的重要标志，对于全面建成生态文明的"美丽中国"和铸就亿万人民共同的"中国梦"具有重大意义。

实现城乡一体化需要解决几个难题：一是缩小城乡收入差距；二是实现城乡资源的均衡配置；三是协调城乡一体化发展中经济与生态的关系；四是确立农民的主体地位和平等权利（陈伯庚、陈承明，2013）。只有促进城乡的深度融合，才能使它们良性互动，协调发展。这需要在深入研究的基础上，提出相关政策和改革措施。随着对城乡一体化认识的日渐深入，各级政府的施政理念已由发展价值优先逐步转向生命价值优先，由利益服从转向利益兼顾，由权力主导转向权利主导，并随着市场经济体制的进一步完善，以市场需求为导向，积极推进产业结构升级，加快新型城镇化建设。在此社会大背景下，统筹城乡发展，推进城乡一体化是新时期经济社会发展的必然选择。

真正意义上的城乡一体化，是以生产力高度发达为前提的。根据经济发展理论中的梯度发展模式以及产业转移理论的启示，由于我国地域之间社会经济发展的不均衡，城乡一体化的发展呈现出典型的梯度模式。该梯度模式既体现在中国东部、中部、西部区域城乡一体化发展的模式中，也存在于某些特定地区由于历史原因而导致地理及经济发展的不均衡形态中。而社会经济发展的基础不同，必然导致区域城乡一体化发展模式的梯度分布（李习凡、胡小武，2010）。这种梯度发展模式包括初级城乡一体化、改进型城乡一体化及高级城乡一体化三个阶段。初级城乡一体化阶段要实现发展规划的城乡一体化、基础设施的城乡一体化等；在改进型城乡一体化发展模式阶段，不但要实现基础条件的城乡一体化，而且还要实现公共服务的城乡一体化；同时，为实现最终的高级城乡一体化模式，必须要在生态文明建设、精神文化建设、居住生活方式上打下一定的基础。高级城乡一体化是整个城乡一体化所要达到的最终目标，不仅要实现基础条件城乡一体化及公共服务城乡一体化，最重要的是要完成文化建设及居民素质转变，将整个社会建设成为没有城乡二元的经济结构、制度模式和文化环境。当然，这三个发展模式并非彼此分开，而是城乡一体化的发展阶段与过程。

江苏省处于东部沿海发达地区，国民经济、社会发展水平位居全国前列，城市化水平达到56%，高于全国平均水平。目前，江苏省总体上已进入工业化中后期，处于全面建成小康社会并向率先基本实现现代化迈进的关键时期，已经具备了全面推进城乡发展一体化的经济条件和社会条件。《江苏省新型城镇化与城乡发展一体化规划（2014—2020年）》明确提出，城镇化建设应以人为核心，以提高城镇发展质量为关键，以城乡发展一体化为导向，改善民生，实现城乡区域协调发展，走出一条具有时代特征、中国特色、江苏特点的新型城镇化和城乡发展一体化道路。江苏省是一个苏南、苏中、苏北经济发展水平呈梯度差异的典型区域，基本代表了中国的东部、中部、西部的发展格局。江苏的城乡发展在一定程度上代表了同时期国内城乡发展所能够达到的高度，其发展的趋势也反映了国内城乡发展战略的走向，并对落后地区推进城乡发展的相关战略有一定的借鉴和参考作用。

国家统计局2012年分析报告显示，江苏省内城乡差异仍然较大，部分地区差异甚至还在不断扩大，城乡发展不协调，苏南、苏中、苏北地区差异明显，城乡二元结构的矛盾严峻，城乡统筹发展仍是长期而艰巨的任务。如何科学认识和评价区域城乡一体化，区域城乡一体化进程中会受到哪些因素的影响和制约，区域城乡一体化发展的空间差异如何，如何监测与预警区域城乡一体化进程以及如何应对，这些都是区域城乡一体化研究中亟须厘清的问题。本项目在对区域城乡一体化理论研究和测度方法研究的基础上，以江苏省为研究对象进行实证分析，以期明确江苏省城乡一体化发展现状及所应选择的发展模式和存在的问题，探索全面推进江苏省城乡一体化可持续发展的路径，为实现"两个率先"，谱写"中国梦"江苏篇章奠定坚实的基础。

第一节　研究意义

本书立足江苏社会经济发展现状，在充分剖析省内各区域城乡二元结构差异的基础上，结合本地资源禀赋，深入探析城乡一体化发展路径，以人为本，尊重自然规律，从可持续发展角度评估不同梯度阶段城乡一体化发展现状，对于科学推动城乡一体化建设及新农村建设、农业产业化、新型城镇化建设等具有重要的理论意义和实践价值。

一　理论意义

第一，城乡一体化及其相关概念的再认识。国内外学者从各自研究的不同角度，对城乡一体化给出了各种各样的定义。本书立足中国特色和社会、经济发展现状，以人为本，以科学发展观为导向，对城乡一体化进行了重新界定，明确了城乡一体化的科学内涵，为后续研究的开展打下了坚实的理论基础。

第二，基于协调度与发展度的城乡一体化指标体系构建。针对区域城乡一体化发展的时代特点，在充分理解城乡一体化内涵的基础上，本书根据城市与农村发展的不同特点及现阶段乡一体化发展的目标，多层面、多角度构建城乡一体化评价体系，并根据评价结果对区域城乡一体化进程的科学性和可持续性进行监测与预警。本书从协调度和发展度两个维度对指标进行评价，保证了评价结果的科学性和合理性，丰富了城乡一体化的理论研究体系。

第三，采用定性与定量研究相结合的手段构建区域城乡一体化梯度发展分析框架，为认识、评价城乡一体化进程提供了新思路。本书立足丰富的统计数据，通过定量与定性分析相结合的手段，深刻认识区域城乡二元差异及城乡一体化发展现状，进而搭建区域城乡一体化梯度发展分析框架，为其他地区结合本地特点，研究城乡一体化进程提供了参考依据。

二　实践意义

第一，本书通过构建一系列指标体系，以协调发展度理论为指导，对江苏省各区域城乡一体化进程进行评价，有助于了解现阶段江苏城乡一体化发展的真实情况；在此基础上提出了针对性较强的政策建议，有助于解决目前城乡发展中存在的难题。

第二，本书所构建的区域梯度发展城乡一体化进程分析框架，使中国不同区域间各城乡一体化阶段的比较成为可能，对各地区正确认识城乡一体化进程，科学把握城乡一体化发展路径及趋势，并在对比中学习，对制定城乡协调发展策略具有重要的实践意义和参考价值。

第三，"十二五"时期是江苏优质发展的一个新契机，是改造传统农业，改善农民生活条件，缩小城乡差距，加快完成城乡一体化发展的重要时期。对江苏城乡一体化发展方面的论述，可以充实、完善江苏城乡互动发展方面的问题研究。以江苏为研究对象的城乡发展研究，其评价体系的构建和实施对策的探讨带有一定的普适性，对其他地区城乡一体化建设的研究具有一定的借鉴意义。

第二节　研究综述

一　研究动态

欧美发达国家自19世纪50年代开始注重农村发展，到19世纪80年代以后，城镇化率普遍高达70%以上，这些国家的农村面貌与发展中国家贫穷落后的农村面貌颇为不一。发达国家的农村人口规模较少，人均占有土地面积大，农业生产方式先进，农民生活富足，其收入甚至远高于城镇居民收入，"逆城市化"现象显著。理论而言，发达国家城乡一体化发展实践固然可以给发展中国家带来借鉴和启示，但这些国家目前农村发展已持平甚至远优于城镇发展，研究其内部城乡发展的历程也颇有"过时"的意味。更值得注意的是，本书在研究国外相关文献时，发现国外专家学者（Kanbur and Zhang，1999；Appleton et al.，2005；Knight and Gunatilaka，2010；Li et al.，2014；Shen and Ma，2005；Long et al.，2010）都较早地把研究重心聚焦在发展中国家，特别是中国的城乡差异问题上。此外，相对于发达国家，国外很多发展中国家（如非洲、拉丁美洲国家）经济发展较落后，农村还处于国际贫困线以下，城乡之间呈现两极化差异（Wang et al.，2011；Zhao et al.，2013），其目前所应重视的是整体社会经济水平的迅速提升，解决其国内饥饱问题，与我国现有国情、城乡发展情况相差甚远。鉴于此，根据"理论联系实际、实事求是"的方针，本书主要分析、梳理国内外相关学者对中国近20年城乡一体化发展的研究进展情况，以期总结出我国城乡一体化发展的特点和问题。

自1978年十一届三中全会以后，我国城乡经济体制开始改革。城乡发展尤其是农村发展，急需一个平台去指引实现其发展的规模性和多样性。为此，党和政府针对发展的时代性和迫切性，在上海、江苏等经济相对发达的地区进行了试点运行工作，率先考虑中心城市与周边农村协调发展的战略，提出了大力发展乡镇企业沟通，促进城乡交流的开拓性思路，取得了丰硕的成果，试点的苏南地区城乡联系日益密切，城乡差距开始缩小。自此，城乡一体化发展的理论思想吸引了国内各学科领域学者的关注与研究兴趣，有关其理论的研究、学说、著作如雨后春笋般涌现出来。学者们的研究经历了从定性分析到定性、定量相结合，从理论探讨到实践求索的历程，其研究成果主要如下。

（一）城乡一体化发展的基础研究和政策解析

该方面研究主要是从经济学和社会学视角展开。周尔鎏、张雨林（1991）较早指出城乡一体化发展的要义主要体现在两个方面：在宏观经济上，实现城乡结合、工农并重，促进工业、农业两大支柱部门形成平衡增长的态势；在微观上，实现工业与农业、城乡之间相互发展、相互促进。然而，不足的是在这里仅仅是指经济发展的协调，而未包含城乡发展中经济、社会、生态、生活等方面的全面一体化发展。此外，马晓河（2004）、张竟竟等人（2007a）指出，城乡一体化发展思想的提出源于我国典型的城乡二元结构，是在保存城市和乡村鲜明特色的前提下，建立一种崭新的城乡关系，即实现城市与农村地区的利益共享与一体化发展。孙海燕（2008）强调，城乡一体化发展中的"协调"意义有别于常用的"均衡"含义，"均衡"意味着城乡间的同步发展，而"协调"则是以阻止城乡差距扩大为目标。宋葛龙（2004）分析、解释了当时的国家政策，指出统筹城乡协调发展是一项治本之策，其核心内容是"政策扶持"和"制度创新"，旨在扩大内需，保持国民经济快速、持续发展，是新时期解决"三农"问题的根本出路。孙久文（2010）以及 Ji 和 Shen（2014）重点探讨了城乡二元结构背景下我国城乡协调发展的战略意义、实施条件和新趋势，并在此基础上提供了可行性建议。

（二）城乡一体化发展的制约因素

农村发展是当今中国发展的"老大难"问题，城市地区对农村地区的帮扶有限，众多制约因素限制了城乡一体化发展政策的实施。因此，发现并解决这些制约因素是实现城乡统筹一体化发展的重要保证。为此，众多学者从各自侧重的角度、方法、地域等对城乡一体化发展的制约因素进行了研究总结：城乡二元结构下经济社会协调发展课题组（1996）、蔡昉（2000）、Lu 和 Chen（2006）、李刚和金兆怀（2013）等人的研究显示，城乡难以协调的根源是国内典型的城乡二元结构，传统的计划经济体制为城乡协调发展增添了诸多根深蒂固的阻碍，如重工业为主导的工业化战略、城乡人口迁徙难题、不平等的产业发展政策及市场未得到充分发展等，严重影响并阻碍了城乡关系向更好的方向发展。

同时，学者们普遍认识到城乡一体化发展的重点、难点问题在于农村的发展水平，因此，这些学者从农业、农村、农民等角度探讨了农村发展落后，从而导致城乡难以协调发展的原因，可以概括为以下几方面内容：一是从劳动力方面看，农民综合素质较低（张宁和陆文聪，2006；盛来运，2007）、收入过低（Sicular et al.，2007）、农村剩余劳动力过多（林玉妹等，2013）且文化贫穷（陈楚洁、袁梦倩，2011）限制了农民自身的发展，从而影响并阻碍了城乡的一体化发展；二是从产业角度看，农业基础薄弱（丁毓良等，2008）、现代化农业发展不成规模（柯柄生，2007；尹成杰，2007）、农村工业化与城市化进展步调不一（申茂向等，2005）、乡镇企业的发展模式（Kung et al.，2007）和人力资源管理问题（Ito，2006）等是造成农村产业发展缓慢，农村落后城市的基本原因；三是在观念习惯上，城市和农村由于生活环境和生活条件不同，造成城乡居民在生活、教育、消费和就业等方面（黄锟，2011；Yuan et al.，2013），在观念习惯上产生差异，这些都是城乡发展不协调的原因所在。随着研究的深入，一些学者开始运用定量方法研究城乡一体化发展的短板因素。值得注意的是，城乡空间规划不合理（Shen et al.，2012）、城乡生态环境状况不佳（Qin，2010；Fan et al.，2013）以及一些人为因素（叶忱、黄贤金，2000）等也会阻碍城乡一体化的发展。

（三）城乡一体化发展的测度评价

早期城乡一体化发展的研究主要从定性方面分析与解决城乡一体化发展的政策制度（孙津，2004；李锦顺，2005）、实施过程中面临的困境和问题（Ye et al.，2013）、问题解决的原则以及相应的构建设想（丁宝山，1992；叶兴庆，2004）等方面入手，缺乏对城乡发展情况的客观评价。因此，从定性研究到定量研究的转变是城乡一体化发展问题研究的一个质的飞跃，标志着我国城乡问题的研究不再是仅局限于理论分析，而是运用区域研究方法（聂华林，2006）因地制宜地分析和寻找问题。顾益康和许军勇（2004）创新性地设计了一套以城乡发展度、差异度和协调度为主要内容的城乡发展评估指标体系，奠定了定量评价城乡发展程度的基础，但遗憾的是未曾进行实证评价和分析。鲁奇等人（2004）、段娟等人（2005，2006，2007）采用主成分分析法、层次分析法、锡尔系数法和灰色关联度法等作为城乡互动发展的计算评价方法，在此基础上对某特定区域进行了实证分析，其研究在时间上具有循序渐进和可追寻意义。吴殿廷等人（2007）以城乡一体化发展的内涵为着眼点，设计了兼具效率性与公平性的协调度模型，考察了我国各省、自治区、市1995—2005年城乡一体化发展的状态，预测了"十一五"末期城乡一体化发展的趋势，并提出了有针对性的改进建议。而后，张永锋等人（2010a）和张永锋（2010）创新性地提出了一体化发展的定量概念，从时间、空间两个视角用城乡一体化发展模型测度分析了西北地区的一体化发展水平，详细地测量与分析了该地区城乡协调发展的现状。

（四）城乡一体化发展的实施对策

如上所述，众多学者意识到城乡二元结构是阻碍城乡一体化发展的最大障碍，因此，促进城乡一体化发展的重点应该是通过取消户籍制度，推进城乡体制改革，协调城乡产业分工，实现城乡居民自由沟通等措施，逐步消除城乡分离的二元结构（Liu et al.，2013；Young，2013）。汤普森等人（Thompson et al.，2013）分析了城乡统筹的结构转变问题，认为制度创新是城乡协调发展的关键。张合林（2008）也认为，我国城乡二元结构在短期内被完全消除是不切实际的，只有自上而下的制度创新才是促进城乡一体化发展的最佳途径。随着研究的深入和细化，学者们的研究重心从宏观理论角度的分析探讨转向微观层次，通过定量分析、实证研究发现问题，从而对症下药地提出针对性的指导意见。张竟竟等人（2007b）通过对乌鲁木齐市的实证研究后认为，改进城市生态设施状况、农村农业生产条件是该市城乡一体化发展的重中之重；王阳、岳正华（2010）以2000—2008年四川省城乡发展情况为研究背景，得出促进城乡就业结构、产业结构、社会结构、生活质量的一体化发展是首要实施措施的结论；王建军、陈晓玲（2011）对西宁市2002—2008年城乡一体化发展程度进行了时间序列分析，提出加强城市环境管理，缩小城乡收入差距，加强城市化建设和完善城乡社会保障制度会对西宁市城乡一体化发展起到事半功倍的作用；还有诸多学者根据各自研究的方法、地域和时间段，提出了加强城乡经济交流（Easterlin et al.，2011），提高农村人口素质（刘凤琴、马俊海，2003），科学规划城乡空间发展（Zheng et al.，2010）等方面的具体措施。

发达国家的成功经验表明，二元结构转型是通过工业化、农业现代化与以人为核心的城镇化之间相互作用的良性循环来实现的。城镇化不仅是农村人口向城镇转移，第二、第三产业向城市集聚，从而使城镇数量增加、规模扩大、现代化和集约化程度提高的过程，而且也是城市文化、城市生产和生活方式、城市价值观念向农村渗透、融合的过程（陈伯庚、陈承明，2013）；推进以人为核心的城镇化是促进城乡二元结构转型，实现城乡一体化发展的重要途径（李泉，2014；张桂文，2014）；胡小武（2013）认为，合理的城镇体系可以为经济发展提供广阔的市场和持久的动力，是优化城市经济结构，促进国民经济良性循环和社会协调发展的重大措施。

二 研究述评

毋庸置疑，前人的研究使我们能够较快地了解并步入城乡一体化发展的领域中，给我们提供了"站在巨人肩膀上看世界"的契机。区域城乡一体化发展的组成部分众多，在某种程度上也可以视作一个系统的发展，而略显遗憾的是，目前少有从系统的视角去研究城乡一体化发展问题，这值得我们在以后的城乡问题研究中进行更深层次和更广范围的开拓。

区域城乡一体化发展的定量分析将成为今后城乡问题研究的重点，这也是区域研究实时性和动态性的要求所致。区域具有时间和空间属性，细致研究一个区域的发展问题，须同时顾及这两个方面的内容，这是目前研究普遍忽视的问题。同时，在强调多学科、多领域发展交融的今天（盛昭瀚等，2011），如何借鉴其他领域的理论和从新的视角来分析城乡一体化发展的运作机理，从而赋予其更广阔的研究天地，还有待学者们的继续努力。

第三节 研究内容及研究方法

一 技术路线

本研究的技术路线如图 1 - 1 所示。

二 研究内容

本研究共分七章，各章主要研究内容如下：

第一章：绪论。主要阐述了研究背景及意义，研究的技术路线、主要内容和方法，并总结了研究的主要创新点。这是全书的纲领。

第二章：城乡一体化理论综述。本章首先分析了城乡关系相关理论和城乡一体化相关理论，探讨了城乡二元结构的成因及城乡关系的演变，进而在归纳、总结国内外城乡一体化理论研究成果的基础上，多角度阐释城乡一体化概念、内涵，并提出城乡一体化梯度发展观点，确定各梯度模式的发展目标。

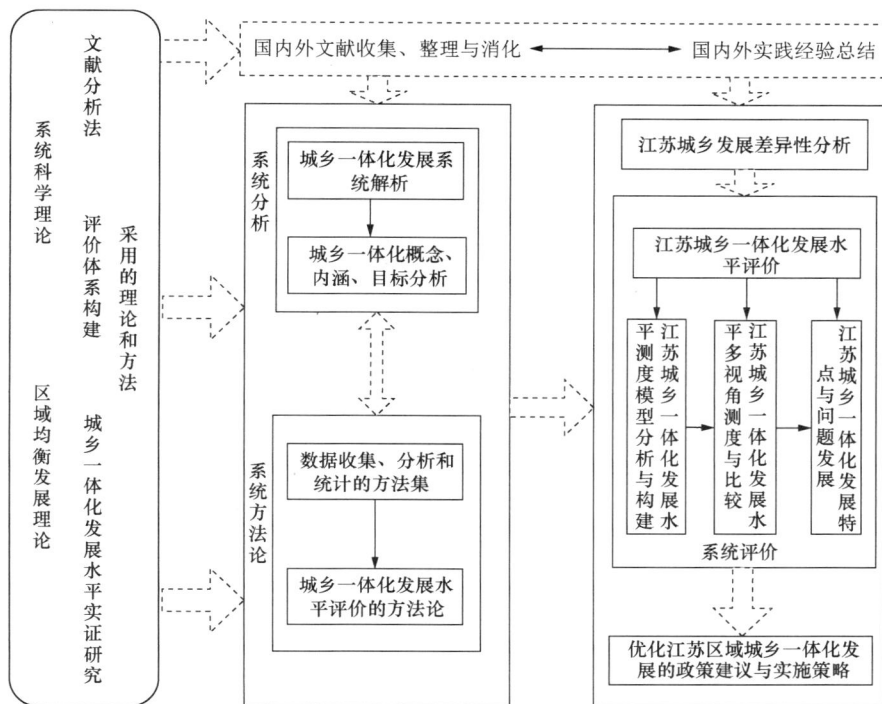

图 1-1 研究技术路线

第三章：城乡一体化模式比较。本章对国内外城乡一体化发展经验和模式进行了比较与总结，为江苏省城乡一体化发展模式提供借鉴。

第四章：江苏省区域经济及城乡差异分析。本章以江苏省 2002—2012 年官方统计数据为基础，以 Matlab 为工具，多角度系统分析了江苏省城乡经济、社会发展的不均衡及城乡居民生活水平的差异；并通过区域间横向数据与不同年度纵向数据的对比，量化了区域城乡二元差异及其演化路径。

第五章：江苏省城乡一体化评价体系构建。本章在明确区域梯度发展模式及目标的基础上，提出了使用多指标综合评价方法测度城乡一体化发展水平的思路。

第六章：江苏省城乡一体化发展水平评价。本章利用第五章讨论的评价方法和指标体系，分析了江苏省区域城乡一体化发展状况，并探讨了其梯度发展演进路径。

第七章：江苏省城乡一体化发展建议与对策。本章在前面评价与分析的基础上，进一步探讨了江苏省城乡一体化发展的资源条件和发展水平，指出了现阶段江苏省推进城乡一体化必须坚持的基本原则与理念；从五个方面提出了全面推进城乡一体化发展的目标任务和重点，明确了充分利用资源优势，推动可持续城乡一体化发展的战略举措。

三　研究方法

区域城乡一体化问题研究的准确性、实时性要求我们采用从定性到定量的综合集成法，建立科学合理的评价体系，使用定性和定量相结合的评价方法，深化认知与研究城乡关系发展的现状。同时，系统理论能很好地解释分析城乡相互发展过程中的内容、结构和关系的复杂性，因此，本书将采用多学科交叉的研究方法，将理论与实证相结合，历史与逻辑相统一，静态分析与动态分析交互进行，在具体策略上运用发展度与协调度相结合的方式，从空间和时间角度全面评价城乡一体化的发展水平与历史演进。

（一）理论与实证相结合

关于区域城乡一体化，目前尚没有形成统一的理论，已有研究只是从不同侧面对城乡一体化进行了解释。本书在借鉴已有政策、理论及研究成果的基础上，基于实证提出区域城乡一体化梯度发展的观点，进而深入解读城乡一体化的内涵、特征和动力机制等问题，对国内外已有研究成果进行进一步的概括与提升。

（二）历史与逻辑相统一

对城乡关系发展过程的梳理是理解区域城乡一体化的基础，从城乡关系演变的历史及成因寻找内在逻辑，以逻辑阐释历史，这是本书探索城乡一体化发展路径的思维模式。

（三）采用系统分析和比较分析的手段

综合运用计量经济学、信息技术等手段，将复杂问题分解，从理论探讨到实证研究，以实证研究佐证理论成果。针对江苏省城乡一体化梯度发展特点及现阶段的目标任务，选用多指标综合评价方法，利用网络层次分析法构建分析框架，在系统分析过程中综合采用类型比较、历史分析和因果分析等多种理论方法，并结合典型地区的案例分析，验证、分析框架的合理性与科学性。

（四）静态分析与动态分析方法的综合运用

采用静态分析方法揭示区域城乡一体化发展的不同特点，并加以横向对比，由整体到局部层层深入，分析不同梯度模式形成的原因和条件，发现主要矛盾，明确资源优势和劣势，寻找解决问题的突破口，为宏观政策调整提供依据；采用动态比较分析法，将本期结果与历史进行对比，通过纵向比较探寻城乡一体化发展的速率及路径，结合静态分析方法，寻求最优政策建议。

第四节　主要贡献

城乡一体化是社会生产力发展到一定阶段的必然产物，它涉及地理空间、人口、经济、社会、生态环境等众多领域，有着极其丰富的内涵和外延。同时，由于受到区域经济发展的影响，区域城乡一体化具有鲜明的地域特色。本书通过详细的分析和论述，结合江苏省各区域发展现状，提出梯度发展模式，并据此构建一个系统清晰的分析框架，并在此基础上探析江苏省城乡一体化发展的路径。

第一，本书通过对城乡一体化相关理论与实践研究的归纳、总结，多视角透视了城乡一体化的科学内涵、任务目标和实现途径；认为城乡一体化是一个渐进的过程，而不是结果，城乡一体化的内涵不是一成不变的，其具有鲜明的时代特色，不同社会发展背景下具有不同的含义，而保护自然生态环境，保护传统文化及乡土特色应作为发展城乡一体化的前提。城乡差别是永恒存在的，城市和乡村在产业上各有分工，生活方式、生态格局各有特色，但社会福利、公共服务、发展机会是均等的。高度发达的现代化城市与鸟语花香的江南水乡交相辉映，互为资源，互相服务，共同繁荣，才是真正意义上的城乡一体化。

第二，本书将理论分析与实证研究相结合，通过江苏省区域城乡发展的大量实证数据，在充分理解各地发展现状及城乡二元差异表现的基础上，探寻主要矛盾，分析现阶段应解决的主要问题和应采取的手段；并提出区域城乡一体化梯度发展模式的观点，改变以 GDP 为中心的城乡一体化进程评价方法，以人为本，尊重社会发展规律，构建区域城乡一体化发展水平测度与评价模型；同时将静态评价与动态评价相结合，通过对比分析各区域城乡一体化发展路径，强调用历史的、发展的观点看待问题的重要性。

第三，以区域城乡一体化发展水平评价体系为依托，构建城乡一体化发展监测与预警分析框架，以科学分析为依据，通过制度创新推进城乡一体化进程；同时，通过监测与预警，谨防过度城市化而引发新的"城市病"和"农村病"，引导城乡一体化的健康发展。

第二章 城乡一体化理论综述

实证研究测评区域城乡一体化发展情况，需要理论的支撑和指导。只有在宏观上全面准确地概括城乡一体化发展的相关内容，即城乡一体化发展的基本概念、理论基础与发展内涵等，才能从本质上把握城乡一体化发展的作用机理、目标和实现条件，从而有针对性地根据区域发展的实际情况，提出切实可行的科学建议和实施措施。基于以上认识，本书将在本章对城乡一体化发展的基本概念、理论基础与发展内涵等逐一进行详细的阐述，为后续章节的实证研究打下扎实的理论基础。

第一节 区域城乡一体化发展基本概念

一 区域与城乡概念解析

（一）区域

区域是一个具有相对意义的概念，一个国家相对于全球可理解为一个区域，一个省或一个流域相对于一个国家也可作为一个区域。区域可以理解为具有相同或相似的自然条件、相同的历史文化与习俗、相似的经济社会水平、同等的法律的一个自然单元或行政区划。区域隶属于空间概念，体现为一定空间范围内以不同物质客体为对象的地域结构形式。目前，区域的划分主要是以地理和经济特征为基础的，本书所研究的区域是以国家行政区域划分为标准的，包括江苏省内13个省辖市及各自下属行政辖区在内的空间单元。

（二）城乡的范围

城市、城镇、农村、乡村等概念是我国常用的表示城乡地域的概念。但是，目前对这些概念的理解和用法有很大分歧，导致在使用这些概念时会出现紊乱。不同学者统计城乡相关数据进行实证研究时，也会因概念理解不一而产生统计口径、统计数据及统计结果的差异。

为增强对上述概念理解与使用差异的解释，本书跟踪分析了国家统计局的规定与资料，在其 2008 年发布的《统计上划分城乡的规定》中进行的解释如下。

"本规定以我国的行政区划为基础，以民政部门确认的居民委员会和村民委员会辖区为划分对象，以实际建设为划分依据，将我国的地域划分为城镇和乡村。

实际建设是指已建成或在建的公共设施、居住设施和其他设施。

城镇包括城区和镇区。城区是指在市辖区和不设区的市，区、市政府驻地的实际建设连接到的居民委员会和其他区域；镇区是指在城区以外的县人民政府驻地和其他镇，政府驻地的实际建设连接到的居民委员会和其他区域。

与政府驻地的实际建设不连接，且常住人口在 3000 人以上独立的工矿区、开发区、科研单位、大专院校等特殊区域及农场、林场的场部驻地视为镇区。乡村则是按本规定划定的城镇以外的区域。"

从该规定可以看出，城镇包含城市和镇区，两者并不处于一个等级上。

另外，在 1999 年的《统计上划分城乡的规定（试行）》中，"农村"与"乡村"也不是等同关系，乡村除包括农村以外，还包括非建制镇的集镇。但在全国各省、自治区、市的统计资料中，却基本不存在以"乡村"为名的统计对象。而且，从习惯用语方面出发，我们通常认为，"农村"与"乡村"意思相近。因此，在本书的后续部分中，为保持与国家统计局公布的统计对象与口径一致，减少统计工作的困难，我们认为"农村"与"乡村"的概念近似一致。综上所述，本书采用"城镇"与"农村"作为区域城乡一体化发展的主体对象。

二 城乡互动发展概念辨析

（一）城乡互动发展相关概念

目前，能描述城乡互动发展关系的概念主要包括城镇化、城乡关联发展、城乡统筹发展、城乡协调发展、城乡一体化等。这些概念共同描述了城乡发展的不同状态，但彼此之间存在异同。因此，只有客观把握这几个概念的内涵，分析其区别与联系，才能对症下药，深入识别城乡发展关系的深层次问题。

1. 城镇化

城镇化是各国现代化的必由之路，指人类生产和生活方式由乡村型向城市型转化的历史过程，表现为乡村人口向城市人口转化以及城镇不断发展和完善的过程，又称城市化、都市化（陈承明、施镇平，2010）。具体包括人口社会分工改变、产业结构转型和土地发展方式变化（Armstrong and McGee，2013），这是一个城镇人口数量增加、产业结构逐步升级、居民收入水平不断提高以及城市文明不断发展并扩散传播到周围农村的过程。

2. 城乡关联发展

这是指在整个区域社会经济发展的大环境下，城乡根据自身特性选择合适的发展模式，促进城乡之间资本、技术、劳动力等诸要素顺畅地运行和流转，以建立合理、规范、有序的城乡相互作用与联系的和谐关系。从其本质出发，是指城乡在相互发展过程中，各方面的资源及要素在两者之间得以配置和流转的过程。通过上述联系，城市发展影响、作用到农村发展，农村发展亦影响、作用到城市发展。在城乡关联发展中，关联度是指城镇和农村之间彼此联系的强度，用来测度两个主体相互作用的强度（李君、李小建，2008）。

3. 城乡统筹发展

这是针对我国城乡之间由于不同的户籍制度、土地使用制度、劳动用工政策、住房政策、教育政策、社会福利等所形成的城乡二元经济社会分割格局而提出来的（李习凡、胡小武，2010），旨在打破城乡二元结构，改革城乡之间政治、经济、社会发展的制度隔离，创建城乡之间政治、经济、社会运行的融合机制，使城市和乡村成为一个整体，人口、资金、信息和物资等要素在城乡间自由流动，城乡的经济、社会、文化等方面相互渗透、相互融合、高度依存，充分发挥城市与乡村各自的优势与作用。

4. 城乡协调发展

这是指在城镇和农村地区，在均保留各自鲜明特色且不断发展的基础上，城乡实现分工协作、互相配合、和谐有序的发展过程。协调发展的本质是指城乡在共同发展过程中，城镇与农村发展差距缩小，而不是扩大的过程。

5. 城乡一体化

这是城乡互动发展的一个新阶梯。当生产力发展到一定程度后，我们将把城乡地区视作一个整体进行统筹规划，通过制度创新与政策调整，城乡之间的劳动力、技术、资金、资源等生产要素能够在一定范围内进行合理流动和配置，产业之间形成合作，城镇和农村在经济水平、基础设施、社会进步、思想意识等方面实现广泛融合，推动城乡在经济建设、产业发展、社会事业发展等方面的一体化，剔除根深蒂固的二元结构，实现城乡政策平等、产业互补、利益分配公平，促使城乡社会经济形成全面、协调、可持续发展的新局面。城乡一体化既是一个城乡综合发展的过程，又是一个城乡互动发展的终极目标。当然，城乡一体化终极目标的实现也是一个循序渐进的过程，城乡一体化将经历初级城乡一体化、改进型城乡一体化及高级城乡一体化三个阶段，各阶段有不同的侧重点。关于城乡一体化概念及内涵的解读将在后续章节深入探讨。

（二）相关概念联系与区别

城镇化、城乡关联发展、城乡统筹发展、城乡协调发展、城乡一体化既有联系也有区别。城镇化是一个地区城市与农村同时现代化的过程，更重要的是强调农村向城市类型转变并发展成城乡一体化的一个阶段，它是现阶段城乡一体化的核心，可以理解为城乡以某种形式相互作用的过程和结果。城乡统筹发展、城乡协调发展、城乡关联发展可作为城镇化发展的一种方式和途径，城镇化进程是在城乡关联发展、城乡统筹发展、城乡协调发展中不断推进的。此外，城乡统筹发展、城乡协调发展和城乡一体化的进行是在城乡关联发展的层次上进一步演化的，关联发展的程度左右着统筹发展、协调发展及一体化的进展。城镇化、城乡统筹发展、城乡协调发展和城乡关联发展的终极目标是实现城乡一体化，四者不仅是在实现终极目标过程中的一个阶段，也是实现这个最终目标的手段。

但是，上述五个概念也有本质的区别。城镇化突出的是空间发展和集聚的过程，而城乡关联发展强调的是空间重新组合的过程，城镇化侧重的是空间集聚，而城乡关联发展的重心则在空间联系。城镇化并不等同于城乡协调发展，有可能是城市单方面的高速发展，会在一定程度上阻碍农村发展。同理，关联发展、统筹发展和协调发展也存在区别，关联发展可以解释为一荣俱荣，也可以解释为一损俱损，一味增强关联性并不一定有利于城乡统筹发展和城乡协调发展（罗雅丽、李同升，2005）。城乡一体化是城乡发展的一个高层次目标，是城乡发展关系中各种手段所要实现的最终目的。

第二节　城乡一体化发展理论基础

一　城乡互动发展理论基础

（一）系统论

系统是指由若干要素按一定方式组成的具有新功能的一个有机整体，这些要素之间彼此存在联系与制约，是系统科学的基本概念。系统论的基本特征是整体性和有机关联性（魏宏森，1988）。整体性是指当作为系统的组成要素一旦组成系统整体，就具有独立要素不具备的性质和功能，从而体现出系统整体的性质和功能不等于各组成要素的性质和功能的简单加和。关联性是指各组成要素之间以及各组成子系统之间存在着相互联系、促进、制约等复杂的关系。此外，开放性、目的性也是系统的显著特征。城镇与农村的发展涉及资本、劳动力、技术等多种要素的运行，各要素之间呈现相互关联、与外界密切联系的开放发展关系；城乡统筹协调、一体化发展，作为理想城乡关系发展的一种手段，可以进一步提升区域综合发展实力，使整个区域达到均衡发展、和谐发展的高水平发展层次。从此层面上看待城乡发展，则可以将其描述为一个具有系统整体性、关联性、开放性等鲜明特征的复合整体，城乡二者相互发展、相互影响、相互制约，如图2－1所示。

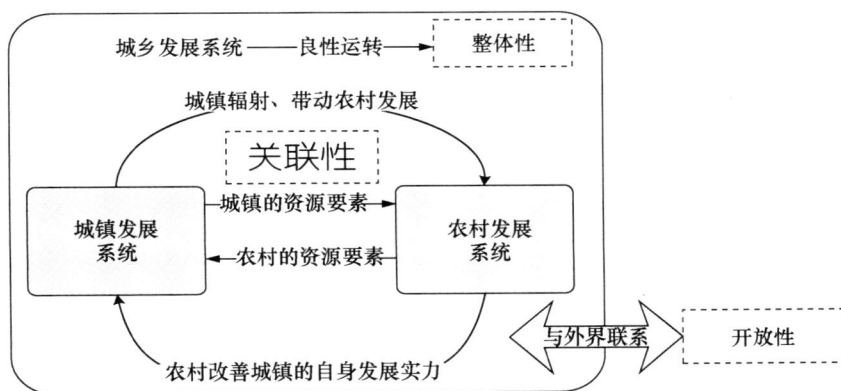

图2－1　城乡互动发展系统的运作原理

把城镇与农村归入一个统一、综合、多方面发展的复合系统是用系统论解决城乡一体化发展问题的核心所在，这一系统强调城乡之间的紧密联系与整体对待，强调要达到两者发展关系的最优化。城乡关系应是一种网络化、横向联系的水平关系，而不是一种垂直的上下行政关系，其本质应是相互合作，使城乡平等、协调发展。城镇在帮助和带动农村发展的同时，也会受益于农村的资源要素，借此不断重组、提升自身结构与功能，持续提高自身综合实力，进而形成良性循环，促进城乡一体化发展。

（二）协同论

德国物理学家赫尔曼·哈肯于 1972 年首先提出自组织系统理论——协同论。协同论认为，世界乃至整个宇宙是一个统一的大系统，是由许多子系统按照一定方式组织起来的（曾健、张一方，2000）。在某个相对的大系统中存在许多子系统，子系统相互之间既相互联系，又相互制约，它们在各种关系中不断变化与协调，在新的环境下形成新的平衡状态，从而使整个大系统内外从混沌无序状态发展至协调有序的有组织状态。各子系统之间协同功能优劣的叠加将直接影响到大系统的整体功能。协同论在某种程度上可定量概括为"1 + 1 > 2"，即大系统内各子系统合作所产生的总功能超过各子系统的单独功能之和。

协同论应用于城乡关系，是将区域看作一个大系统，城镇与农村作为其两个子系统。只有最大限度地实现城镇和农村两个子系统的协同合作，才能发挥区域大系统的最大作用，而在统筹资源优势的前提下，城乡一体化发展是城乡协同合作的手段和基础。如果城镇与农村之间的发展存在障碍，则达不到其各自发展的最大功能，那么区域整体的最大功能、最强实力也不可能完全实现。因此，掌握协同论思想，对理清城乡发展的内部联系、发展方向与运作规律会起到事半功倍的效果。

（三）综合发展理论

区域发展系统是一个由经济、社会、人口、文化和自然资源等众多要素组成的有机、开放巨系统，其发展不只是扩张规模，而且还包括结构优化、质量提升在内的全面改善，即经济、社会、人口、文化、环境等各方面的"综合发展"（Gennaioli et al.，2013）。综合发展理论以整体综合效应最优为地域发展的重点目标，区域内部城镇及其周围的农村之间存在着各种物质与能量的交换，两者之间高度统一，不能剥离周围农村而单独研究某个城镇，城乡地域发展不能只停留在数量的增长方面，而是要满足包含经济、社会、文化、生态等多方面的全面改进。因此，即使只进行城乡空间规划，也不能只按照传统的土地规划概念制订发展计划，只注重建设用地的规模扩大和功能安排，单纯地布置各种物质设施，还必须考虑城乡经济、社会、文化、环境等各方面的综合发展，从物质文明和精神文明两个方面出发，进行全面的规划调控，使城乡空间环境的发展在满足经济增长的基础上，更有利于促进社会的和谐稳定、居民的身心健康、区域的生态平衡等。总而言之，综合发展理论注重全面发展和关联发展。

二 城乡非均衡发展理论

（一）二元结构理论

二元结构思想最早由美国学者阿瑟·刘易斯（Lewis，1954）提出，是指在一定条件下，传统农业部门的边际生产率为零或为负，劳动者因为处于最低工资水平，所以存在无限劳动力的供给，相对应地，城市工业部门的工资稍高；假设这一工资水平持续不变，则两部门的工资差异可能会导致农业剩余人口涌向城市工业部门。这一趋势将会导致农村剩余劳动力逐渐减少乃至消失，随之影响的是农业部门的边际生产率逐步提高，因此，两部门收入不断增加，使二元经济结构逐渐走向趋同。由于城市一般是工业的集聚地，而农村主要布局农业部门，因此二元结构也被称为城乡二元结构。但是，刘易斯理论的缺陷在于忽视了传统农业部门的发展，只一味地把重心放在扩张现代工业部门上。为此，凯恩斯理论逐渐被引入二元结构框架，其核心思想在于利用政府的有效干预来解决市场失调所造成的资源配置弱化问题，以满足结构转换的需要。我国的二元结构现象具体表现为工业与农业、城镇与农村、发达地区与落后地区间的巨大差距。要解决这些问题，我们必须公平对待发展中的两者，统筹兼顾、协调发展，破除二元结构根深蒂固的制度基础。

（二）增长极理论

法国经济学家弗朗索瓦·佩鲁（Francois，1950）首次提出增长极理论，他认为经济增长通常是从一个或少数几个"中心"逐渐向其他地区或部门传递，这些"中心"被认为是处于特定地理位置，用于带动经济发展的增长极。增长极理论主要观点分为两种：一是将其作为经济概念，增长极代表的是特定产业或厂商构成的集合；二是将其作为地理概念，特指某个地理区位。对比可以解释为一个区域范围内发展较好的少数地区和少数产业带动了整个区域经济发展，这些地区和产业应该培养成为该区域的经济增长极。在此条件下的经济增长被视作一个由点及片，进而成面的逐渐推进的整体。增长极，作为区域经济发展的一股新兴力量，对区域经济的发展起到了巨大的推进作用，不仅会扩展自身的发展规模，也会对他者产生协同效应、扩散效应等有益影响。

增长极理论运用在区域城乡经济发展中，强调城乡的非均衡发展，把有限的资源集中到发展潜力大、规模经济效益明显的城镇，使城镇这个增长极的经济实力强化，同周围农村地区的发展形成一个势差，再通过市场经济的开放性与传导力量反哺农村的经济发展，继而引领整个区域发展迈上一个新的台阶。

（三）"中心—外围"理论

"中心—外围"理论，亦称"中心腹地"或"核心—边缘"理论，是由美国城市与区域规划学家弗里德曼（Friedman，1966）最先提出的。他把不发达地区看作中心区域的外围，从更大的范围来研究区域的不均衡现象，认为一切对经济发展有利的生产要素（技术、资本和信息等）都来自中心区域，随着经济发展、城市化进程的加快，中心和外围地区的差距将会逐渐缩小，最后两者的界限消失，达到空间经济一体化。这一逐步发展的过程可以分为以下四个阶段：

第一，农业状态阶段。在这一阶段，地区之间相互割裂，很少发生经济联系。

第二，过渡阶段。这一阶段开始出现单个的中心区域，并与外围一同形成区域空间系统，整个系统以中心区域为核心，各种有利的生产要素开始从外围向中心大规模聚集，中心区域的经济发展成为整个地区的核心。

第三，工业阶段。这一阶段开始出现次级中心区域，城市体系更加健全，工业体系更加合理，中心与外围的差异逐步缩小，直至全面结合。

第四，后工业阶段。在这一阶段，外围区域逐渐被纳入到附近中心区域的经济体系内，空间结构体系发展得更加平衡，区域发展的相对均衡得以实现。

三 城乡一体化发展理论

（一）田园城市理论

城市规划学家埃比尼泽·霍华德首先清晰地提出了城乡一体化的概念，他的田园城市理论是其中最具影响力的理论之一。霍华德（Howard，1898）在其《明日：一条通向真正改革的和平道路》一书中，具体阐述了他的田园城市理论。他认为城市和农村具有不同的特点，且优点与缺点并存，倡导改革城乡对立的旧社会结构形态，代之以城乡一体的新社会结构形态，这种"愉快的结合将迸发出新的希望、新的生活、新的文明"。霍华德认为，消除城乡对立的核心在于用新的结构来取代旧的结构，这种新的空间结构的根本模式在于他后来提出的"田园城市"，并在伦敦近郊的一个小镇进行了实践。

为实现霍华德的田园城市发展模式，美国著名城市地理学家刘易斯·芒福特（Lewis Mumford）主张建立大量的城市中心，从而形成更大的区域统一体，将城市和乡村两者的要素统一到这一多中心的统一体中来，以现有的城市为主体，促进区域整体发展，重建城市和农村之间的平衡，使全体居民在任何地方都能享受到同样的生活质量，最终实现霍华德的田园城市理想。

田园城市实质上是农村和城市的结合体，农村和城市的融合实现了优势互补，共同发展。田园城市理论至今仍影响着当代的城市规划思想与方法，同时也为城乡一体化发展提供了思路及大胆实践方向。

（二）广亩城理论

当代建筑大师弗兰克·劳埃德·赖特在1932年出版的著作《正在消灭中的城市》以及1935年发表于《建筑实录》中的论文《广亩城市：一个新的社区规划》中，提出了广亩城设想（Wright，1932，1935）。他认为，现代城市不能适应现代生活需要，也不能代表和象征人类的愿望，这种反民主的机制应该予以取缔（尤其应当取消大城市）。

广亩城是赖特的城市分散主义思想的总结。他的主要观点是认为现有城市不能满足现代生活的需要，也不能代表和象征现代人类的愿望，建议取消城市，而代之以建立一种新的、半农田式社区——广亩城市。美国20世纪60年代兴起的市郊商业中心、组合城市就是这种思想的现实版本。

（三）有机疏散理论

芬兰学者埃列尔·沙里宁在20世纪初期，针对大城市过分膨胀所带来的各种弊病提出有机疏散理论，体现了在城市规划中疏导大城市的理念，是城市分散发展理论的一种。萨里伦（Saarinen，1943）在出版的著作《城市：它的发展、衰败和未来》中，详细阐述了这一理论，并从土地产权、土地价格、城市立法等方面论述了有机疏散理论的必要性和可能性。

有机疏散理论认为，城市的发展和自然界所有的生物一样，都是有机的集合体。因此，城市建设所遵循的基本原则也应与此一致，人类可以从自然界的生物演变规律中得到相同的启示。以树木的生长为例，大树枝从树干上生长出来时本能地预留了空间，以便较小的分枝将来能够生长。该理论把无序的集中变为有序的分散，认为应将大城市这块非常拥挤的区域分解为若干个集中单元，并把这些单元组织成为在活动上相互关联的、具有特定功能的集中点。也就是说，要按照有机体的功能要求，把城市的人口和就业岗位分散到可供合理发展的、远离中心的地域。

1918 年，他的理论在实践方面形成了芬兰大赫尔辛基方案，在第二次世界大战后许多城市的规划中得到应用，具有世界性的影响。

（四）城乡空间融合理论

加拿大著名学者麦基（T. G. McGee）通过 30 多年来对亚洲许多国家和地区的社会经济发展的实证研究发现，第三世界国家特别是许多亚洲国家的城市化发展过程与发达国家相比，有着独特的模式。在许多亚洲国家和地区，城乡之间联系日益紧密，城市和乡村之间在传统文化与地域方面的界限日益模糊，农业活动和非农业活动并存于城乡地域组织结构中，出现了城乡融合的地域组织类型。20 世纪 80 年代中期，他针对这种新型空间结构提出了"Desakota"（在印尼语中，Desa 是村庄，Kota 是城市）的定义，意为"城乡融合"或"城乡一体"，描述了同一地域上同时具有的城市性和农村性双重属性，城市与乡村的概念在这种区域变得模糊。

麦基建立起来的以区域为基础的城市化理论，其实质是城乡之间的统筹协调和一体化发展。该理论的提出使西方学者认识到传统的以城市为主导的城市化模式的局限性。

从上述相关理论的研究分析中可以看出，发达国家已经形成一套相对完整的城乡一体化理论，并在理论指导下逐步走上了城乡统筹协调的一体化发展道路。然而，我国有着世界上最悠久的农业历史和农村传统文化，我国农民群体的规模也是世界上最庞大的，地域差异、社会体制、历史遗留等问题导致我国城乡发展的复杂性超过了世界上所有国家。城乡一体化发展不能以牺牲传统文化遗产为代价，城乡一体化也不是简单的城乡一样化，因此，我们要在充分实证研究的基础上，结合历史与国情，探索中国特色的可持续发展的城乡一体化道路。

第三节　城乡一体化发展概念及内涵

一　城乡一体化概念

城乡一体化涉及社会经济、文化生活、生态环境、空间布局等各个方面，社会学、经济学、城市规划学等不同学科在自己的理解上存在不同的侧重点。随着对城乡一体化研究的深入，众多专家学者所形成的基本共识如下：作为城市化发展的一个新阶段，城乡一体化是生产力发展到一定水平，随着城乡居民生产方式、生活方式和居住方式的改变而产生的一种新形态；是将工业与农业、城市与乡村、城镇居民与农村居民作为一个整体统筹谋划、综合研究，通过体制改革、机制创新和政策调整等途径，逐步实现城乡资源、技术及信息等要素的充分融合，使城乡之间在经济、社会、文化、生态等方面一体化协调发展（邓立丽，2012）。

中国特色城乡一体化具体包括以下内容：一是总体规划一体化；二是产业布局一体化；三是劳动就业一体化；四是资源配置一体化；五是收入分配方式一体化；六是基础设施建设一体化；七是社会保障一体化；八是生态环境保护一体化。这八个一体化集中到一点，就是要使工业反哺农业、城市支持农村，缩小城乡差距，形成以城带乡、优势互补、共同发展的城乡关系，促进城乡融合与一体化发展（陈伯庚、陈承明，2013）。

城乡经济一体化是区域经济一体化建设最基础、最有效率和最易操控的平台，其实质就是要打破原有的城市与乡村两个经济系统彼此隔绝的运行状态，在发挥各自分工优势的基础上，通过资金、人才、技术、信息等生产要素的流动和结合，统筹利用城乡资源，优化城乡经济结构和功能，同步推进工业化、城市化与农业现代化步伐，使城乡产业协调、互动发展，彻底解决城乡分割、二元差异等历史问题，最终实现城乡一体化发展。

对城乡一体化的科学理解，重点应体现在以下几个方面：

第一，城乡一体化不是"城乡同一化"。作为两种不同的社会经济活动空间组织形式，城市和乡村在生产和生活方式上必然存在着一定的差别。城乡一体化不是把农村改造成城市，更不是消灭农村，而是要以人为本，通过合理的空间布局，实现城乡统筹规划、功能有机协调、要素自由流动和基本公共服务均等化等目标，使城乡享有同等的发展机会，使产业布局更趋合理，完善农村公共服务配套，使农村居民和城市居民享受到同样的国民待遇，过上全面小康的幸福生活。同时，保持城市与乡村各自的特色，实现城乡经济社会的发展融合与良性互动。城乡差别是永恒存在的，城市和乡村在产业上各有分工，生活方式、生态格局各有特色，但社会福利、公共服务、发展机会是均等的。城乡一体化要以保护自然生态环境，保护传统文化及乡土特色为前提，高度发达的现代化城市与鸟语花香的乡土乡情交相辉映，互为资源，互相服务，共同繁荣。

第二，城乡一体化的发展需要以经济、市场、基础设施建设为支撑，归根结底靠发展，换言之，城乡一体化是建立在城乡经济社会整体水平高度发展基础上的一体化。党的十八大报告同时提出了新型城镇化与城乡一体化，强调要坚持走中国特色新型工业化、信息化、城镇化、农业现代化道路，促进工业化、信息化、城镇化、农业现代化同步发展。可见，新型城镇化建设是城乡一体化发展的核心，新型城镇化以城乡统筹的一体化发展为宗旨。城乡一体化是一个渐进的过程，而不是结果。城乡一体化的内涵不是一成不变的，其具有鲜明的时代特色，在不同的社会发展背景下具有不同的含义。

第三，城乡一体化的关键在于破除城乡二元结构。城乡一体化不可能一蹴而就，它是一项长期而艰巨的历史任务，需要在立足现状的基础上着眼长远。最关键的是要通过制度改革转变长期以来城乡分治的格局，要有利于城乡之间资源要素的合理流动，在城乡全域范围内优化配置社会生产力，营造城乡地位平等、协调发展的良好制度环境。

第四，城乡一体化不仅体现在经济发展方面，还包括社会、文化及资源环境等各方面，尤其要着力解决城乡居民的不同国民待遇问题，实现全社会成员在生产、交换、分配、消费等各个环节上的权益与机会平等，让城乡居民共享物质文明、精神文明和生态文明的发展成果。因此，现阶段的城乡一体化应改变以 GDP 为中心的城乡一体化发展理念，要以人为本，全面地推动城乡一体化建设，促进全社会和谐发展、可持续发展。"农民"这一称谓不再是身份的象征，而仅仅代表一种职业。

二　城乡一体化内涵

城乡一体化发展涉及的内容非常丰富，包括资源、经济、文化、自然等内容，其发展是一个经济、社会、人口、空间和环境等多方面的动态、协调、可持续的过程（石忆邵，2004）。城乡一体化发展虽与城乡关联发展、城乡统筹发展、城乡协调发展等在概念、形式、目标等方面有所不同，但是，这些发展均涉及区域内部城镇和农村各自的发展，在城乡组成内容方面存在一定的共通之处。因此，有关城乡关联发展、城乡统筹协调发展等方面的文献也存在一定的可借鉴之处。

因此，在总结城乡互动发展（包括统筹发展、协调发展、关联发展等）研究的基础上，本书认为，区域城乡一体化发展的组成内容包括整个区域内部空间布局、人口规划、经济发展、社会进步、生态环境等诸方面的发展；城乡一体化发展的水平在某种程度上取决于区域内部城镇和农村各自发展的水平，而城乡各自的区域相对整个大区域而言是两个独立但彼此联系的小区域，小区域和大区域虽然在地域空间和发展范围上有所差别，但在发展结构上二者存在一定的共同性；小区域内部的空间、人口、经济、社会、生态环境等在此过程中不断发展，其中，经济发展是基础，人口发展是依托，空间发展是载体，社会发展和生态环境发展是各自区域高效率运行的条件和可持续发展的保障，这五个方面相互协同合作、相得益彰，是城镇和农村各自发展的主要内容，如图2-2所示。

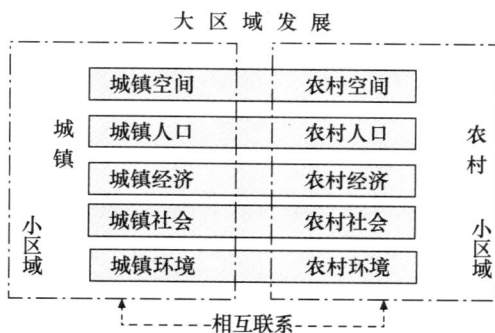

图2-2　区域城乡一体化发展的内容构成

（一）城乡空间布局一体化

城市和乡村是两种典型的社会经济活动的空间组织形式。城乡一体化不仅涉及城乡生产要素等各项资源的统筹协调与顺畅流动，还包括城乡空间结构的优化调整。城乡空间结构通常是由点（城镇、乡村等点状区域）到线（交通等线状基础设施）构成的拓扑网络结构。推进城乡一体化，必须研究点与线如何布局，如何紧密相连，合理规划城乡之间交通、信息体系的空间架构。科学、合理的大、中、小城市与小城镇配置，通畅、便捷的城乡交通和信息网络连接，可以有效地促进资源流动，推动城镇繁荣；同时，合理的空间布局可以从根本上解决"三农"问题，使富余农村劳动力城镇化，并有利于耕地的规模化经营。只有这样，城乡空间结构一体化布局方能为农业现代化建设和城乡优势互补、协调共进打下坚实的基础。

（二）城乡人口一体化

人口是经济社会发展的主体，统筹城乡人口协调发展，使城乡人口社会地位、收入、公共服务等形成一体化是社会和谐发展的基础。在推进城乡人口一体化的过程中，户籍制度改革已经迈出了打破城乡分割壁垒的第一步。接下来，我们要逐步实现生产要素的合理流动和优化组合，促进生产力在城市和乡村的合理分布，实现城乡人口的紧密结合与协调发展，逐步缩小直至消灭城乡人口之间的基本差别，使城市居民和乡村居民拥有同等的权利，共享社会发展的丰硕成果。

（三）城乡经济一体化

城乡经济一体化的实质是城乡之间生产要素的自由流转，在互补性基础上实现资源共享和合理配置。由于历史原因和体制障碍，城乡经济被人为地割裂开来。城乡经济一体化就是要打破城乡界限，使能源、劳动力、资金、技术等要素在市场机制的作用下优化组合、有序流动，以达到资源配置的高效率，促使城乡经济共同发展。

（四）城乡社会一体化

城乡社会一体化就是要求城乡社会事业协调发展，确保城乡居民在居住、就业、教育、医疗和文化卫生等方面享有同等的待遇，最大限度地缩小城乡差别，使城乡居民共享高度发展的物质文明与精神文明。这不仅有利于形成安定的社会环境，而且为城乡创造了公平的发展环境和生存空间，保证了农民利益，从而可以彻底解决"三农"问题。推进城乡社会一体化，应侧重于扫除制度方面的不平等障碍，使广大农村居民在社会保障、医疗保险、社区服务、政治权利、义务教育等方面与城市居民享受同等的待遇，通过公共政策和公共设施的建设，逐步缩小城乡居民差距。

（五）城乡生态环境一体化

推进城乡有机融合的生态系统建设是城乡一体化进程中最为重要的内容之一。城乡生态环境一体化就是要将城市与农村生态环境纳入一个大系统中加以考虑，全面治理、彻底改变城乡生活现状，努力形成城乡生态环境高度融合互补，经济社会与生态协调发展的城乡生态格局，让城市与农村、人类与自然和谐相处，推动城乡经济与社会可持续发展。

综上所述，城乡生态环境一体化从空间规划上来看，是由城市和农村两大不同类型的空间所组成的以沟通合作为主的复合空间；从人口性质来看，是由城镇居民和农村居民组成的社会经济活动主体；从经济发展来看，是以第二、第三产业为主与以农业为主的生产群体之间的经济活动行为；从社会进步来看，是两个不同空间内的生活群体在日常生活中物质文化需求与行为活动的并集；从生态环境来看，是城乡不同生产、生活群体的环境行为所引起的不同特色的环境景观。

三　城乡一体化梯度发展目标及意义

城乡一体化是社会与经济发展到一定阶段的产物，是与生产力发展水平紧密相关的。由于区域间发展水平的不均衡，根据经济发展理论中的梯度发展理论以及产业转移理论的启示，结合对区域城乡一体化发展水平的总结，我们可以构建城乡一体化发展的梯度发展模式。这种梯度发展模式既体现在中国东、中、西部地区的城乡一体化发展形态中，也存在于某些特定地区，这些地区由于历史及地理、经济等原因导致城乡一体化发展不均衡，因而出现城乡一体化发展的梯度化分布。城乡一体化梯度发展模式包括初级城乡一体化、改进型城乡一体化及高级城乡一体化。

（一）初级城乡一体化

初级城乡一体化是城乡一体化发展中最基本的一种发展模式，是整个城乡一体化进程中至关重要的阶段。该阶段首先要从城乡一体化规划方面入手，大力发展城乡基础设施建设，为城乡一体化向更高阶段发展打下坚实的制度保障和物质基础。

（二）改进型城乡一体化

改进型城乡一体化的发展模式建立在初级城乡一体化发展模式的基础上，是在基础条件基本完成的基础上，进一步完善城乡公共服务水平建设，如城乡教育一体化、社会保障一体化等。有些发达省份或地区由于已经实现初级城乡一体化目标，因而改进型城乡一体化可以作为其第一阶段目标。当然，改进型城乡一体化也只是城乡一体化最终目标的一个中间阶段，因此，在提高公共服务水平的同时，我们要注重精神文化建设，倡导文明的生活方式，为更高阶段发展奠定基础。

（三）高级城乡一体化

高级城乡一体化发展模式是整个城乡一体化发展的最终目标。该阶段已完成空间布局、基础设施、公共服务等方面的城乡一体化建设，全体居民物质生活水平已有大幅提高。我们要在居民文化生活水平及素质水平转变上下功夫，实现真正意义上的城乡一体化，彻底消除城乡二元的经济结构、体制模式及生存环境等。

城乡一体化发展的三个梯度发展模式不是彼此孤立的，而是城乡一体化发展中的三个阶段。在具体发展模式的界定中，我们应根据不同区域的发展现状，对各项指标的起点、发展方向和速度、目标进行具体分析。特别是那些处在初级城乡一体化阶段的地区，首先应该发挥后发优势，以最先进的理念来指导城乡一体化建设，实现跨越式发展，并尽量争取各种外部资源支持，实现城乡一体化的跳跃型、跨越式发展。

从系统角度来看，城乡一体化的梯度发展重点需要关注两个方面的统筹与协调：一个是子系统之间的协调与资源统筹，即子系统之间要呈现出交流融合、发展同步、和谐一致、配合得当的局面；另一个是整个系统的协调发展，即整个系统在协调中求发展，在发展中求协调，在有益性的约束下不断发展前进，体现出整个系统的整体性、联系性和优质性。

城镇和农村作为整系统中两个互为联系、互为发展的子系统，其梯度发展目标可以定位为以下两点：一是逐步缓解城乡矛盾，实现城乡在经济、社会、人口、空间、生态等多方面的一体化发展；二是在保留城乡特色发展的基础上，发挥城乡各自的优势，合理地传递与规划城乡资源要素，实现城乡之间的统筹与协调发展。

第四节　本章小结

首先，本章梳理了区域城乡一体化发展的基本概念，对城乡互动发展中的几种关系进行了辨析；其次，本章以城乡互动发展相关理论为基础，探讨了城乡非均衡发展理论及城乡一体化发展理论的相关学说，并在已有研究成果的基础上，从中国国情出发，诠释了城乡一体化的概念、内涵及梯度发展目标和意义；最后，本章通过对城乡一体化相关概念及发展目标的再认识，为后面章节的相关实证分析奠定了理论基础。

第三章 城乡一体化模式比较

城乡一体化发展是一项复杂的系统工程,在消除城乡二元结构,统筹城乡资源发展经济,提高城乡居民物质生活水平的同时,还要加强基础设施建设,保护各类非物质文化遗产,全面提高城乡居民精神文化生活水平,使城乡居民依然能够"望得见山,看得见水,记得住乡愁"。通过对国内外不同经济与社会背景下城乡一体化发展模式的对比分析,我们可以在历史与现实的对比中发现规律,归纳、总结各类城乡一体化发展模式的具体路径及其优缺点,发现驱动城乡一体化发展的关键因素,并借鉴已有的成功经验,选择适合本地区的发展道路,破解城乡一体化发展的重点与难点问题,全面推动城乡一体化健康、可持续发展。

第一节 国外城乡一体化模式

城乡一体化是一个国家和地区在生产力水平、城市化水平发展到一定程度的必然选择。工业革命以来,伴随工业化与城市化的发展,西方发达国家依靠政府、地方、企业和私人部门等的共同努力,通过一系列土地综合整治、区域发展规划及专题规划等创新,打破原有格局,缩小了中心城市与卫星城市、老工业区与新产业区等不同区域的差距,使城乡发展步入了一体化时代(王广起等,2014)。其中有许多成功经验,也有失败的教训。

一 美国郊区化发展模式

1920年之前,美国虽已完成工业化和城市化,但城乡呈分离状态,繁荣的中心城市发展水平远超郊区。然而,1920年后,郊区发展开始反超城市,并在大都市区发展中逐渐处于主导地位,郊区化逐步作为美国城乡一体化发展的主要内容。1950年以后,随着交通、通信的发展及郊区化政策的鼓励，美国城市郊区化进一步发展，逐步由城市居住功能郊区化，发展到城市商业功能、产业功能、经济活动和政治影响力郊区化。

（一）科技进步和政策引导为郊区化的飞速发展提供了必要前提

交通与通信等技术手段的发展为城乡一体化发展提供了条件。1956年，美国国会通过《联邦援建公路法》，推行大规模公路建设，通过在国内铺设大量州际高速公路，特别是城乡之间的环城公路和辐射状公路，便利了城市与郊区之间的流动，促进了工业和居民从城市地区向农村地区的迁移；与此同时，汽车也开始普及起来，由于汽车和公路的发展，美国的郊区化进程以空前的速度展开（Kenneth，1985）；而通信技术的进步也打破了工厂郊区化的局限，20世纪70年代以来，计算机网络的发展使信息的获取、处理和传播更加迅速，美国成为一个"信息社会"，从而为人口和企业的分散进一步创造了条件。另外，由于在城市郊区，美国实施更为优惠的税收政策，并对郊区企业提供各种政策扶持，从而吸引了更多企业到郊区发展，促进了郊区居民的就业，使郊区进一步繁荣发展，承担了更多传统中心城市的功能。

（二）经济结构的演变推动了城市的郊区化

第二次世界大战以后，随着产业结构调整及美国工农业劳动生产率的提高，第三产业在整个国民经济中所占的比重不断扩大，而第一和第二产业相对缩小。20世纪五六十年代，服务业经济已逐渐替代制造业经济，成为整个社会的支柱产业；到了七八十年代，信息经济异军突起，成为服务业经济之后的又一优势产业。作为美国社会经济的主要载体，随着这种经济结构的变动，城市也在不断调整其结构、职能和形态。美国学者研究发现：服务经济从多个方面影响了城市结构变化，比如，基础服务业日益集中于中心型的大都市区或大都市区的中心商业区，使得中心城市或中心商业区由于"发达的企业服务"而得到加强；大公司的分部开始向郊区扩散；同时，由于中心商业区高昂的房租及有限资源，小企业纷纷前往郊区，以避开与大公司的资源夺取竞争；随着中产阶级移居郊区，消费服务业郊区化趋势日益明显；而其他地方服务业，诸如医疗、教育等，则追随其服务对象分散分布，当然，某些大型服务机构（如大医院），一般仍然集中于内城（Mattei and John，1988）。由此可见，城市空间结构在服务经济发展的影响下产生了集中和分散两种趋势的双重结果。在基础服务业日益向城市中心集中的同时，也推动了一些消费服务业、小企业和大企业分布日益远离中心区域，产生离心效应，这极大地推动了美国郊区化的发展。

（三）以区域规划推动城市郊区化发展

美国的区域规划协会负责跨越行政区的大都市区的规划，而美国地方政府的城乡规划局则负责本地区的城市规划，这些区域规划部门协调配合，保证了总体规划中土地利用的协调一致，避免了重复建设（武廷海，2000）。例如纽约，1990年，土地面积为816平方公里，人口730万；而规划完成的整个大纽约地区土地面积达3.3万平方公里，总人口2000万，包括75个市和31个县，人口占全国的1/10，产值达5000亿美元。办公机构、医院、文化教育、研究机构、购物中心等基础设施与公共服务设施遍布整个大纽约的城郊地区，并依赖于区内的高速公路网络，形成了数量众多的"卫星城市"。

（四）通过农业企业化和现代化推动城乡一体化发展

美国的城乡一体化是建立在高度发达的农业现代化基础上的。美国通过宽松的土地政策、发达的农业机械化，不断加强农田集约化耕种，并通过提高农业技术满足市场对农产品的需求（张礼萍、林钧海，1996）。随着工商业集团的介入，农业生产及农产品营销企业化、现代化的程度不断提高，逐步实现了规模化的产业链模式。农业企业化与现代化的发展，不但可以解决大量就业问题，提高农民收入，促进城乡融合，而且可以彻底改变传统农民"面朝黄土背朝天"的命运，使农耕成为一种体面的职业，农民与市民一样拥有均等的机会，享有均等的福利。

（五）美国城乡一体化发展模式的启示

在城乡经济同步发展的前提下，美国率先成为一个郊区化的国家，这与美国现代技术进步、经济发展、联邦政策以及美国的社会特征有着密切的关系（孙群郎，1999）。而与美国相比，中国大多数城市的郊区基础设施发展落后，工业化和城市化水平普遍较低。从美国城市郊区化模式中可以看出，城乡收入差距小是其城乡一体化得以顺利发展的基础。因此，中国城乡一体化建设首先要着力缩小城乡二元的基础条件差距，将城乡交通和通信等基础设施建设作为首要任务。

二 英国逆城市化发展方案

英国城市化始于18世纪60年代，与工业革命同步。19世纪初，英国城镇如雨后春笋般拔地而起，小城市变为大城市，大城市形成城市群。

到 1851 年，英国城市化率为 51%；到 19 世纪末，英国城市人口达到
70%，成为世界上第一个真正实现城市化的国家。而城市化的迅猛发展导
致城市盲目扩张，带来了生态环境迅速恶化等一系列问题。第二次世界大
战后，逆城市化发展成为英国政府的重要发展战略，政府部门或其下属机
构纷纷搬迁至小城镇，此举使小城镇的基础设施在短期内得到了快速发
展，与大中城市的差距显著缩小。随后，公共事业单位、企业等纷纷效
仿。由此，中小城镇迅速崛起，城市化迅速发展，并有效控制了大城市的
发展规模（袁晓梅等，2012）。

（一）政府部门或下属机构向小城镇转移以带动其发展

20 世纪 60 年代开始，英国把某些政府管理部门设在了伦敦以外的中
小城市。20 世纪后期，中央政府机构带头从伦敦迁离，其他地方政府机
构也逐渐迁至城外，很多政府部门设置多个办公地点，在市区仅保留部分
服务窗口，大量的政策调研、内部行政等部门都搬到城外的小镇。在英国
政府部门的带动下，公共事业单位及企业开始积极响应，高校、研究所、
博物馆等公共事业单位紧随政府之后开始了迁移，许多原本在市区的大学
纷纷到小城镇设立第二、第三校区。英国大企业总部落户小城镇也渐成趋
势，如英国泰晤士水务公司总部在斯文登小城，英国燃气公司总部设在了
温莎小镇，英国劳斯莱斯总部在德比小城，英国航空公司总部在伦敦希思
罗机场附近的哈默兹沃斯小镇。许多跨国企业也把英国总部设在了小城
镇，如能源企业 E. ON 的英国总部在考文垂小城，丰田英国总部在朴次茅
斯小城（李亚丽，2013）。

随着政府部门向小城镇的迁移，小城镇的基础设施及公共服务设施进
一步完善。特大城市的市区拥挤、环境恶化，降低了市区的吸引力。而小
城镇超市、银行、医院、学校、休闲等公共服务的完善配套，宽敞的住
房、合理的房价和优美的环境等，提升了小城镇居民的生活品质。随着汽
车在家庭的普及，英国人口开始大量向小城镇迁移，大中城市周边的卫星
城镇迅速崛起。英国政府适时调整了行政区划，出现了大伦敦、大伯明
翰、大曼彻斯特等地方行政机构。20 世纪 60 年代，英国伯明翰的人口减
少了 8%，伦敦的人口减少了 54 万。1970—1985 年，伯明翰、利兹、伦
敦和曼彻斯特人口的增长率为负，其中伦敦人口负增长率超过 1%，共减
少了 125.9 万人。1985—1995 年，上述城市的总人口也基本没有增加。

（二）精密化设计以带动城乡一体化进程

在城市化过程中，英国通过中小城市的改造和振兴，使大、中、小城市走向精密化，并相互协调，以此带动英国城乡一体化进程。由于人口的大量迁移，不同层次的城镇功能发生了很大变化，英国城市化理念也逐步发生转变，过去以城市为中心无序发展的状况得到了较为彻底的改善。从20世纪80年代起，通过科学规划，英国大城市分区实行优势互补，各区突出特点，形成城市多功能协调发展；中小城市通过精细化设计，简化主体功能，让市场规律确定其功能产业，与周边大城市协调发展，使各大小城镇更加现代化、精密化，以最大限度满足可持续发展的需要。伦敦市政府还支持大规模开发新的小城镇。新的小城镇开发通常追求"小而精"，而非"大而全"，城镇功能较为单一，根据其城市地理位置和特点以及与中心城市的配套，让经济规律决定其城市主体功能产业。

（三）创造有利于中小城镇发展的内外部环境

英国有效控制大城市规模，加大中小城镇的发展，整体上推动了城市化进程向纵深发展。英国中小城镇的大发展基于以下几方面的条件。

1. 产业结构的升级使得总部地理位置的选择更加灵活

由于产业结构升级，英国大多数企业处于产业链的高端，实现了在全球的资源优化配置，使得总部地理位置的选择更灵活。

2. 信息社会缩小了中小城市的经营成本

电子商务的普及使得大城市经营成本的地理优势正在消失，例如英国国内没有长话、市话之分，全国电话统一话费，全国统一邮资，全国上网资费也无差别。

3. 企业规模的变化改变了企业和城市的关系

过去企业小，企业依赖城市，因而要在城市中争得一席之地；而现在企业做大了，就减少了对城市的依赖，反而可以使城市因企业而兴。

4. 观念的改变

过去企业以在大城市黄金地段打造企业总部为荣，而现在则以到小城镇落户作为践行企业社会责任的一部分（郭爱民，2005）。

（四）英国城乡一体化发展模式启示

通过逆城市化过程，英国成功地完成了大城市与中小城镇的一体化建设。中国目前正处于工业化和城市化发展的关键时期，我们应汲取英国在工业化初期忽视生态环境，盲目扩张城市的经验教训。首先，我们应从完善宏观规划出发，合理安排城乡功能，保护自然资源及生态环境，避免一味追求城市化发展速度；其次，我们要学习英国的逆城市化发展经验，统筹城乡资源，挖掘地区经济发展潜力，选择切合地区发展特色的逆城市化道路，并在基础条件好的农村地区率先实行逆城市化发展。

三　法国新城发展模式

法国工业化和城市化进程在第二次世界大战前已基本完成，然而其农业发展相对落后，农业人口多且生产率低下，主要农产品大量依赖从殖民地国家进口，城乡之间收入差距大。第二次世界大战后，为了缩小城乡差距，法国政府以市场机制作为主导，大力推行新的城市政策，严格限制大城市的盲目扩张，重点辅助中小城市发展，利用工业化发展的成果补贴农业产业发展，推动了农业机械化水平，加快了农业现代化发展进程。1945—1980 年，仅用了 30 多年时间，法国就同时实现了工业化、城市化、农业现代化和城乡一体化（霍立浦，1987）。

（一）统筹城市总体规划及土地利用计划以完成城乡空间融合

为避免城市过度膨胀所带来的"城市病"，法国政府首先通过城市总体规划确定城市各区域的功能，将土地使用计划的制订拓展到村镇的每一块土地，并严格规划土地用途，从而从根本上防止了无限制占用土地，保护了农业发展，并将城市与乡村有机地衔接在一起。农田同时也是城市的绿化景观，既是农作物的生产场所，又是城市的绿地。通过统筹城乡总体规划，使城乡自然融合，完成的城乡之间对空间的一体化建设，可谓浑然天成。这种新城的建设思想，是法国在经济高度发达后对回归自然，向往更为舒适的田园现代化生活的体现。

（二）布局新城功能以缓解中心城区压力

下面以巴黎大城市地区为例进行介绍。巴黎整座城市沿塞纳河呈一条轴线展开，规划建设 5 个新城。新的城市布局改变了以巴黎为核心、环形辐射状发展的模式，有效缓解了中心城市过度开发，外围地区非常落后的局面；同时，统筹规划各新城的功能，将原本由中心城市负担的部分经济社会功能分解到这些新城，缓解了中心城区的压力；此外，还通过公路、地铁等基础设施的周密设计与建设，将中心城区—新城区—郊区农村有机结合起来，使它们在形式、职能上形成和谐、统一的整体，为城乡一体化发展奠定基础。

（三）调整农业政策以鼓励农业现代化发展

从保护环境的观点出发，法国把农田作物与城市的绿化隔离带设计、自然及生态景观保护等作为整体规划的一部分，政府和农业工作者都充分认识到保护农业的重要性。在政府方面，给予农业从业人员多方面的支持和帮助，例如，巴黎大区政府通过调整种植结构，出资购买土地，修建基础设施等措施加大对农业的保护力度，然后将农地以两公顷为单位，以较低的价格出售给农业从业人员，用于种植花卉、植物或蔬菜；同时，允许农业工作者在拥有的土地上建造自用住房，以此吸引大量的农业从业人员经营农耕相关工作。又如，法国政府一次性给予选择以农业作为职业的青年人 6 万法郎资助，并为农机具购置活动提供贷款，鼓励青年人选择以农业为职业。在农业工作者方面，法国通过成立多种多样的协会组织，为农业发展积累经验和集体智慧，抵御自然灾害，并团结起更多的农业工作者，共同抵制由于城市无限制扩张而造成的土地流失。虽然他们为保护被占用土地而采取的行为在主观上更多的是出于自身利益的考虑，但在客观上却有效地保护了农业，保护了自然资源环境。

（四）完善法规体系和经济措施以保证新区发展

20 世纪 50 年代起，法国政府制定了一系列的法规和经济措施来推进城乡一体化建设，鼓励、引导产业和人口向广大郊区发展。20 世纪 60 年代起，法国政府又采取经济手段来促进郊区城市化建设，并通过扩权的方式，将郊区土地的规划、开发和监督管理权赋予郊区新城，保证了规划项目的实施。这些法律法规和经济措施的出台有效地促进了农村城市化和中心城市郊区化，基本实现了城乡一体化发展，促进了城乡共同繁荣。

（五）法国城乡一体化发展模式的启示

法国城乡一体化进程中的很多成熟做法，比如城乡空间融合和农业补贴政策等，对中国有很大的启示作用。在工业化进程中，特别是工业化的初期和中期阶段，政府的作用不可忽视，甚至可以说，政府的引导和政策扶持本身就是重要的发展因素。在中国，农业还是弱势产业，农村发展仍然落后，在发展农业方面，中国必须学习法国政府在农业现代化过程中实施的有效的农业发展政策，通过加大对农业产业的补贴力度，促进农业发展。

四　日本以城促乡发展模式

第二次世界大战结束后，日本专注于加快经济发展速度，采用出口导

向型的经济发展战略推动工业化和城市化进程。这种专注工业的发展模式
牺牲了农业和农民的利益，从而导致农业发展速度远远滞后于工业，城乡
差距不断扩大，农村人口急剧流向城市，造成了城市资源的紧缺，也影响
了工业的可持续发展。20 世纪 70 年代，日本政府认识到农村问题的严重
性，而工业化和城市化水平的迅速提高也使得工业已经拥有足够的能力来
反哺农业。于是日本政府通过系列制度改革，推行以工代农、以城促乡的
发展模式，大力补贴农业发展，并采取了一系列促农发展方案，全面推行
城乡一体化发展，取得了良好的效果（王广起等，2014）。

（一）完善公共服务与社会保障体系

日本政府提供的公共服务在城乡一体化建设中发挥了重要作用。除了
基础教育以外，日本政府还特别重视农村职业技术教育，政府和私营企业
同时参与，形成了分层次、有重点的农村职业技术教育体系。良好的农业
职业技术教育促进了新机械、新技术在农村的普及，对于土地规模经营和
土地生产效率的提高发挥了积极作用。高质量的教育成为农业、工业和服
务业产业效率提高的共同前提，也促进了农民的顺利城市化。同时，政府
为农业发展提供的科技服务、农业基础设施以及农业协会的发展，改善了
农业发展的硬环境和软环境，提高了农业生产率，有利于增加农民收入。
日本在发展过程中及时将农民纳入全国统一的社会保障网络，没有出现长
期在公共服务方面歧视农村的阶段。城乡一致的社会保障体系，提高了农
民的生活水平，也保证了社会的和谐发展。

（二）通过立法推进农村土地规模经营

由于小规模经营不利于推行农业机械化和现代化，1961 年，日本出
台了《农业基本法》，其宗旨在于扩大农业产业规模，大幅度提高农业劳
动者收入，改善农业从业人员生活水平，消除农业与其他产业劳动者的收
入差距。此后，日本于 1962 年和 1970 年两次修改《农地法》，废除原有
的关于土地保有面积上限的规定，取消土地出租限制。1975 年，日本政
府又通过出台《关于农业振兴区域条件整备问题的法律》明确土地租赁
业务，允许农民在集体协商的基础上，租赁双方自由签订或解除 10 年以
内的土地短期租借合同。土地制度的改革极大地推动了将土地作为资产，
以买卖和租借为主要形式进行的流动，使土地规模化经营成为可能。1993
年，日本政府进一步修订了《农地法》，启动了"认定农业生产者"办
法，把符合条件的申请者认定为"农业生产者"，解除了农业生产者农地

转让的后顾之忧，使他们放弃土地后，可以在贷款和固定资产投资方面获得资金支持，这进一步推动了农地转让和规模经营的发展。通过上述土地集中配套制度的推行，日本的农业土地得到进一步集中，户均耕地面积从1960年的1.00公顷增加到1995年的1.46公顷。

（三）改善农业生产结构和实施农业专业化发展

为改变传统的农产品生产结构，日本制定了《农业基本法》，规定实行灵活的农产品生产战略，对需求量增加的农产品扩大生产规模，并转换需求量减少的农产品生产，同时，合理化配置能够与外国农产品形成竞争的产品类别。在这种"选择性扩大"制度的制约下，日本农产品供求结构矛盾得到了有效缓解，推动了日本农业产业结构的优化升级。在农业产业结构升级的同时，日本各农村的专业化分工也不断发展。1979年，日本开始提倡"一村一品"运动，也就是一个地区根据自身优势，发展一项或几项有特色、有市场前景的产品，以获取比较优势和规模效益，并在大部分农村取得了较好的效果。

（四）日本城乡一体化发展模式的启示

日本人多地少，也经历了农村与城市"剪刀差"的发展过程，但其后来农业产业的快速发展及城乡一体化发展事实说明，城乡差距问题的解决需要结合本国国情制定政策制度，立足现实选择合适的发展模式。中国目前虽已处于工业化进程的中期阶段，但农业发展关系着国计民生，仍然是整个国家国民经济的基础。中国应借鉴日本促进农发展的系列做法，从制度改革入手，完善农村公共服务，实行城乡一致的社会保障体系，推进农村土地规模化经营，改善农业生产结构，实施专业化发展，利用工业化成果反哺农业，明确以工带农、以城促乡的基本思路，从加快新农村建设入手，努力缩小城乡差距。

第二节　中国城乡一体化发展典型模式

由以上四个发达国家的城乡一体化发展进程可见，由于各国国情不同，城乡一体化发展模式也不一样。中国总体上正处于城乡一体化发展的中期，各地为推动城乡一体化发展进行了很多大胆的尝试。而且由于各地风土人情、社会与经济发展水平不一致，我国涌现出了多样化的城乡一体化发展模式，其中比较有代表性的主要有以城带乡模式（如珠江三角洲）、城乡统筹规划模式（如上海、北京）和乡镇企业拉动模式（如苏南地区）（欧阳敏、周维菘，2011）。

一　珠江三角洲以城带乡发展模式

珠江三角洲位于广东省中南部，包括 14 个市、县，面积 41698 平方公里。珠江三角洲的城乡一体化发展大致经历了三个阶段：商品农业阶段、农村工业化阶段和完善基础设施阶段。第一阶段重点提高农业劳动生产率，为农村剩余劳动力转移创造条件，为农村工业化储备劳动力；第二阶段通过产业化经营推动农村工业化发展，并以农村工业化带动农村城市化；第三阶段加大基础设施建设，按照现代化城市的要求，构筑现代化城市的框架。经过十余年的发展，珠江三角洲已形成"村中有城，城中有村，城乡一体"的特色城市群体。近年来，珠江三角洲又探索与总结出实现城乡一体化的十条标准，即农业生产现代化、农村经济工业化、基础设施配套化、交通通信网络化、市场经营商品化、文明卫生标准化、群众生活小康化、服务体系社会化、行政管理法律化、环境净化美化。这"十化标准"的实现，标志着珠江三角洲地区可以达到中等发达国家的现代化标准。

（一）科技下乡和股份制改革推动农业产业化

珠江三角洲的农业发展大致经历了以下三个阶段：

第一阶段（1992—1997 年），当地政府牵头，通过科技下乡，积极推动高产、高质、高效农业发展，各地初步建立了以"三高"为标准的支柱产业和主导产品，涌现出一批实力较强的农产品基地和龙头企业，进一步推动了农业专业化水平的提高。

第二阶段（1998—2003 年），当地政府通过设立现代农业示范园等一系列措施，提高农业产业化水平，并使得农业机械化水平得到提高，推动了农村经济的繁荣。农产品生产、销售、流通逐渐形成完整的产业链，社会化服务体系也不断健全。

第三阶段（2004 年至今），随着农业劳动力的转移，珠江三角洲从事工、商、副业的农业劳动力比例越来越大，在原有的家庭联产承包责任制基础上，开始推行农村股份合作制改革，通过土地承包人入股的形式，将土地连片集中承包，扩大了土地经营规模。与此同时，通过信息手段加快农产品流通市场的建设，并扶持专业的农产品协会，以社区形式组织集体经济，发展农户专业合作社，推动了农业产业化经营形式的升级。

（二）大力发展私营企业

珠江三角洲利用本地与港澳地区及海外的密切关系，积极招商引资，特别是在香港回归后，由于当地劳动力成本、能源及土地价格偏低，大量港资将一些劳动密集型产业转移到珠江三角洲地区。随着改革开放的深入和系列招商引资优惠政策的出台，外资进入的领域不断扩大，与本地企业的合作方式不断增多，从而带动了本地工业的发展，大批村镇企业和个体私营企业异军突起，有效转移了大量欠发达地区的农村剩余劳动力，并促进了本地农村的工业化和城镇化。经济的繁荣同时也带动了基础设施建设，形成了"村中有城，城中有村"的格局。

（三）以城带乡推动城乡一体化建设

珠江三角洲借助于大城市向外扩散的推动力，因势利导进行郊区规划建设，具体措施如下：首先，政府在郊区功能上合理定位，使之与中心城市形成互补关系，并通过部分产业功能向郊区扩散，有效分流中心城市人口；其次，随着小城镇工业化的发展，政府加快新型城镇化建设，利用小城镇与乡村的紧密联系，将城市文明和城市生活方式渗透到广大乡村地区，形成大城市区域，实现中心城市带动周围城镇，进而带动农村地区发展的模式，促进城乡一体化建设。目前，珠江三角洲已初步形成了深圳—东莞—广州—佛山的城镇连绵区，城市的市区与郊区、城镇工业用地与居住用地连绵成片，相互间已没有明显的自然界限。

（四）珠江三角洲城市一体化存在的问题

1. 城乡统筹规划水平不高，使得城乡一体化发展成本加大

城市总体规划与下属城区、村镇规划不相协调，城市规划与农村规划割裂，规划偏重于城区和近郊地区，对农村地区的规划相对滞后。由于规划设计中缺乏整体统筹观念，缺乏可持续发展理念，市政、交通、环卫、商业、工业、环保等专业规划不统一，造成规划调整过频，重复建设成本高，社会资源浪费现象严重等问题。另外，珠江三角洲地区的轨道交通规划侧重于经济发达地区，边远地区的资源优势难以发挥作用，也不利于发挥产业辐射带动效应以拉动边远地区的发展，制约了经济与社会的协调发展。此外，由于缺乏统筹规划的超前意识，从而阻碍了城市和农村的现代化进程，也增加了城乡一体化发展的难度和成本。

2. 城乡管理体制有待完善

随着珠江三角洲地区撤县改市、撤乡改镇的完成，群众对城镇管理工作提出了新的要求。然而，当地城镇管理机构不完善带来的问题已日益暴露出来，特别是随着城市郊区化模式的深入，原来位于城市边缘的村落已在空间上成为城区的一部分，但这些村落并没有真正地融入城区，未能纳入城镇统一管理范畴，成为相对独立的城中村。这些城中村普遍存在环境质量恶劣，社会治安隐患突出等问题，成为城市脏、乱、差的重灾区，严重影响了周围居民的生活质量。

3. 农村发展方式单一导致抵御风险能力不足

珠江三角洲地区决策者受以 GDP 为中心的影响，片面追求经济增长，长期奉行的城市工业经济优先政策剥夺了乡村的农业发展机会，使得城市化落后于工业化和经济增长，农业现代化水平落后于经济发展水平。而城市发展又过多依靠外来资源，自身资源整合不足，农村发展单一地依靠中小企业，没有在发展中形成自己的特色。由于这些中小企业主要从事外贸加工，因而外部环境的变化很容易冲击中小企业的生存状况，导致整个区域经济抗风险能力不足。

（五）珠江三角洲城乡一体化发展启示

珠江三角洲城乡一体化选择的是非均衡发展模式，非均衡发展模式的优势就是能更好地将有限的资源集中到一个点，使得该点的经济能飞速发展，再由点带面，从而实现整体的发展。然而，在这种非均衡发展模式下，无论是其利用区域优势整合外部资源，还是通过城市的外延式发展，都会加大城市之间发展的速度差异；而长期以 GDP 为中心的发展模式使得农村的发展方式单一，抗风险能力差，不利于城乡之间的资源统筹和优势互补。珠江三角洲城乡一体化的模式告诉我们：城乡一体化应该立足本地资源的统筹规划，可以超越地域、行政区划的限制，在更大范围的地区内统一布局，从而推动城乡一体化全面、深入地发展。

二 上海城乡统筹规划一体化模式

上海的城乡一体化，实际上是作为特大型城市的上海与整个郊区的一体化发展过程。1986 年，上海市正式把城乡一体化作为全市经济和社会发展的战略思想和指导方针，以上海城乡为整体，以提高城乡综合劳动生产率和社会经济效益为中心，统筹规划城乡建设，合理调整城乡产业结构，彻底打破城乡壁垒，使城乡生产要素合理配置，将推进城乡一体化作为上海经济社会发展的主要加速器（浦再明，2009）。

（一）统筹规划是保障城乡一体化发展的前提

上海市一是对上海郊区城镇的人口规模、产业布局、住宅建设、交通设施、生态环境、信息网络及社会公共服务设施等进行了统一规划，以组团式城镇结构为核心，建设新城、中心镇等卫星城镇，形成中心城、新城、中心镇、集镇的四级体系结构；二是通过建设发达的市域高速公路网、轨道交通网以及光纤通信网等网络体系，将中心城区与新城、中心镇、集镇连接起来，形成一市多城、众星拱月的城镇网络结构；三是通过合理规划郊区产业布局，设立多功能的工业园区，彻底改变过去"乡乡办厂、村村冒烟"的局面，促进区域经济的协调发展。

（二）改善郊区人文环境

上海市把一些大学、医院等公共服务设施向郊区转移，以改善郊区人文环境，加快发展郊区教育、文化、卫生、体育等公共事业，提升郊区社会事业水平。同时，上海市一方面通过优化环境质量，拓展就业空间，吸引市民进镇；另一方面，放宽农民进镇落户和居住准入条件，鼓励农民进镇，完成了农村剩余劳动力的转移。另外，上海还通过加强郊区职业教育和培训，增强郊区农民在农业领域和非农领域市场就业的竞争能力，并通过实行"三级政府分级托底办法"，完善低收入家庭保障制度和农村合作医疗制度。

（三）农业规模经营以提高农民收入

上海市一是通过建立农村合作社，推进粮田经营集中，增强农业抗风险能力和市场竞争力；二是通过发展市场、企业、农户不同形式的联合，拉动农业产业化经营；三是通过建设现代农业园区推进农业规模化生产，提高劳动生产率，解放劳动力，提高农民收入；四是通过推进农业信息化，进一步强化农业服务功能，带动食品安全生产体系建设，促进农业行业诚信体系建设，使市民能够买到安全、放心的优质农产品。

（四）上海城乡一体化存在的问题与不足

1. 城乡居民收入差距仍然很大

近年来，郊区增加值和工业总产值年均增速很快，但城乡居民收入差距却呈现扩大的趋势（吕祥，2010）。主要原因是农业从业人员受教育程度偏低，农民实现非农就业转移难，导致收入、生活水平难以提高。

2. 农民没有充分享有工业化和城市化进程所带来的土地升值利益

现行的农村土地集体所有制，使农民只享有土地使用权，很难分享到土地升值的利益，真正获利的实际上是地方各级政府。农民在参与土地升值利益分配的各方中属于弱势群体。

3. 城乡社会事业发展差距大

近年来，虽然郊区城镇的基础设施建设取得了很大进展，但公共资源分配仍明显倾向于各个重要的国家级、市级开发区和中心城区，广大农村基础设施的投入明显不足。特别是社会福利、环保建设、卫生事业、公益设施、公共服务等方面的投入更少。

4. 大量外地农村劳动力的流入形成了新的二元结构

一方面，越来越多的郊区农村人口转为城镇人口，缩小了城乡差距，逐步实现了户籍人口的城乡一体化；另一方面，越来越多的外地农民流动到郊区就业，形成一支庞大的人群。这部分人群没有当地户籍，没有纳入当地社会保障体系，形成新的城乡二元结构（张健明等，2011）。

（五）上海城乡一体化发展启示

上海的城乡一体化以城乡统筹规划为前提，通过城乡统筹规划将整个大上海地区纳入四级体系的城镇网络结构，并通过产业布局和农业规模经营，提高劳动生产率，推动工业向园区集中，从而促进了城镇建设和工业发展的良性互动，为城乡一体化的可持续发展打下了基础。然而，郊区社会事业发展仍与城市有一定的差距，郊区农民收入仍与城市有较大差距，而外来务工人员的流入又形成新的二元结构。由此可见，城乡一体化是一个开放的综合复杂系统，一方面，要协调好中心城区与郊区的资源分配；另一方面，区域城乡一体化不是封闭系统，区域城乡一体化的健康发展需要一个良好的大环境，这就要求整个国家相关政策与制度的进一步完善。

三　苏南乡镇企业发展带动模式

"苏南模式"是学术界对江苏省苏州、无锡、常州等地区 20 世纪 80 年代以来经济和社会发展道路的概括和总结，其与"珠三角模式"最大的不同是借助靠近大城市上海、南京之便，以城市为依托，挖掘自身潜力发展乡镇企业，进而推动农村城镇化。苏南的城乡一体化道路与上海也有很大差异，它不是从大城市发展需要出发，而是从"三农"发展需要出发。它以农村工业化为动力，采取以工补农、以工建农的方式协调工农关系，通过建立农业生产基地，推动农业机械化，促进第一、第二、第三产业的协调发展，从而打破二元结构，加快农村城市化进程，走出了一条苏南特色的乡镇企业发展带动的城乡一体化模式（于水、谢逢春，2011）。

（一）乡镇企业为农村发展奠定基础

苏南人多地少，拥有大量农村富余劳动力，具有发展商业的内在动力。为使农民创收和保障社区福利，各种形式的社区企业应运而生，这种社区企业统称乡镇企业。乡镇企业的发展冲破了城乡二元经济格局，城乡之间优势互补，关系日益密切。同时，乡镇企业带动了农村人口素质的提高，实现了劳动力转移，促进了农产品加工和产业化经营；城镇建设又为农民就业和乡镇企业发展提供了更多机会，真正实现了城乡互动的目的。

（二）以小城镇为纽带打破城乡二元格局

小城镇的资源优势及与农村的紧密联系使更多乡镇企业向小城镇发展，逐步形成了工业聚居区；而人口、工业和资源的集中反过来又带动了小城镇的兴起和繁荣，进而推动了城乡一体化发展。小城镇位于城乡接合部，是大中城市与农村联系的纽带，在乡镇工业带动下，小城镇消化吸收了大量农村剩余劳动力，且大大减轻了大中城市的人口压力，为解决城乡二元格局提供了新思路。通过开发区建设、行政区划调整、都市圈规划等战略措施，苏南地区逐步迈进了以大中城市为主导，以小城镇为纽带，工业与农业、城市与乡村协调发展的城乡一体化新时代。

（三）构建富民强村机制以缩小城乡居民收入差距

当地政府通过推行"三个集中"，使工业企业向规划区集中，农业用地向规模经营集中，农民居住向新型社区集中，从而统筹规划城乡土地资源，为农业现代化、规模化经营奠定基础。同时，政府引导并鼓励农民参与"三个置换"，即集体资产所有权分配权置换社区股份合作社股权，土地承包权经营权入股换股权，或通过征地换保障，宅基地使用权参照拆迁办法进行城镇房屋或货币置换，从而使部分农民变为市民，加快城镇化步伐。另外，政府还完善了保证农民持续增收的政策制度框架，通过推行"三大合作"（农村社区股份合作、土地股份合作、农民专业生产合作），构建富民强村机制，进一步缩小城乡居民收入差距。

（四）苏南城乡一体化模式存在的主要问题

1. 城乡统筹规划相对滞后使经济集约程度低

苏南城乡一体化的发展以乡镇企业发展及农村城镇化为契机，是农村包围城市的自发模式，缺乏城乡统筹规划。由于小城镇布局分散，土地浪费现象严重，经济集约程度低，影响地区后续发展质量。而缺乏统筹规划也导致乡镇企业产业分工不明确，相互之间竞争激烈，缺乏协调发展机制，使城乡之间内部联系不紧密，各自分散发展，不利于资源的合理利用。

2. 片面追求经济高增长导致生态污染严重

苏南地区的乡镇企业多是从家庭作坊起步的，由于其设施技术落后，只能靠高消耗来提高产出，因此，苏南经济的高增长是与高消耗、高污染、低质量、低效益并存的，对生态环境破坏严重。譬如，太湖流域已大面积污染，富营养化严重，苏州、无锡和常州已成为水质型缺水城市。而地表水资源的恶化与紧缺迫使人们大量开采地下水，导致区域性地面不均匀下降，严重威胁城市及重大工程建设。高污染还直接降低了土地的生态质量，影响了土地的生态承载力，给整个区域的后续发展带来了不良影响。

（五）苏南城乡一体化启示

苏南的城乡一体化以乡镇企业的发展为契机，并通过乡镇企业聚集带动小城镇发展，走出了一条农村包围城市的城乡一体化道路。然而，缺乏城乡统筹规划导致城乡分散发展，片面追求经济增长导致生态污染问题严重，影响了城乡一体化可持续发展的质量。在小城镇分散布局的现状下，政府应当进一步强化中心城市的辐射、带动功能，使其成为城乡经济的商务中心、物流中心、资金流中心、信息流中心、人才集散中心、研发中心和技术扩散中心，优化产业布局，统筹城乡资源，促进城乡一体化健康、协调发展。

第三节　城乡一体化发展模式经验总结

从国内外城乡一体化发展的实践可以看出，城乡发展一体化已成为全面建设小康社会，推进现代化建设的基本走向和重要特征。尽管由于资源禀赋、经济与社会发展背景不同，各区域城乡一体化的路径选择不尽相同，但以下几点是保障城乡一体化顺利推进的基本原则。

一　实事求是与因地制宜原则

不同地区在推进城乡一体化发展方面具有自身独特的资源优势，如珠江三角洲的以城带乡模式、苏南以乡镇企业发展带动城乡一体化发展的模式、上海的城乡统筹规划模式等，都是各个地区遵循实事求是、因地制宜的原则，立足自身优势选择的特色发展模式。落后地区在借鉴发达地区成功经验的基础上，应从自身实际出发，综合当地经济、地理、人文、环境等各方资源，走出自己的特色发展道路。

二　统筹规划原则

从各地城乡一体化发展的历史经验与教训中可以看出，政府的有序引导、支持和监督是保证城乡一体化可持续发展的前提。各级政府应从总体上统筹规划，"城市偏向"或"农村偏向"的政策都可能造成城乡发展的不均衡。

三　重视农业产业结构优化升级原则

重视产业结构的优化升级，尤其是农业产业结构的升级，是发达地区城乡一体化发展模式的共同点；同时，关注农村自身经济发展能力，重视提高农民素质，是缩小城乡收入差距的根本途径。城乡一体化发展的成功经验显示，产业结构的优化升级可以带动农村经济发展能力的提高，而农村自身经济发展能力的提高，反过来又可以促进产业结构的优化升级，从而通过协调城乡产业结构，推动农业生产机械化和农业发展现代化，并通过规范农村商品生产和劳动力市场，提高农产品竞争力和农村劳动力素质，推动农村自主发展，加快城乡一体化发展步伐。

四　关注"三农"问题原则

我国经济发展中存在的"三农"问题是阻碍经济可持续发展的一大障碍，而农村、农业、农民这三个问题中，农民问题的解决最为迫切。解决"三农"问题，关键在于减少甚至消除城乡居民之间生活水平的巨大差距，使广大农民也能平等地享受到经济发展的成果。此外，进一步完善土地流转制度，切实保障失地农民的合法权益，也是推动农业规模化、现代化经营的前提。

五　农村经济发展与农村社会事业发展并重原则

城乡一体化发展的目标之一是让农村居民和城市居民平等地享受到经济发展的成果，农民只是一种职业，公共服务、福利待遇、生活水平应该与市民完全均等。现阶段，农村基础设施和社会事业发展远远落后于城市，这不仅影响农村居民的生活水平，也是导致农村地区经济欠发达的关键因素。因此，我国应大力发展农村地区交通、水电、医疗、通信等基础设施，以提高农村承接力，促进农村地区的经济发展。同时，在对城乡进行规划时，我们不能仅偏重于农村经济的发展，同时也要重视农村社会事业的发展，使农村地区环境优美、社会和谐、生活富裕。

第四节　本章小结

本章首先选取国内外几种典型的城乡一体化发展模式，分析了各种模式产生的经济和社会背景及其发展历程，剖析其城乡一体化发展的动力机制，总结每种模式的成功经验和不足，分析其对其他地区城乡一体化发展的借鉴意义。在此基础上，再归纳、总结出城乡一体化发展的立足点和应该遵循的原则，为进一步分析江苏城乡发展现状，评价江苏区域城乡一体化发展水平提供参考。

第四章　江苏省区域经济及城乡差异分析

改革开放以来，江苏省作为沿海经济发展的重要区域，全力推进工业化、城镇化建设进程，保持了国民经济持续、快速、健康的发展。然而，江苏省虽然工业化进程总体上已进入中后期阶段，但一些偏重城市发展的经济政策只能在短期内有利于推动经济增长，长期看却可能导致城乡收入差距的进一步扩大，为经济的全面、协调、可持续发展带来制约和挑战，成为城乡一体化可持续发展的障碍。本章针对江苏省2002—2012年13个地级市的区域经济发展状况及产业结构演进路径进行系统分析，深入了解各区域城乡一体化发展的社会经济背景，结合城乡二元结构差异分析，剖析各区域城乡一体化的发展现状，为针对区域差异而合理制定城乡一体化目标及评价方法提供依据。

第一节　经济指标的选择和数据来源

一　经济指标的选择

统计指标最能反映一个地区或国家福利和发展的总体水平。统计指标的选择在很大程度上受流行性、数据获得难易和个人伦理偏好的影响。

GDP作为宏观经济的测量标准，是反映资本周转率的指标。它并不包括非市场产品和服务，也不包括任何收入在人口中分配的信息。近年来，GDP的广泛应用模糊了经济发展与社会福利的真实关系，实际上社会福利含有非物质成分，如空闲时间或自然价值等。GDP作为福利的测算标准很久以来一直受到批评，因为它不考虑自然资源的消费或环境污染的负面影响，没有区分社会福利的上升和商品、服务的下降（杜建国等，2011）。

GDP 作为测量方法的缺陷促使人们考虑别的方法。在这样的背景下，人类发展指数（HDI）、可持续经济福利指数（ISEW）、发展质量指标以及所谓绿色社会生产指标应运而生。所有这些指标都提到了发展的基础生态和伦理层面。它们建立在可持续发展的基础之上。可持续发展被定义为满足现在的需求而不以牺牲子孙后代的需求为代价。当然，这些指标的最大问题是如何衡量可持续发展。

考虑到数据的可获取性和研究的需要，本书主要选择产业 GDP（国内生产总值）、GDPPC（人均国内生产总值）、RPCI（农村居民人均纯收入）、UPCI（城镇居民人均可支配收入）、TPCI（人均总收入，是 UPCI 和 RPCI 的人口加权平均）来计算和分析江苏省各区域经济发展和收入水平的演化。

二 数据来源及加工

本书采集的数据来自国家统计局、国家信息中心和江苏省及下属地级市的统计年鉴。曾经有学者因为地方统计局的职员素质参差不齐、统计方法不科学、统计地位不独立而对我国的官方数据表示怀疑。我们认为江苏省是我国经济最发达地区，大量高层次人才汇聚，统计人员素质很高，采用的统计方法科学（实际上，随着经济发展、社会进步，全国各个地方近年来的统计手段已变得越来越规范和科学）。

虽然统计的独立性地位仍然没有得到很好的解决，但我们认为江苏省的官方数据还是可靠的。尤其我们选择的时段是十几年来的数据，这些数据的统计口径也是基本一致的。

本章用于统计的数据包括 2002—2012 年江苏省 13 个地级市的统计结果。为保证数据之间的可比性，根据 2002—2012 年江苏省的消费价格指数，以 2002 年的消费价格为基准，对 2003—2012 年的 GDPPC、RPCI 和 UPCI 分别用居民消费价格指数、农村居民消费价格指数和城镇居民消费价格指数进行调整。

我们在聚合水平中分别考虑江苏省的苏南、苏中和苏北三大区域。根据省统计年鉴，三大区域的划分原则为：苏南由南京、无锡、苏州、常州和镇江构成，苏中包括扬州、泰州、南通，苏北为淮安、盐城、宿迁、连云港和徐州。

第二节 江苏省区域经济发展趋势分析

由于地理区位、资源禀赋、人文历史、政策制度等多方面因素的叠加影响，江苏省经济形成了苏南、苏中、苏北三大区域，区域发展的梯度特征非常明显，总体上形成了苏南→苏中→苏北阶梯式落差。

一 江苏省区域经济概况

江苏省产业结构的演进以三次产业结构的变动为核心，总体产业结构转型升级明显，第二、第三产业所占地区生产总值的比例逐步提高，产业结构正在逐年优化。以 2002 年、2007 年和 2012 年为节点，苏南、苏中、苏北 13 个地级市生产总值情况如表 4 - 1 所示，表中数据以 2002 年为基准进行了调整。

根据表 4 - 1，下面对江苏省下辖 3 个区域的 13 个地级市的 GDP 总量按照折线图进行图表对比分析，如图 4 - 1 所示。

从图 4 - 1 可以看出，江苏省各地级市 GDP 随年度均有明显增长。但从经济总量上来看，苏州和南京明显高于其他地级市，而 GDP 总量最低的地级市多集中于苏北地区。以 2012 年苏州的经济总量为例，其 GDP 接近于整个苏北地区 5 个地级市的 GDP 总额，远远大于苏中地区的 GDP 总额。2002 年、2007 年、2012 年 13 个地市 GDP 总量均值、中值及最大、最小值变化情况如图 4 - 2 所示。

从图 4 - 2 可见，各地市经济总量总体呈上升趋势，但整体经济总量的地区差距却变得越来越大。以 2012 年为例，13 个地市的平均值为 3202 亿元，大于中值 2330 亿元，说明 13 个地市中超过一半没有达到全省平均水平；同时，处于最大值的苏州是最低值宿迁的 7.89 倍，是平均值的 2.80 倍，这一数据进一步说明了江苏省 13 个地市经济发展的不平衡，且这一不平衡态势呈现逐渐放大的趋势。

第三产业的兴起和发达，是社会分工进一步发展和劳动生产率提高的必然趋势，是现代化经济的一个重要特征。因此，深入分析第三产业的发展状况，对于了解地区经济具有重要意义。根据表 4 - 1，下面对江苏省下辖 3 个区域的 13 个地市的第一、第二、第三产业 GDP 按照折线图进行图表对比分析，如图 4 - 3 所示。

表4-1 2002年、2007年、2012年江苏省13个地级市 GDP 情况表

单位：亿元

	2002年地区生产总值				2007年地区生产总值				2012年地区生产总值			
	第一产业	第二产业	第三产业	合计	第一产业	第二产业	第三产业	合计	第一产业	第二产业	第三产业	合计
苏北	566.9	942.1	765.8	2274.8	710.3	2139.3	1527.1	4376.7	1154.3	4318.7	3624.2	9097.2
徐州市	134.1	351.1	264.2	749.4	169.4	776.0	531.8	1477.2	285.6	1469.9	1243.7	2999.2
连云港	77.6	113.4	105.9	296.9	92.6	254.0	196.9	543.5	173.5	549.7	474.1	1197.3
宿迁市	85.1	77.5	70.1	232.7	104.9	219.1	153.7	477.7	169.4	535.3	431.9	1136.6
淮安市	100.9	151.0	116.6	368.5	114.8	323.8	234.0	672.6	185.2	664.0	585.2	1434.4
盐城市	169.2	249.1	209.0	627.3	228.6	566.4	410.7	1205.7	340.6	1099.8	889.3	2329.7
苏中	279.7	994.4	634.3	1908.4	332.3	2336.6	1409.1	4078.0	534.7	4034.6	3042.4	7611.7
扬州市	69.3	286.0	189.0	544.3	88.8	657.6	407.0	1153.4	153.2	1160.8	876.3	2190.3
南通市	141.0	446.4	278.0	865.4	153.0	1063.7	651.4	1868.1	238.3	1802.6	1363.1	3404.0
泰州市	69.4	262.0	167.3	498.7	90.5	615.3	350.7	1056.5	143.2	1071.2	803.0	2017.4
苏南	289.6	3429.6	2557.7	6276.9	332.8	8240.1	5518.9	14091.8	567.2	12847.5	11511.7	24926.4
南京市	62.4	613.9	712.1	1388.4	101.4	1413.5	1422.0	2936.9	138.2	2367.7	2871.6	5377.5
镇江市	32.5	296.7	184.3	513.5	40.4	634.7	386.0	1061.1	86.5	1060.0	817.7	1964.2
苏州市	91.7	1211.5	777.1	2080.3	87.0	3192.8	1731.8	5011.6	145.7	4855.3	3968.2	8969.2
无锡市	54.2	876.0	603.9	1534.1	48.3	2001.3	1360.1	3409.7	102.4	2995.8	2552.9	5651.1
常州市	48.8	431.5	280.3	760.6	55.7	997.8	619.0	1672.5	94.4	1568.7	1301.3	2964.4
江苏省	1136.2	5366.1	3957.8	10460.1	1375.4	12716.0	8455.1	22546.5	2256.2	21200.8	18178.3	41635.3
全国	16537.0	53896.8	49898.9	120332.7	25165.2	97886.3	110614.8	233666.2	39107.8	175597.5	172793.2	387498.5

（亿元）

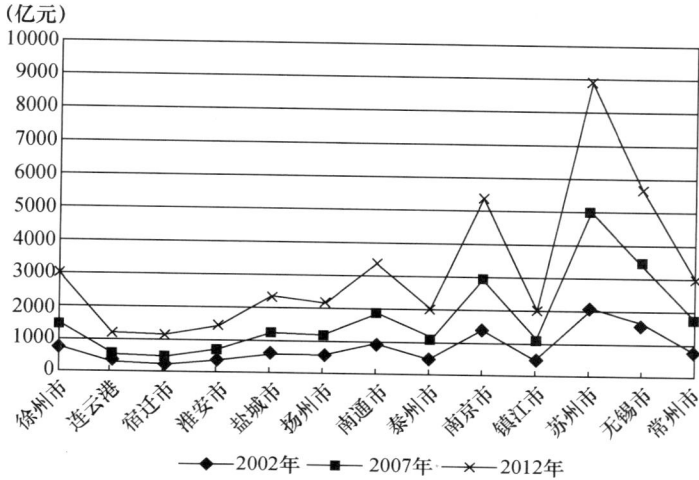

图 4－1 江苏省各地市 2002 年、2007 年、2012 年 GDP 总量变动示意

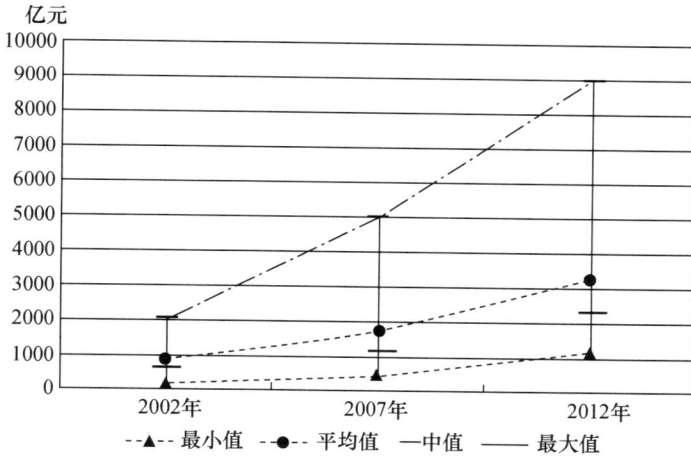

亿元

图 4－2 江苏省 2002 年、2007 年、2012 年 GDP 总量盒状

从图 4－3 可以看出，各地市第二、第三产业 GDP 的发展趋势与总的 GDP 变动趋势基本相同，GDP 总量领先的苏州和南京第二、第三产业 GDP 同样领先其他地市。而第一产业 GDP 领先的徐州、盐城和南通三市由于第二、第三产业发展较落后，其 GDP 总量表现不佳；但徐州和南通 2007—2012 年第二、第三产业有较大增长。总体来看，江苏省第二、第

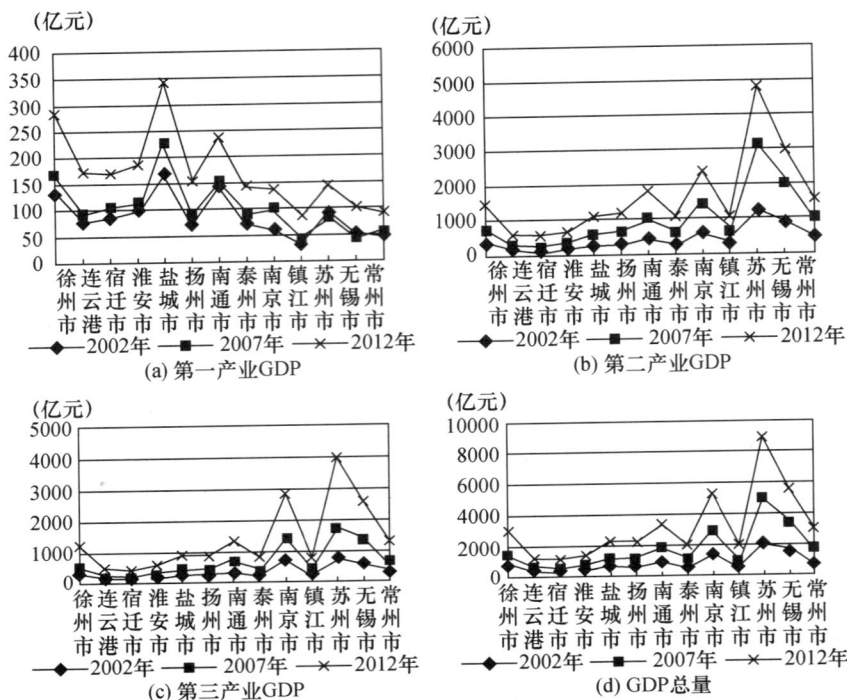

图 4-3　江苏省各地市 2002 年、2007 年、2012 年各产业 GDP 变动示意

三产业所占 GDP 比重较大，整体形势较好，但农业发展后劲不足；苏北和苏中地区第一产业比重远高于苏南地区，体现了各区域经济结构的不均衡。

　　苏南、苏中、苏北地区及整个江苏省 2002—2012 年度 GDP 总量变动情况如表 4-2 所示。

　　各区域及整个江苏省 2002—2012 年度 GDP 总量变化情况如图 4-4 所示。从图 4-4 可以看出，整个江苏省 2002—2012 年度 GDP 总量持续增加，其中苏南地区 GDP 总量最大，且增长速度最快；苏中和苏北地区 GDP 总量差别不大，但 2008 年后，苏北地区增速明显快于苏中地区。

　　地区 GDP 总量与地区人口总量有关，为更好地理解江苏省各地市经济发展情况，在此需要进一步分析其人均国民生产总值。2002—2012 年各地市人均国民生产总值统计数据如表 4-3 所示，其中 2003—2012 年数据已按江苏省物价消费指数调整到 2002 年水平。

表 4 - 2　　　　　　　　2002—2012 年江苏省各区域 GDP 总量变动情况

年份	苏北	苏中	苏南	全省
2002	2274.8	1908.4	6276.9	10460.1
2003	2678.6	2170.1	7790.5	12639.2
2004	2884.9	2531.4	9179.3	14595.6
2005	3408.4	3007.1	10692.1	17107.6
2006	3883.2	3567.4	12507.3	19957.9
2007	4376.7	4078.0	14091.8	22546.5
2008	5159.1	4568.5	15502.0	25229.6
2009	6026.6	5351.1	17714.4	29092.1
2010	7196.3	6247.3	20317.7	33761.3
2011	8231.4	6997.1	22704.1	37932.6
2012	9097.2	7611.7	24926.4	41635.3

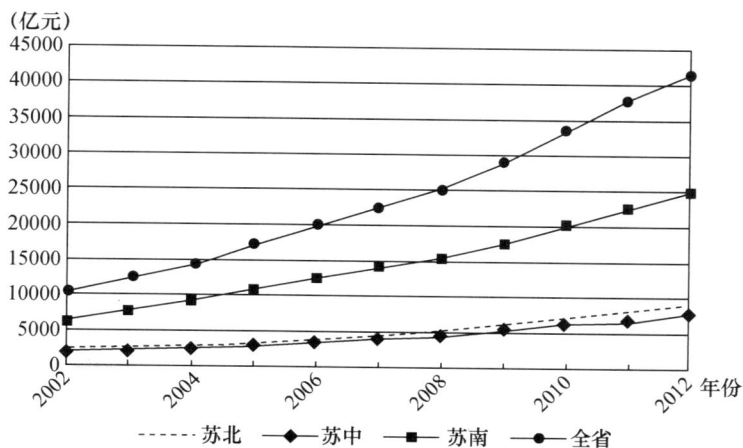

图 4 - 4　江苏省各区域 2002—2012 年 GDP 总量变动情况

其中，2002 年、2007 年、2012 年各地市人均 GDP 发展情况如图 4 - 5 所示。

表 4 − 3　　　　　2002—2012 年江苏省 13 个地市人均 GDP 情况表　　　　　单位：元

年份	2002	2003	2004	2005	2006	2007	2008	2009	2010	2011	2012
苏南	28685	35056	40832	42771	45476	49356	53282	58039	64266	69416	75686
镇江市	19241	21779	25343	27835	34922	36787	41064	45832	51860	56679	62463
苏州市	35733	47221	55156	62195	57328	60789	65784	70086	75060	78243	85146
无锡市	35087	41205	48118	47540	53086	57641	61496	67954	74354	82310	87631
常州市	22215	25890	30159	29917	34666	39076	43158	47639	54315	59363	63500
苏中	11021	12505	14607	17847	21182	24643	29198	32876	38261	42740	46451
扬州市	12044	13811	15930	18993	22050	26755	30741	34673	40164	45163	49052
南通市	11073	12459	14661	18759	22505	24174	30191	33689	38790	42907	46674
泰州市	10021	11399	13329	15246	18276	23322	26177	29904	35591	40142	43591
苏北	7153	7874	9182	10849	12253	15194	17453	19960	24011	27647	30545
南京市	24816	29485	34021	33640	36741	40211	42415	46299	52658	58427	66102
徐州市	8297	9308	11418	12912	15281	17584	20309	23040	27496	31723	35003
连云港	6427	7071	7951	10129	10163	13723	15434	17706	21771	24607	27232
宿迁市	4544	4945	5591	6696	7903	10617	12586	14621	18172	21328	23765
淮安市	7267	7811	8823	9952	11257	14603	17098	19492	23283	26953	29862
盐城市	7884	8653	9917	12021	13429	16596	18648	21398	25525	29283	32237
江苏省	14397	16663	19052	23245	26537	30147	33373	37057	42627	47722	51035

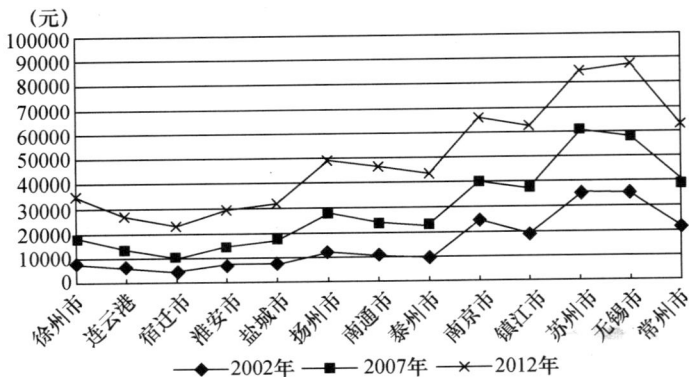

图 4 − 5　江苏省 2002 年、2007 年、2012 年各地市人均 GDP 示意

　　从图 4 − 5 可以看出，整个江苏省 2002—2012 年度人均 GDP 同样增速明显，特别是苏南地区各地市人均 GDP 增速最明显。进一步分析苏南、苏中和苏北地区 2002—2012 年人均 GDP 发展情况，如图 4 − 6 所示。

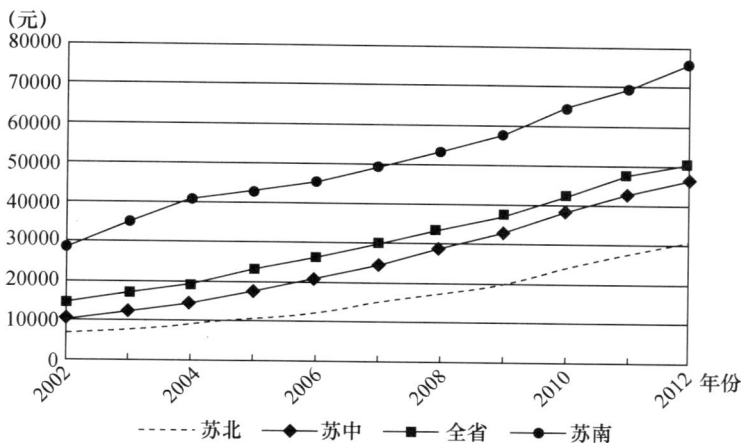

图 4 - 6 江苏省各区域人均 GDP 发展趋势图

由图 4 - 6 可见，苏南地区人均 GDP 明显高于苏中和苏北地区，而苏中和苏北地区均低于全省水平，苏南、苏中、苏北人均 GDP 呈明显的梯度分布，且随时间其梯度发展态势愈加明显。这再次体现了江苏省各地经济发展显著的区域特性：苏南地区各地市经济发达且经济发展速度较快，苏中地区次之，苏北地区各地市则集中了江苏省经济发展最落后的地区。这种分区域的梯度发展形态为后面整个江苏省城乡一体化进程的梯度化发展规划提供了实际依据和数据支持。

二 江苏省区域经济发展方向分析

在经济发展过程中，经济发展方向和产业转型升级总是沿着一定的轨迹，即产业结构从较低层次、较低附加值产业向高层次、高附加值产业转变。对于测度方向的变动，产业结构超前系数是较好的测度工具。产业结构超前系数是测定某一产业结构增长相对于整个经济系统增长趋势的超前程度（高燕，2006），计算公式为：

$$E_i = a_i + (a_i - 1)/R_i \qquad (4-1)$$

其中，E_i 表示第 i 部门的结构超前系数，a_i 表示第 i 部门报告期所占份额与基期所占份额之比，R_i 表示同期经济系统平均增长率。若 E_i 大于 1，则意味着第 i 产业超前发展，所占份额将呈现上升趋势；反之，若 E_i 小于 1，则意味着第 i 产业发展相对滞后，所占份额将呈现下降趋势。

（4 - 1）式可以直观地测度产业转型升级的方向。以各产业 GDP 总量为基础数据，根据（4-1）式计算出2002—2012年江苏省13个地市三大产业的超前系数，结果见表4-4。

表4-4　　2002—2012年江苏省13个地级市三大产业超前发展系数

	2002—2007 年超前系数			2007—2012 年超前系数			2002—2012 年超前系数		
	第一产业	第二产业	第三产业	第一产业	第二产业	第三产业	第一产业	第二产业	第三产业
苏北	-2.3706	2.7878	1.3887	-0.9015	0.7458	2.2293	-3.1412	2.2635	2.581
徐州市	-2.3578	2.138	1.2011	-0.5261	0.3942	2.3583	-2.9499	1.3878	2.4863
连云港	-2.6318	3.3298	1.162	-0.213	0.8559	1.7523	-2.7431	2.6932	1.9218
宿迁市	-2.5353	4.3733	1.624	-1.3944	1.1805	2.321	-3.4125	4.0799	2.9432
淮安市	-2.9411	3.1054	2.2794	-1.0532	0.677	2.4578	-3.5302	2.3031	3.7182
盐城市	-1.88	2.7693	1.2138	-1.2024	1.0457	2.1582	-3.074	2.6736	2.2906
苏中	-2.733	2.0554	1.5279	-0.3873	0.254	2.6083	-3.382	1.3418	2.9703
扬州市	-2.3327	2.0047	1.3832	0.097	0.3047	2.3193	-2.733	1.3059	2.5686
南通市	-3.1578	2.1988	2.035	-0.5662	0.2122	2.4706	-3.8626	1.457	3.4171
泰州市	-2.2748	1.8692	0.8684	-0.5775	0.2701	3.2026	-3.088	1.1913	2.6942
苏南	-2.8737	1.6141	0.7372	0.5994	-0.3025	2.988	-3.2946	0.5723	2.2043
南京市	-0.9833	1.732	0.5073	-1.6667	0.1099	2.0698	-2.7025	0.9432	1.3334
镇江市	-2.4969	1.3101	1.1198	2.6055	-0.0029	2.4798	-1.6491	0.4255	2.3933
苏州市	-3.4472	1.6897	0.4505	0.3051	-0.6257	4.0321	-4.0763	0.4339	2.4826
无锡市	-3.8796	1.4893	1.3645	4.4621	-0.1967	2.6447	-3.3117	0.6029	2.6682
常州市	-2.9053	1.3681	0.9883	0.5748	-0.1974	3.1405	-3.3298	0.4221	2.6434
江苏省	-1.8261	1.4637	1.0227	-0.0427	-0.0842	2.807	-2.5108	0.5811	2.4573
全国	-1.0661	1.5435	1.0977	0.2221	0.4714	1.7973	-1.6336	1.1164	1.7471

资料来源：所用各产业 GDP 原始数据均来自 2012 年《江苏统计年鉴》。

从表4-4中我们可以看到，2002—2012年，第一产业的超前系数为负值，第二产业和第三产业则全部呈正值，这表明江苏省13个地市第一产业的发展都存在相对滞后现象，但第二、第三产业则存在明显的超前发展。比较第二、第三产业还发现，第三产业超前系数比第二产业高，这表明江苏省在政府政策的引导下，服务业发展速度较快，而且其后期发展势头强劲。但是从2007年以后的数据来看，江苏省第二、第三产业发展势头有所减缓，特别是苏州、无锡和常州的第二产业超前系数出现了负值，这在某种程度上可以说明2008年经济危机对苏南制造业影响显著。

比较2002—2007年和2007—2012年两个时期，13个地市三大产业发展情况基本相同，但2007—2012年，第一产业超前发展滞后状况有所缓解，除南京外，苏南地区各地市第一产业超前系数为正值，全省平均超前系数也由负向正转变，而其他地市的滞后状况相对2002—2007年也有了很大程度的改善，这说明江苏省第一产业滞后问题开始有所缓解，甚至有的地市开始出现了超前发展。比较这两个时期第二、第三产业的发展情况后可以发现：2002—2007年第二产业的超前系数比第三产业的超前系数大；相反，2007—2012年第二产业的超前系数比第三产业的超前系数小，说明在此期间第三产业发展速度已经超过第二产业，江苏省产业结构正处于由第二产业向第三产业优化的过程中。总体上看，江苏省第三产业超前系数高于全国水平，而第一、第二产业超前系数低于全国水平；江苏省的产业发展符合发达国家三大产业的发展规律：起初是第一产业的比重不断下降，第二、第三产业的比重不断上升；随后包括第一、第二产业的物质生产部门的比重都不同程度下降，第三产业的比重持续上升。这是江苏省产业转型升级的大方向。

三　江苏省区域产业结构发展速度分析

运用空间向量的原理，以向量空间中夹角为基础，可以测量某个区域或地区的产业结构变动程度，这一方法称为More结构变动值测定法。它将经济中的研究对象（一般是产业）分为n个部门，构成一组n维向量，把两组向量在两个时期间的夹角，作为象征产业结构变化程度的指标，该指标即为More结构变化值，简称More值（靖学青，2008）。计算公式为：

$$M^+ = \sum_{i=1}^{n}(w_{i0} \times w_{it}) \div \sqrt{(\sum_{i=1}^{n} w_{i0}^2) \times (\sum_{i=1}^{n} w_{it}^2)} \qquad (4-2)$$

其中，M^+表示More结构变化值，实际上就是两组向量夹角α的余弦值；w_{i0}表示基期第i产业所占比重；w_{it}表示第t期第i产业所占比重；n表示产业数，这里$n=3$，分别代表第一产业、第二产业和第三产业。如果两组向量在两个时期间的夹角为α，则有：

$\because \quad M^+ = \cos(\alpha)$

$\therefore \quad \alpha = arccos(M^+) \qquad (4-3)$

其中，α值越大，则意味着产业结构变化越快；反之，则产业结构变化缓慢。

如果要反映一定时期内的产业结构年均变动值，可以采用如下公式（高燕，2006）：

$$k = \sum_{i=1}^{m} | q_{it} - q_{i0} | /N \qquad (4-4)$$

其中反映了某一产业结构的年均变化速度。k 为产业结构变动值，q_{it} 为报告期构成比，q_{i0} 为基期构成比，m 为产业门类数，N 为基期与报告期之间的年度数。根据式（4-2）至式（4-3），可以分别计算出江苏省13 个地市 2002—2007 年（T_1）、2007—2012 年（T_2）、2002—2012 年（T）的 More 结构变化值、产业向量夹角和产业结构年均变动值，结果如表 4-5 所示。

表 4-5　　　　2002—2012 年 13 个地市三大产业的产业结构变化值

	More 结构变化值			矢量夹角 α（度）			产业结构年均变动（%）		
	T_1	T_2	T	T_1	T_2	T	T_1	T_2	T
苏北	0.9834	0.9952	0.9724	10.46	5.62	13.48	2.9256	1.6507	2.2365
徐州市	0.9921	0.9945	0.9874	7.20	6.00	9.11	2.1469	1.8246	1.5214
连云港	0.9796	0.9977	0.9732	11.58	3.91	13.30	3.0324	1.1239	2.1160
宿迁市	0.9469	0.9893	0.9027	18.76	8.41	25.48	4.8920	2.3293	3.9389
淮安市	0.9783	0.9929	0.9592	11.96	6.83	16.43	3.5668	2.0016	2.7022
盐城市	0.9845	0.9956	0.9704	10.11	5.40	13.98	2.6690	1.4450	2.2440
苏中	0.9935	0.9946	0.9889	6.55	5.96	8.54	2.4040	1.7978	1.5272
扬州市	0.9959	0.9957	0.9936	5.16	5.29	6.47	2.0034	1.5740	1.2205
南通市	0.9902	0.9951	0.9838	8.03	5.66	10.33	3.0646	1.7560	1.8408
泰州市	0.9945	0.9921	0.9909	6.01	7.22	7.74	1.8648	2.1092	1.3163
苏南	0.9981	0.9902	0.9954	3.49	8.05	5.51	1.2877	2.3378	0.9769
南京市	0.9974	0.9956	0.9993	4.16	5.37	2.09	1.3086	1.6608	0.3833
镇江市	0.9992	0.9939	0.9945	2.27	6.36	6.00	0.8420	1.9500	1.0434
苏州市	0.9965	0.9824	0.9926	4.77	10.78	6.97	1.8239	3.2289	1.2521
无锡市	0.9995	0.9941	0.9945	1.81	6.24	6.02	1.1583	1.8932	0.9994
常州市	0.9987	0.9906	0.9921	2.95	7.85	7.20	0.9575	2.2710	1.2809
江苏省	0.9980	0.9926	0.9930	3.61	6.99	6.78	1.1003	2.0350	1.1780
全国	0.9984	0.9986	0.9975	3.27	3.06	4.05	0.9910	0.9002	0.6637

资料来源：各产业 GDP 原始数据来自 2012 年《江苏统计年鉴》。

从表 4-5 中可以看出，江苏省 13 个地市的 More 结构变化值都非常接近 1（特别是苏南地区的 5 个地市，2002—2007 年、2007—2012 年和

2002—2012 年的 More 结构变化值均大于 0.99），各个地市之间的变化值差别不大，因此我们将关注的重点转移到矢量夹角值 α 上。在 2002—2012 年，江苏省 13 个地市产业结构都有一定的变化，其中苏北的宿迁（25.48）、淮安（16.43）、盐城（13.98）、连云港（13.30）和苏中的南通（10.33）产业转型速度最快，均超过了 10 度，其次是徐州（9.11）、泰州（7.74）、常州（7.20）、苏州（6.97）、扬州（6.47）、无锡（6.02）和镇江（6.00），介于 5 度到 10 度之间，而南京（2.09）产业转型速度相对较慢，其值不到 5 度。通过比较 2002—2007 年和 2007—2012 年两个时期的矢量夹角，我们发现除苏南 5 个地市和泰州外，其他地市的夹角在 2007—2012 年比 2002—2007 年小，说明 2007 年之后这些地市的产业转型速度比 2007 年之前减缓了，而苏南 5 地市和泰州转型升级速度在 2007 年之后加快了。

从产业结构年均变化情况来看，2002—2012 年，13 个地市的产业年均变化存在较大差异，其中成绩最突出的是苏北的宿迁、淮安、盐城、连云港，其年均变动率分别为 3.9%、2.7%、2.2%、2.1%；而南京和无锡两个地市的产业年均变动率最低，不到 1%；另外，扬州、泰州、苏州、镇江、常州也小于 1.5%。比较 2002—2007 年和 2007—2012 年这两个时期，我们可以发现仅苏南 5 地市和泰州年均变动率有所提高，其余 7 个地市的年均变动率都大幅度下降（其中包括苏北的 5 个地市和苏中的 2 个地市）。

从以上分析结果来看，江苏省 13 个地市在 2002—2012 年都经历着产业转型升级的过程，但各个地市、各个区域产业转型升级速度存在差异。从 2007 年前后两个时期的转型升级速度来看，除苏南外，其他区域的产业转型升级近年来有所变缓，总的说来，2007—2012 年的第二、第三产业升级速度仍然明显比 2002—2007 年要快。此外，More 值模型很好地描述了产业结构的演化过程及其变动规律，对于优化产业结构、促进经济高效发展具有重要作用。

第三节　江苏省城乡发展差异分析

城乡二元经济结构是阻碍城乡一体化发展的最大障碍。江苏省虽然是全国城乡居民收入差距较小的省份之一，但是，江苏省内不同区域的异质性十分明显，内部形成了苏南、苏中、苏北地区性分化的局面，其工业化进程存在阶段性差距，呈现阶梯状分布。以人为本推进城乡一体化建设，首要问题是缩小城乡居民收入差距，使城乡居民生活水平趋于均衡。本节通过江苏省 13 个地市 2002—2012 年城乡收入差距的实证分析，探究城乡收入差异的成因及演化规律，为进一步缩小城乡居民收入差异，推进城乡一体化健康发展出谋划策。

一　江苏省城乡发展概况

研究江苏省城乡二元结构的发展过程，首先要分析我国城乡关系发展的大环境，进而结合江苏实际，通过实证数据验证定性分析结果，探寻在区域经济发展背景下，城乡差异演化的特点。

（一）中国城乡发展现状分析

二元户籍制度是导致城市和农村二元经济与社会结构的根本原因。而随着改革开放的深入，中国经济迅速发展和崛起，人民生活水平不断提高，但城乡差距却进一步扩大，城乡发展不均衡现象日益凸显。我国城乡发展不均衡主要表现在工业、农业发展失调，城乡居民收入差距日益拉大，城乡居民消费差距不断扩大等方面。城乡经济发展失衡制约着我国国民经济健康发展和社会的稳定和谐。

20 世纪 90 年代以来，尽管城乡差距在某些年份中也有过下降，但总体来说，收入差距是不断扩大的。特别是自 2002 年城镇居民人均可支配收入与农村居民人均纯收入之比达到 3.11:1 以来，就一直维持在 3 倍以上。2007 年，城镇居民人均可支配收入与农村居民人均纯收入之比达到 3.33:1，随后的 2008 年、2009 年一直维持 3.3 以上的高比例。2010 年后，由于农村外出打工收入的增加、农产品价格上调带来的增收以及养老、低保等转移性收入水平的提高，使得城乡收入比有所下降，2010 年、2011 年、2012 年、2013 年分别为 3.23、3.13、3.10、3.03。大多数专家认为 3 倍的差距是警界红线。有的学者认为，城镇居民人均可支配收入与农村居民人均纯收入之比没有考虑城市居民享有的保险、医疗、住房等补助因素，如果考虑这些因素，则中国城乡差距还要更大，城乡差距问题日益严重。Zhang 和 Zhao（1998）认为，尽管中国在改革开放时期经历了一个快速的工业化过程，但城市化进程仍十分缓慢。其中一条重要的原因就在于移民方面的控制政策限制了乡村居民大规模流向经济较发达地区。20

世纪90年代以来，限制有所松动的户口制度促使大批农民工辗转去沿海发达地区找工作，但是真正移民数量相对于整体潜在移民数量仍然偏低。

世界银行（1997）证实，城乡差异是中国20世纪90年代人均收入不平等的主要因素。省际及城乡收入差异的情况占据了人均收入不平等整体情况的50%以上。区域间不平等及城乡不平等的情况形影相随、互为影响。城乡分离给省际的差异造成了巨大的影响，因为城市的个人收入及消费趋同情况较乡村更为明显。这意味着不论是理论分析还是政策制定都必须区分乡村及城市地区。

Tsui（1993）和 Rozelle（1994）认为，为了讨论区域差距，研究城乡不均衡是必要的。Ye（1996）采用城乡名义消费数据，发现了乡村和城镇之间的巨大差距。Kanbur、Zhang（1999）给出了分析城乡不平衡的统一框架，并分析了1983—1995年沿海和内地之间的不平衡，并暗示不断增长的不平衡主要是由"户口"（家庭）登记制度造成的。Yang（1999）通过对1986—1994年四川省家庭收入数据的调查分析，认为城乡差距仍在增大。Yao等人（2005）研究了我国城乡产出、收入和消费的不平衡。Zhang、Wan（2006）发现在20世纪90年代后期，不利于农村的分配变化是造成农村相对贫困的主要原因。采用1995—2002年的家庭调查数据，Terry等人（2007）研究了我国城乡收入差距的大小及其影响因素。Li等人（2014）运用2004—2010年跨省级面板数据，分析了中国城市化进程中城乡收入差距的影响因素，认为第一要素配置差异是收入差距扩大的主要原因，而城市化缩小收入差距；同时，教育资源配置在东部和中部省份作用明显。卢冲等人（2014）通过构建产业结构与城乡居民收入差距模型，采用系统广义矩方法，分析了成都市产业结构与城乡居民收入差距之间的关系，发现产业结构调整、农村居民收入结构和区域经济增长对城乡收入差距缩小具有正向作用，而林业、渔业、建筑业是阻碍成都市城乡收入差距缩小的主要因素。陈斌开和林毅夫（2013）利用1978—2008年中国省级面板数据，从政府发展战略的视角研究中国城乡收入差距持续扩大的原因，发现政府战略鼓励了资本密集型部门优先发展，从而导致城市部门就业需求下降，农村居民不能有效地向城市转移，最终使城乡收入差距扩大；并得出中国城乡收入差距在经济发展过程中呈现先下降、后上升的U型规律。Wan 和 Zhang（2008）分析、解释了20世纪90年代后半期沿海和内地之间的农村贫困差异。Du 和 Cheng

（2008）以 1993—2005 年的数据为依据，将我国总的收入不均衡分解为城乡收入不均衡、农村之间收入不均衡和城镇之间收入不均衡，并分析了各种不均衡对总的收入差异的影响。结果显示：1999—2005 年城乡收入不均衡总体来看呈现为发散趋势，而 1993—1999 年则为收敛状态。1999—2005 年，城乡收入不均衡对总收入不均衡的贡献增长了 59.9%。在我国总的收入不均衡中，城乡不均衡几乎一直占据收入不均衡的支配地位。我国农村内部收入不均衡对总收入不均衡的贡献几乎总是仅次于城乡不均衡的贡献，但城镇之间的收入差距较小且比较稳定。另外，1999—2005 年，城镇收入与农村收入均值之间距离的增大也反映出我国城乡差距在进一步扩大。Chunping（2012）通过对 2009 年抽样调查数据的实证分析，揭示了城市和农村收入不平等的结构、属性与主观幸福感之间的内在关系，分析了城乡居民主观幸福感与社会不平等的深层次后果，呼吁各方关注农村群体。

从目前发展状况来看，城乡差距在我国社会经济发展中比较突出，城乡关系仍处于不协调的发展状态，严重限制了农业和农村经济的发展，而"三农"问题的积累也严重制约着整个国民经济的发展。缩小城乡差距是全面建设小康社会和构建社会主义和谐社会的重要内容，城乡问题一直备受我国政府高度重视。近几年来，政府加大了对农业和农村经济的支持和保护力度，并制定了新型农村合作医疗等优惠政策，同时，国家鼓励大学生到农村就业，用先进知识促进农村发展。这一系列措施对解决"三农"问题都有一定推进作用，但离从根本上解决问题还有很大距离，城乡二元问题仍需进一步探索研究并加以解决。

（二）江苏省城乡发展现状分析

经济的高速发展、社会科技文化的进步无一不表明着中国的前进，作为中国经济最发达的省份，根据 2008 年国家统计局公布的全国百强县（市）社会经济综合发展指数测评结果，江苏省在前十强中占据 6 个席位，共有 22 个县市入围百强。

虽然江苏省在县域经济发展中积累了十分丰富的发展经验，整个地区的经济发展取得了一定成果，但仍存在城乡发展不均衡现象。剔除城乡价格差异，在 1998—2008 年，江苏省城镇居民人均可支配收入与农村居民人均纯收入之比由 1.59:1 提高到 2.63:1，2009 年起虽有下降，但 2012年仍为 2.32:1。这说明近年来，江苏省城乡之间收入差距经历了先上升、后下降的过程，但下降幅度不大。若把城镇居民的非货币收入考虑在内，把农民纯收入中用于生产投入的一部分除外，则城乡居民的收入差距更大。1998—2012年，苏南的城镇居民人均可支配收入与农村居民人均纯收入之比由1998年的1.43提高到2008年的2.24，并于2012年降为2.15；苏中由1998年的1.45提高到2008年的2.44，再降到2012年的2.19；苏北由1998年的1.48提高到2008年的2.59，并于2012年降为2.07。1998年，苏南城镇居民可支配收入是苏北的1.5倍，苏南农民人均纯收入是苏北的1.56倍；2012年，苏南城镇居民可支配收入是苏北的1.72倍，苏南农民人均纯收入是苏北的1.65倍。城乡收入差异的增大会阻碍整个经济的发展，成为经济社会发展的瓶颈，甚至引发严重的社会问题等。特别是江苏省经济发展在带动其他区域的发展中起着非常重要的作用，因而在城乡的均衡发展方面也起着示范带头作用。

为了改变城乡差异的状况，江苏省各级政府都采取了相应的措施。例如，城际铁路的建设缩短了江苏省二元结构的空间距离，可加速打破城乡二元结构；苏州确定城镇规划区、工业生产区、农业发展区、农民居住区和生态保护区，调整优化工业与农业、城镇与农村的空间布局，坚持把城市和农村作为一个整体来规划，以便在深化农村改革中，推进城乡一体化建设。2009年8月，经江苏省政府同意，苏州市被列为省城乡一体化发展综合配套改革试点区。最近，经国务院同意，苏州又成为国家发改委农村综合改革试点。在无锡，将实现工资社保城乡无差别制度，围绕"开发就业、平等就业、素质就业、稳定就业"的要求，逐步形成具有无锡特色的"城乡一体、内外一致、培就结合、权益保障"的统筹城乡就业模式。此外，在政府的强力推动下，无锡社会保障体系建设走出了一条"保障制度从无到有，保障范围从城到乡，保障水平从低到高"的发展之路，基本建立起了统筹城乡的社会保障体系。

部分研究者也对江苏省的城乡差距问题开展了积极的探索和研究。张继良等人（2009）通过对江苏地级市面板数据的分析，提出城乡收入差距的变动趋势在数学意义上具有库兹涅茨曲线的特征，并认为经济增长因素、间接分配因素与经济干预因素是形成这种经济差距的主要原因。李巧云（2012）在充分考虑地区经济发展水平差异性的基础上，对不同地区城乡收入差距的成因及其影响程度进行了分析，并以江苏省苏南、苏中、苏北地区为例，对三个地区城乡收入差距的成因及程度进行了比较实证分析，认为各地区应该有区别地解决城乡收入差距问题。张中锦、范从来（2011）在考察江苏省城乡居民分项收入不平等效应的基础上，发现工资性收入扩大收入不平等效应最大，转移性收入次之，财产性收入很小，而经营性收入不平等效应是缩小收入不平等的。他们认为为缩小城乡居民收入差距，就要努力改善经营环境以提高居民的经营性收入数量。现有研究对统筹江苏省城乡发展和一体化建设具有积极的作用和意义，但要系统地认识江苏省的城乡问题，还有待于对江苏省的城乡差距进行深入、细致的分析。

二　城乡收入不均衡分解方法

部分文献采用人均城镇居民可支配收入与农村居民纯收入之比来研究收入不均衡和城乡不均衡，这种方法虽然可以直观地反映出城乡差距和收入不均衡，但对较高聚合层次进行分析时，却忽视了其内部或较低聚合层次的城乡、区域之间的差异，而且这种方法不能分解，不利于分析不同层次不均衡的关系。为了系统地分析江苏省的收入不均衡和城乡不均衡，本节介绍基于基尼系数的收入不均衡的城乡分解。

（一）区域发展不均衡分析方法概述

要分析区域不均衡，首先要对不均衡进行度量，所以，通常不均衡的分析方法也指不均衡的测算方法。测算不平衡的范围很广，但从广义上来看，Tsui（1993）认为，不均衡的测算可归结为以下三种方法：

一是借助于统计学的方法或分布。例如基尼系数、变化系数（CV）或 Theil 熵方法（又称为塞尔指数）。

二是在公理手段基础之上建立起来的方法。这个方法在程序上与第一种方法相反。首先构想不均衡测算的理想公理，然后在这些公理的基础之上，以数学的方式衍生出测量或测量方法的分类。例如，一般测度熵（GEM）分类就是这种方法的典型例子。

三是利用社会福利函数构建的测量方法。基于道德判断构想、构造广义社会福利函数，然后将这个函数转换为不均衡指数。阿特金森（Atkinson，1983）构造的阿特金森函数和由森（Sen，1972）提出的测量方法就属于这一类。

在实际应用中，不均衡的测算主要以第一类方法为主，即基尼指数和变化系数。这样做的优点是各种研究的结果可以互相比较，但要注意区分人口中的个人不均衡的测算与地区/国家平均数（例如地区间的不均衡）。

人们广泛认可的个人收入不均衡的测算方法是基尼指数，它以洛伦兹曲线的方式进行合理的几何解释。基于基尼系数的广泛认可性，有不少学者也把它用于研究区域不均衡，其关于地区不均衡的大多数研究是建立在变化系数的基础之上，但这个指标固有的道德倾向目前尚不清楚。然而，变化系数具有对分布异常值高度敏感的不理想统计特征。因此，许多学者建议采用其他可选择的测算不均衡的方法。实际上，每种不均衡的测算方法都有一些我们应该知道但也许尚不明确的道德判断，这同时也意味着没有任何一种不均衡的测算方法是绝对"客观"的。

地区不均衡在某些方面不同于个体之间的不均衡。因为从人口角度看，各地区的人口多少不一。在任何情况下，分析地区不均衡使用人口比重的形式更有意义。而且从经济和逻辑的观点来看，没有通过人口比重来测算不同地区不均衡的方法也是不合适的，因此我们在各集聚水平的基尼系数测算中考虑了人口权重。

基尼系数的计算公式如下：

$$G = 1 - \sum_{i=1}^{n} w_i (2Q_i - s_i) \qquad (4-5)$$

其中，n 表示区域数（或总人口被分成的组数），$i = 1, \cdots, n$ 表示第 i 个区域（或被分成的第 i 组）；m_i 表示区域 i（第 i 组）的人均平均收入；w_i 表示区域 i（或第 i 组）人口所占总人口的比重，$\sum_{i=1}^{n} w_i = 1$；$s_i = w_i x_i / \sum_{i=1}^{n} w_i x_i = w_i x_i / m$，$Q_i = \sum_{k=1}^{i} s_k$。在计算过程中，（4-5）式中的变量按关键字 x_i 的升序排列，x_i 是第 i 个区域的经济指标，如人均收入、人均 GDP 等。

在差异分析的众多方法中，基尼系数受到了政府和学者的重视。它是分析居民收入分配不均等程度的相对统计指标，其值域为 [0，1]，其值越大表示越有差异，在国际上其警戒值为 0.4。这种方法可用洛伦兹曲线展示出直观性，这是它受欢迎的原因之一。同样，基尼系数的道德判断不容易被解释。基尼指数的最大优点是结果的可比较性。基尼系数虽可以分解，但其分解不具有完全特性。

基尼系数还有其他形式，可参见 Herrmann - Pillath 等人（2002）的观点。Yao（1999）认为，（4-5）式与其他公式相比有很多优点：一是可以采用 Excel 表计算；二是可以用于计算基尼系数的区域（组之间或类之间）部分；三是可以很容易地按人口层次和收入来源来分解各自的部分。

（二）不均衡的区域分解

这里只介绍基尼系数反映的总的不均衡按不同集聚水平（不同区域层次）的分解，对于二元经济结构的城乡区域分解我们将在下节介绍。

基尼系数的分解首先按照聚合区域将各个地区（本书中为地级市水平）分组，即将 N 个地区归并为 K 个聚合区域，并对其编号，属于同一个聚合区域的编号相同，比如如果某个地区属于第 k 个聚合区域，就给其一个区域代码 k（也可以是其他的值，只要不同聚合区域代码不同就可以）。总的基尼系数由组分内部差异、组分之间差异和重叠的三个部分组成（Pyatt，1976），公式如下：

$$G = G_A + G_B + G_O \qquad (4-6)$$

其中，G_A 表示 G 聚合区域内部差异，G_B 是聚合区域之间差异，G_O 表示 G 的重叠部分。如果聚合区域内部没有不平衡，那么 $G_A = 0$；如果所有聚合区域的指标人均平均值相等，则 $G_B = 0$；如果低人均平均值聚合区域中最高的人均平均值地区的指标值不高于高人均平均值聚合区域中最低的人均平均值地区的指标值，则 $G_O = 0$。对于聚合区域之间的收入不平衡，G_B 对 G 的相对贡献率有着重要的启示。由 G_A、G_B 和 G_O 的含义知，它们都是非负的。

Pyatt（1976）采用博弈论的矩阵代数证明了（4-6）式成立。关于复杂的矩阵代数和数学证明请参考 Pyatt（1976）和 Yao（1999）这两篇文献，这里只介绍其分解程序。

第一步：由式（4-5）得到 G。

第二步：G_B 由聚合后的 K 个聚合区域的数据按（4-5）式计算，公式如下：

$$G_B = 1 - \sum_{k=1}^{K} \mu_k (2Q'_k - s'_k) \qquad (4-7)$$

其中，μ_k 是聚合后的区域 k 的人口权重，m_k 是第 k 聚合区域基于人口权重的指标平均值，$s'_k = \mu_k m_k / \sum_{k=1}^{K} \mu_k m_k$，$Q'_k = \sum_{I=1}^{k} s'_I$ 是聚合区域的人均平均值份额累积到 k 的总和。

要得到 G_B，（4-7）式中的所有元素就必须按聚合区域的指标人均平均值的升序排列，即 $m_1 \leqslant m_2 \leqslant \cdots \leqslant m_k$。

第三步：G_A 可以由下式计算：

$$G_A = \sum_{k=1}^{K} \mu_k s'_k G_k \qquad (4-8)$$

其中，G_k 代表第 k 个聚合区域的基尼系数。因此，对于 K 个聚合区域就有 K 个基尼系数。每个 G_k 的值根据各个聚合区域包含的地区按 (4-5) 式分别计算。

第四步：$G_0 = G - G_A - G_B$ $\qquad (4-9)$

一些研究发现，G_0 还可以通过如下方式直接从 (4-5) 式中获得。如果等式中所有的元素都能按照聚合区域指标人均平均值（主关键字）的升序和地区指标人均平均值（次关键字）的升序排列，按 (4-5) 式得到一个系数，记为 G'，则 $G_0 = G - G'$，G' 称为集中系数，有的学者称其为伪基尼系数，Yao（1999）给出了用这种方式计算 G_0 的解释。如果 G_0 的值用这种方法计算，就可以节省第二步或第三步的计算时间，而且通过两种不同方法计算 G_0，能够为分解方法提供有效的检查机制。如果计算结果不等，那么就表明计算过程有误。基尼系数区域分解示意如图 4-7 所示。

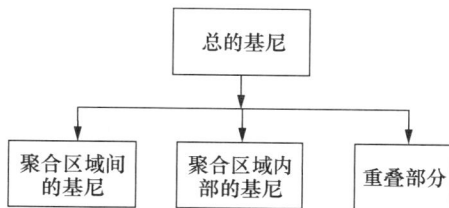

图 4-7　基尼系数按聚合水平分解示意

（三）收入不均衡基尼系数城乡分解

基尼系数的城乡分解中，首先将 N 个地区（市）农村部分和城镇部分归并为两个聚合区，即 N 个地区（市）的农村人口及其农村居民人均纯收入归为一组，而 N 个地区（市）的城镇人口和城镇居民可支配收入归为另一组，并对其编号，属于同一个聚合区域的编号相同，比如可用 I 表示农村聚合区域，II 表示城镇聚合区域，也可以用 Rural 表示农村聚合区域，Urban 表示城镇聚合区域。设 $(P'_1, P'_2, \cdots, P'_n)$ 为 N 个子区域的农村人口，$x = (x_1, x_2, \cdots, x_N)$ 为对应的 N 个子区域的农村居民人均纯收入向量；$(P^u_1, P^u_2, \cdots, P^u_n)$

为 N 个子区域的城镇人口，$y = (y_1, y_2, \cdots, y_N)$ 为对应的城镇居民人均可支配收入向量。$P = \sum_{i=1}^{N} (P_i^r + P_i^u)$ 是整个研究对象的总人口，$P^r = \sum_{i=1}^{N} P_i^r$ 是农村总人口（或农村聚合区域的人口），$P^u = \sum_{i=1}^{N} P_i^u$ 是城镇总人口（或城镇聚合区域的人口）；$r_i = P_i^r / P$ 是第 i 个地区的农村人口占总人口的份额，$r = \sum_{i=1}^{N} r_i = \dfrac{P^r}{P}$ 是农村聚合区域人口占总人口的份额；$u_i = P_i^u / P$ 是第 i 个子区域的城镇人口占总人口的份额，$u = \sum_{i=1}^{N} u_i = \dfrac{P^u}{P}$ 是城镇聚合区域的人口占总人口的份额，满足 $r + u = 1$；$a_i = P_i^r / P^r$ 是第 i 个子区域的农村人口占农村聚合区域人口（农村总人口）的份额，有 $\sum_{i=1}^{N} a_i = 1$；$b_i = P_i^u / P^u$ 是第 i 个子区域的城镇人口占城镇聚合区域人口（城镇总人口）的份额，满足 $\sum_{i=1}^{N} b_i = 1$；农村聚合区域的居民人均纯收入均值为 $m_r = \sum_{i=1}^{N} a_i x_i$，城镇聚合区域的居民人均可支配收入均值为 $m_u = \sum_{i=1}^{N} b_i y_i$，整个研究对象（江苏省）总的人均收入均值为 $m = r m_r + u m_u = \sum_{i=1}^{N} r_i x_i + \sum_{i=1}^{N} u_i y$。整个（江苏省）人均收入可看成由农村和城镇两大聚合区域人均收入的加权平均，也可以看成各个子区域农村人均收入和城镇居民可支配收入构成。例如，2012 年江苏省 13 个农村子区域和 13 个城镇子区域的区域号、区域名称、人口和人均收入数据如表 4 - 6 所示，农村聚合区域的人口 $P^r = 29280$，人均收入 $m_r = 9551$ 元。城镇区域人口 $P^u = 49920$，人均收入 $m_u = 22129$ 元。

根据第四章第三节基尼系数的区域分解，整个江苏省的不均衡可以分解为城乡两大聚合区域之间的不均衡、两大聚合区域内部的不均衡和重叠部分。其中，城乡两大聚合区域之间的不均衡成为城乡不均衡，记为 G_{RU}；城镇聚合区域内部的不均衡反映了城镇与城镇之间的不均衡，记为 G_{UU}；农村聚合区域内部的不均衡反映了农村与农村之间的不均衡，记为 G_{RR}；重叠部分 G_O 反映了低人均收入均值聚合区域（在我国，一般为农村区域）中最高的人均收入地区的人均收入，高于高人均收入均值聚合区域中最低的人均收入地区的人均收入的情况，如果没有，则 $G_O = 0$。基

表4−6 2012 年江苏省各地区的人均收入

区域号	区域名称	人口	人均收入（元）
I. 江苏省农村聚合区域			
1	苏州	2919	14099
2	无锡	1756	13455
3	常州	1587	12167
4	镇江	1125	10554
5	南京	1611	10748
6	泰州	1950	9082
7	扬州	1837	9222
8	南通	3017	9618
9	盐城	3186	8649
10	淮安	2233	7152
11	徐州	3704	7823
12	连云港	2007	6971
13	宿迁	2348	6902
	农村聚合区域	29280	9551
II. 江苏省城镇聚合区域			
14	苏州	7630	29576
15	无锡	4710	26990
16	常州	3100	25222
17	镇江	2030	22739
18	南京	6550	26559
19	泰州	2680	20112
20	扬州	2630	19460
21	南通	4280	21412
22	盐城	4030	16606
23	淮安	2570	15856
24	徐州	4860	16435
25	连云港	2400	15754
26	宿迁	2450	12859
	城镇聚合区域	49920	22129
	江苏省	79200	17479

注：为了前后一致，表中的收入数据已分别按农村居民消费价格指数和城镇居民消费价格指数调到了 2002 年的水平。

尼系数的这种分解是针对城乡收入差距或城乡二元经济结构进行的，我们把其称为基尼系数的城乡分解。基尼系数的分解既可以根据算法编写程序计算，也可以通过简便的 Excel 表上作业法来完成，这里，我们在介绍计算步骤的同时，介绍 Excel 表上作业法。城乡分解步骤如下：

第一步：计算江苏省人均收入的基尼系数。把 $2N$ 个子区域的农村居民收入和城镇收入放在一起，列出对应人口，并按人均收入的升序排列，按（4-5）式计算江苏省收入的基尼系数 G_{tot} 如下：

$$G_{tot} = 1 - \sum_{i=1}^{2N} w_i(2Q_i - s_i) \qquad (4-10)$$

Excel 表上作业法如表 4-7 所示。在 Excel 数据表中可以先把第一、第二、第三、第五列数据按人均收入的升序排列，再计算其他列的结果；也可以先计算 p_i、$p_i m_i$ 和 s_i 列，再按人均收入的升序排列，再计算 Q_i 和 $p_i(2Q_i - s_i)$ 等列。其中，p_i 为各个子区域的人口占总人口的份额；m_i 为各个子区域的人均收入；$p_i m_i$ 表示人口份额乘以人均收入，其和为江苏省的人均收入均值；s_i 为各个子区域的人均收入占江苏省人均收入均值的份额，即 $s_i = p_i m_i / \sum p_i m_i$；$Q_i$ 是累积收入份额，最后一个值肯定是 1；最后一列为（4-9）式和（4-10）式的每一项，合计为 $1 - G_{tot}$，由此可得：

$G_{tot} = 1 - 0.7534 = 0.2466$

第二步：计算基尼系数表示的城乡不均衡 G_{RU}。根据农村和城镇两大聚合区域的人口和人均收入数据，按（4-10）式可以计算城乡不均衡 G_{RU} 如下：

$$G_{RU} = 1 - \sum_{k=1}^{2} \mu_k(2Q'_k - s'_k) \qquad (4-11)$$

其中：$\mu_1 = r, \mu_2 = u, m'_1 = m_r, m'_2 = m_u, s'_k = \mu_k m'_k / \sum_{k=1}^{2} \mu_k m'_k, Q'_k = \sum_{l=1}^{k} s'_l$ 是聚合区域的人均收入均值份额累积到 k 的总和。

为了得到 G_{RU}，（4-11）式中的所有元素必须按聚合区域的指标人均收入均值的升序排列，即 $m'_1 \leqslant m'_2$。

Excel 表上作业法如表 4-8 所示。各列数据的含义、计算方法同第一步，两大聚合区域的人口数据和人均收入数据来自表 4-6，由此可得：

$G_{RU} = 1 - 0.8323 = 0.1677$

表 4 – 7　　　　2012 年由城乡人均收入计算的江苏省总的基尼系数

区域号	城乡	人口	p_i	m_i	$p_i m_i$	s_i	Q_i	$p_i(2Q_i - s_i)$
13	RPCI	2348	0.0296	6902	204.6199	0.0117	0.0117	0.0003
12	RPCI	2007	0.0253	6971	176.6515	0.0101	0.0218	0.0008
10	RPCI	2233	0.0282	7152	201.6467	0.0115	0.0333	0.0016
11	RPCI	3704	0.0468	7823	365.8635	0.0209	0.0543	0.0041
9	RPCI	3186	0.0402	8649	347.9257	0.0199	0.0742	0.0052
6	RPCI	1950	0.0246	9082	223.6098	0.0128	0.0870	0.0040
7	RPCI	1837	0.0232	9222	213.8992	0.0122	0.0992	0.0043
8	RPCI	3017	0.0381	9618	366.3827	0.0210	0.1202	0.0084
4	RPCI	1125	0.0142	10554	149.9148	0.0086	0.1288	0.0035
5	RPCI	1611	0.0203	10748	218.6241	0.0125	0.1413	0.0055
3	RPCI	1587	0.0200	12167	243.8009	0.0139	0.1552	0.0059
26	UPCI	2450	0.0309	12859	397.7847	0.0228	0.1780	0.0103
2	RPCI	1756	0.0222	13455	298.3205	0.0171	0.1950	0.0083
1	RPCI	2919	0.0369	14099	519.6336	0.0297	0.2248	0.0155
25	UPCI	2400	0.0303	15754	477.3939	0.0273	0.2521	0.0144
23	UPCI	2570	0.0324	15856	514.5192	0.0294	0.2815	0.0173
24	UPCI	4860	0.0614	16435	1008.5114	0.0577	0.3392	0.0381
22	UPCI	4030	0.0509	16606	844.9770	0.0483	0.3876	0.0370
20	UPCI	2630	0.0332	19460	646.2096	0.0370	0.4245	0.0270
19	UPCI	2680	0.0338	20112	680.5576	0.0389	0.4635	0.0300
21	UPCI	4280	0.0540	21412	1157.1131	0.0662	0.5297	0.0537
17	UPCI	2030	0.0256	22739	582.8304	0.0333	0.5630	0.0280
16	UPCI	3100	0.0391	25222	987.2247	0.0565	0.6195	0.0463
18	UPCI	6550	0.0827	26559	2196.4830	0.1257	0.7452	0.1129
15	UPCI	4710	0.0595	26990	1605.0871	0.0918	0.8370	0.0941
14	UPCI	7630	0.0963	29576	2849.3040	0.1630	1.0000	0.1770
合计		79200	1.0000		17479	1.000		0.7534
							$G_{tot} =$	0.2466

表 4 – 8　　　　2012 年基尼系数表示的整个江苏省的城乡不均衡

区域号	城乡	人口	μ_i	m'_i	$\mu_i m'_i$	s'_i	Q'_i	$\mu_i(2Q'_i - s'_i)$
I	Rural	29280	0.3697	9551	3530.9758	0.2020	0.202	0.0747
II	Urban	49920	0.6303	22129	13947.9758	0.7980	1.000	0.7576
合计		79200	1.000		17479	1.000		0.8323
							$G_{RU} =$	0.1677

第三步：计算农村聚合区域内部的不均衡，即农村与农村之间的不均衡 G_{RR}，可以由下式计算：

$$G_{RR} = rs_R G_R \qquad (4-12)$$

其中，$r = \mu_1$，$s_R = s'_1$，G_R 表示农村聚合区域内部的基尼系数，按（4-9）式计算，这里子区域的个数是 N，所以和式的上标为 N。Excel 表上作业法如表 4-9 所示。各列数据的含义、计算方法同第一步。

表 4-9　　2012 年基尼系数分解下江苏省农村与农村之间的不均衡

区域号	城乡	人口	p_i	m_i	$p_i m_i$	s_i	Q_i	$p_i(2Q_i - s_i)$
13	RPCI	2348	0.0802	6902	553.4801	0.0580	0.0580	0.0046
12	RPCI	2007	0.0685	6971	477.8278	0.0500	0.1080	0.0114
10	RPCI	2233	0.0763	7152	545.4377	0.0571	0.1651	0.0208
11	RPCI	3704	0.1265	7823	989.6309	0.1036	0.2687	0.0549
9	RPCI	3186	0.1088	8649	941.1105	0.0985	0.3672	0.0692
6	RPCI	1950	0.0666	9082	604.8463	0.0633	0.4306	0.0531
7	RPCI	1837	0.0627	9222	578.5797	0.0606	0.4912	0.0578
8	RPCI	3017	0.1030	9618	991.0350	0.1038	0.5949	0.1119
4	RPCI	1125	0.0384	10554	405.5072	0.0425	0.6374	0.0473
5	RPCI	1611	0.0550	10748	591.3602	0.0619	0.6993	0.0735
3	RPCI	1587	0.0542	12167	659.4614	0.0690	0.7683	0.0795
2	RPCI	1756	0.0600	13455	806.9324	0.0845	0.8528	0.0972
1	RPCI	2919	0.0997	14099	1405.5663	0.1472	1.0000	0.1847
合计		29280	1.000		9551	1.000		0.8662
							$G_R =$	0.1338
							r	0.3697
							s_R	0.2020
							$G_{RR} =$	0.0100

第四步：类似于第三步计算城镇聚合区域内部的不均衡，即城镇与城镇之间的不均衡 G_{UU}，可以由下式计算：

$$G_{UU} = us_U G_U \qquad (4-13)$$

其中，$u = \mu_2$，$s_U = s'_2$，G_U 表示城镇聚合区域内部的基尼系数，Excel 表上作业法如表 4-10 所示。各列数据的含义、计算方法同前。

表4－10　　2012年基尼系数分解下江苏省城镇与城镇之间的不均衡

区域号	城乡	人口	p_j	m_j	$p_j m_j$	s_j	Q_j	$p_j(2Q_j - s_j)$
26	UPCI	2450	0.0491	12859	631.1008	0.0285	0.0285	0.0014
25	UPCI	2400	0.0481	15754	757.4038	0.0342	0.0627	0.0044
23	UPCI	2570	0.0515	15856	816.3045	0.0369	0.0996	0.0084
24	UPCI	4860	0.0974	16435	1600.0421	0.0723	0.1719	0.0264
22	UPCI	4030	0.0807	16606	1340.5885	0.0606	0.2325	0.0327
20	UPCI	2630	0.0527	19460	1025.2364	0.0463	0.2788	0.0269
19	UPCI	2680	0.0537	20112	1079.7308	0.0488	0.3276	0.0326
21	UPCI	4280	0.0857	21412	1835.8045	0.0830	0.4106	0.0633
17	UPCI	2030	0.0407	22739	924.6829	0.0418	0.4524	0.0351
16	UPCI	3100	0.0621	25222	1566.2700	0.0708	0.5232	0.0606
18	UPCI	6550	0.1312	26559	3484.8047	0.1575	0.6806	0.1580
15	UPCI	4710	0.0944	26990	2546.5325	0.1151	0.7957	0.1393
14	UPCI	7630	0.1528	29576	4520.5304	0.2043	1.0000	0.2745
合计		49920	1.0000		22129	1.0000		0.8634

$G_U = 0.1366$，$u = 0.6303$，$s_U = 0.7980$，$G_{UU} = 0.0687$

第五步：根据（4－14）式计算 G_O。

$$G_0 = G_{tot} - G_{Ru} - G_{RR} - G_{UU} \qquad (4-14)$$

2012年江苏省基尼系数的城乡分解中的重叠部分为：

$G_0 = 0.2466 - 0.1677 - 0.01 - 0.0687 = 0.0002$。

江苏省城乡不均衡的分解示意如图4－8所示。

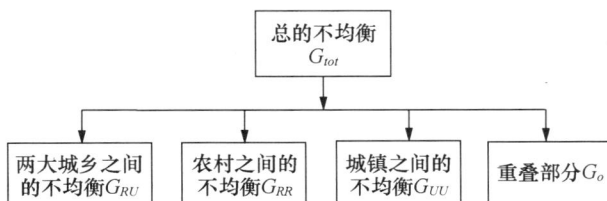

图4－8　基尼系数城乡分解示意

我们可以通过计算江苏省人均收入的伪基尼系数 G'_{tot} 来对上述结果进行验证。把 $2N$ 个子区域的农村居民收入和城镇收入放在一起，并按照两大聚合区域人均收入均值 m_r、m_u（主关键字）的升序和子区域指标人均收入 m_i（次关键字）的升序排列，按（4-10）式得到伪基尼系数 G'_{tot}，验证 $G_{tot} - G'_{tot} = G_{tot} - G_{Ru} - G_{RR} - G_{UU}$，Excel 表上作业法如表4-11所示，各列数据的含义、计算方法同第一步。

表4-11　　　　　　　2012年江苏省伪基尼系数的计算

区域号	城乡	m'_i	人口	p_i	m_i	$p_i m_i$	s_i	Q_i	$p_i(2Q_i - s_i)$
13	RPCI	9551	2348	0.0296	6902	204.6199	0.0117	0.0117	0.0003
12	RPCI	9551	2007	0.0253	6971	176.6515	0.0101	0.0218	0.0008
10	RPCI	9551	2233	0.0282	7152	201.6467	0.0115	0.0333	0.0016
11	RPCI	9551	3704	0.0468	7823	365.8635	0.0209	0.0543	0.0041
9	RPCI	9551	3186	0.0402	8649	347.9257	0.0199	0.0742	0.0052
6	RPCI	9551	1950	0.0246	9082	223.6098	0.0128	0.0870	0.0040
7	RPCI	9551	1837	0.0232	9222	213.8992	0.0122	0.0992	0.0043
8	RPCI	9551	3017	0.0381	9618	366.3827	0.0210	0.1202	0.0084
4	RPCI	9551	1125	0.0142	10554	149.9148	0.0086	0.1288	0.0035
5	RPCI	9551	1611	0.0203	10748	218.6241	0.0125	0.1413	0.0055
3	RPCI	9551	1587	0.0200	12167	243.8009	0.0139	0.1552	0.0059
2	RPCI	9551	1756	0.0222	13455	298.3205	0.0171	0.1723	0.0073
1	RPCI	9551	2919	0.0369	14099	519.6336	0.0297	0.2020	0.0138
26	UPCI	22129	2450	0.0309	12859	397.7847	0.0228	0.2248	0.0132
25	UPCI	22129	2400	0.0303	15754	477.3939	0.0273	0.2521	0.0144
23	UPCI	22129	2570	0.0324	15856	514.5192	0.0294	0.2815	0.0173
24	UPCI	22129	4860	0.0614	16435	1008.5114	0.0577	0.3392	0.0381
22	UPCI	22129	4030	0.0509	16606	844.9770	0.0483	0.3876	0.0370
20	UPCI	22129	2630	0.0332	19460	646.2096	0.0370	0.4245	0.0270
19	UPCI	22129	2680	0.0338	20112	680.5576	0.0389	0.4635	0.0300
21	UPCI	22129	4280	0.0540	21412	1157.1131	0.0662	0.5297	0.0537
17	UPCI	22129	2030	0.0256	22739	582.8304	0.0333	0.5630	0.0280
16	UPCI	22129	3100	0.0391	25222	987.2247	0.0565	0.6195	0.0463
18	UPCI	22129	6550	0.0827	26559	2196.4830	0.1257	0.7452	0.1129
15	UPCI	22129	4710	0.0595	26990	1605.0871	0.0918	0.8370	0.0941
14	UPCI	22129	7630	0.0963	29576	2849.3040	0.1630	1.0000	0.1770
合计			79200	1.0000		17479	1.0000		0.7536 $G_{tot} = 0.2464$

$G_0 = G_{tot} - G'_{tot} = 0.2466 - 0.2464 = 0.0002 = G_{tot} - G_{RU} - G_{RR} - G_{UU}$，表明上述计算过程正确。在上述计算过程中，第二步和第三、第四步可以交换。

三　江苏省城乡不均衡实证分析

（一）江苏省总的收入不均衡和城乡差距对比分析

2002—2012 年江苏省总的人均收入均值和城乡收入差距、总的不均衡的计算结果如表 4 - 12 所示。其中，G_{tot} 表示江苏省 13 个地级市城镇居民人均可支配收入、农村居民人均纯收入（为了使结果具有可比性，收入数据已分别按农村居民消费价格指数和城镇居民消费价格指数调到了2002 年的水平）每年根据 26 个数据计算的总的收入不均衡；M 表示江苏省的人均收入均值；m_r 为江苏省农村居民的人均纯收入均值，m_u 表示江苏省的城镇居民人均可支配收入均值，m_u/m_r 是二者之比；p_r、p_u 分别表示江苏省农业人口和非农业人口占总人口的比例。

表 4 - 12　　　　　　　　江苏省城乡收入差距与总的不均衡

年份	不均衡		均值			人口份额	
	G_{tot}	M（元）	m_r（元）	m_u（元）	m_u/m_r	p_r	p_u
2002	0.2324	5618	4061	8527	2.100	0.651	0.349
2003	0.2552	6231	4193	9452	2.255	0.612	0.388
2004	0.2624	6858	4494	10327	2.298	0.595	0.405
2005	0.2763	7820	4863	11782	2.423	0.573	0.427
2006	0.2755	9659	5365	13638	2.542	0.481	0.519
2007	0.2776	10806	5813	15198	2.614	0.468	0.532
2008	0.2746	11783	6252	16438	2.629	0.457	0.543
2009	0.2731	12647	7012	17146	2.445	0.444	0.556
2010	0.2593	14207	7752	18471	2.383	0.398	0.602
2011	0.2496	15770	8665	20144	2.325	0.381	0.619
2012	0.2466	17479	9551	22129	2.317	0.370	0.630
2002—2007 年相对增量（%）	19.45	92.35	43.14	78.23	24.48	-28.11	52.44
2007—2012 年相对增量（%）	-11.17	61.75	64.30	45.60	-11.36	-20.94	18.42
2002—2012 年相对增量（%）	6.11	211.12	135.19	159.52	10.33	-43.16	80.52

从表 4 - 12 中可以看出，江苏省的非农业人口比例（可看成反映城市化率的一个指标）虽然一直在增长，从 2002 年的 34.9% 递增到 2012 年的 63.0%，但基尼系数反映的城乡收入差距却经历了先扩大、后缩小的过程，并在 2007 年达到最高点。2002—2012 年，江苏省农村居民人均纯收入增加 135.19%，略低于城镇居民人均可支配收入 159.52% 的增长速度。其中，2002—2007 年，江苏省城镇居民人均可支配收入增加 78.23%，远高于农村居民人均纯收入 43.14% 的增长速度；而 2007—2012 年，农村居民人均可支配收入增长速度为 64.30%，已高于城镇居民人均纯收入 45.60% 的增加速度；从 2002—2012 年整个时期来看，城镇居民人均可支配收入增加高出农村居民人均纯收入增加 24.33 个百分点。2002—2007 年，江苏省城乡差距逐年扩大，城镇居民人均可支配收入均值与农村居民人均纯收入均值之比从 2.1 上升到 2.614；不过，2007—2012 年，江苏省城乡差距逐年缩小，已于 2012 年收敛到 2.317。可以肯定的是，江苏省的城乡收入均值差距低于全国的水平，全国 2002 年、2007 年和 2012 年城乡人均平均收入比值分别为 3.11、3.34 和 3.0，而江苏省这三年的城乡人均平均收入比值分别为 2.1、2.614 和 2.317，且 2007 年为拐点，城乡收入差距逐年缩小。

从根据基尼系数计算的江苏省人均收入总的不均衡来看，2007—2012 年江苏省总的收入不均衡一直在递减，与城乡人均收入之比的变化趋势基本一致。值得注意的是，2008 年，总的收入不均衡是 0.2746，低于 2007 年（2007 年总的收入不均衡为 0.2776），而城乡收入之比 2008 年为 2.629，高于 2007 年的城乡收入之比 2.614，这说明了这两个指数的差异。另外，采用城乡收入之比来刻画城乡差距，在江苏省这一层次，城乡收入是各个地级市的城乡收入的人口加权平均，过滤掉了其内部差异，不能全面地反映江苏省的城乡收入不均衡状况。江苏省总的收入不均衡和城乡收入差距随时间的演化如图 4 - 9 所示，从该图可以直观看出二者之间的差异。

（二）分区域总的收入不均衡和城乡差距对比分析

2002—2012 年，江苏省苏南、苏中、苏北三大区域总的人均收入均值和城乡收入差距、总的不均衡的计算结果如表 4 - 13 所示，其中，G_{tot} 表示根据各区域下属地级市城镇居民人均可支配收入、农村居民人均纯收入（为了使结果具有可比性，收入数据已分别按农村居民消费价格指数和城镇居民消费价格指数调到了 2002 年的水平）每年数据计算的总的收

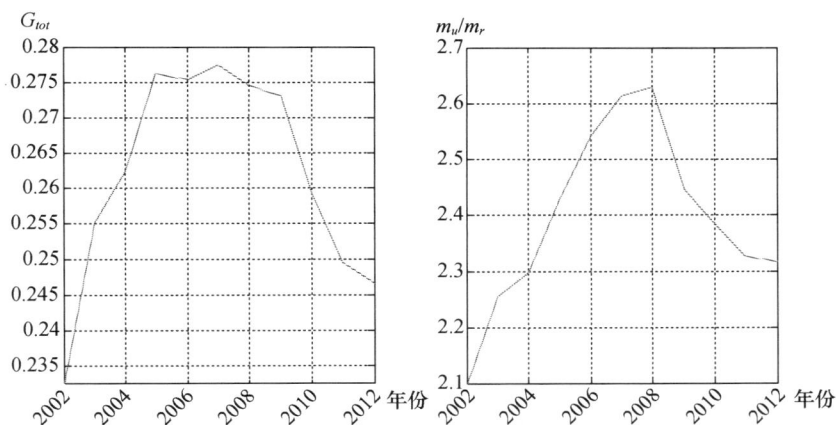

图4-9　江苏省总的收入不均衡与城乡差距随时间的演化

入不均衡；M 表示各区域人均收入均值；m_r 为各区域农村居民的人均纯收入均值，m_u 表示各区域城镇居民人均可支配收入均值，m_u/m_r 是二者之比；p_r、p_u 分别表示各区域农业人口和非农业人口占总人口的比例。

表4-13　　　　　　江苏省不同区域城乡收入差距与总的不均衡

年份	不均衡		均值			人口份额	
	G_{tot}	M（元）	m_r（元）	m_u（元）	m_u/m_r	p_r	p_u
苏南地区							
2002	0.1756	7530	5360	9824	1.833	0.514	0.486
2003	0.1795	8660	5740	11001	1.917	0.445	0.555
2004	0.1869	9588	6165	12238	1.985	0.436	0.564
2005	0.1882	11159	6690	14296	2.137	0.412	0.588
2006	0.1668	13299	7473	16162	2.163	0.330	0.670
2007	0.1678	14707	8046	17918	2.227	0.325	0.675
2008	0.1669	15813	8589	19264	2.243	0.323	0.677
2009	0.1699	17419	9536	21142	2.217	0.321	0.679
2010	0.1628	19054	10321	22744	2.204	0.297	0.703
2011	0.1541	20950	11462	24656	2.151	0.281	0.719
2012	0.1516	23150	12589	27106	2.153	0.273	0.728
2002—2007 年相对增量（%）	-4.44	95.31	50.11	82.39	21.49	-36.77	38.89
2007—2012 年相对增量（%）	-9.65	57.41	56.46	51.28	-3.32	-16.00	7.85
2002—2012 年相对增量（%）	-13.67	207.44	134.87	175.92	17.46	-46.89	49.79

续表

年份	不均衡		均值			人口份额	
	G_{tot}	M(元)	m_r(元)	m_u(元)	m_u/m_r	p_r	p_u
苏中地区							
2002	0.1798	5261	3985	8228	2.065	0.699	0.301
2003	0.1894	5689	4208	8956	2.128	0.688	0.312
2004	0.1958	6201	4517	9826	2.175	0.683	0.317
2005	0.2044	6875	4903	11022	2.248	0.678	0.322
2006	0.2111	8654	5361	12323	2.299	0.527	0.473
2007	0.2175	9724	5794	13855	2.391	0.512	0.487
2008	0.2193	10704	6210	15162	2.442	0.498	0.502
2009	0.2004	11486	6949	15628	2.249	0.477	0.523
2010	0.1915	12831	7602	16937	2.228	0.440	0.560
2011	0.1843	14349	8499	18680	2.198	0.425	0.575
2012	0.1816	15883	9357	20513	2.192	0.415	0.585
2002—2007 年相对增量（%）	20.97	84.83	45.40	68.39	15.79	−26.75	61.79
2007—2012 年相对增量（%）	−16.51	63.34	61.49	48.05	−8.32	−18.95	20.12
2002—2012 年相对增量（%）	1.00	201.90	134.81	149.31	6.15	−40.63	94.35
苏北地区							
2002	0.1918	4497	3463	7154	2.065	0.720	0.280
2003	0.2199	4845	3492	7819	2.239	0.687	0.313
2004	0.2274	5311	3711	8388	2.26	0.658	0.342
2005	0.2361	5941	3989	9278	2.326	0.631	0.369
2006	0.2507	6834	4293	10588	2.466	0.596	0.404
2007	0.2573	7588	4611	11752	2.549	0.583	0.417
2008	0.2597	8328	4943	12795	2.589	0.569	0.431
2009	0.2089	8400	5543	11918	2.15	0.552	0.448
2010	0.2003	9662	6105	13010	2.131	0.485	0.515
2011	0.1904	10837	6892	14294	2.074	0.467	0.533
2012	0.1871	12071	7620	15749	2.067	0.453	0.547
2002—2007 年相对增量（%）	34.15	68.73	33.15	64.27	23.44	−19.03	48.93
2007—2012 年相对增量（%）	−27.28	59.08	65.26	34.01	−18.91	−22.30	31.18
2002—2012 年相对增量（%）	−2.45	168.42	120.04	120.14	0.10	−37.08	95.36

从表4-13可以看出，苏南地区城乡收入不均衡基尼系数明显低于苏中和苏北地区，但是，城镇居民人均收入和农村居民人均收入的比值却起伏不定。人均收入水平苏南地区最高，苏中次之，苏北最低，非农业人口比例（可看成反映城市化率的一个指标）也是苏南地区最高，2012年已达到72.8%，而且城乡差距逐年下降（苏中、苏北地区则经历了先上升、后下降的过程）。2002—2012年，苏南地区农村居民人均纯收入增加134.87%，明显低于175.92%的城镇居民人均可支配收入增加速度，但2007—2012年，农村居民人均收入增加速度已略高于城镇居民人均收入增加速度；苏中和苏北地区2002—2007年农村居民人均收入增加速度远低于城镇居民人均收入增加速度，但2007—2012年已赶超城镇居民人均收入增长速度。从总体表现来看，苏南地区城乡收入不均衡远低于苏中和苏北地区。不过，尽管苏中地区2002年城乡收入不均衡远低于苏北地区，但2002—2012年，苏北地区城乡差距持续缩小，且2007—2012年，农村人均收入增长速度远高于城镇居民增长速度，到2012年，苏北地区城乡差距水平已与苏中地区基本持平。从城乡收入比值反映的城乡差距看，三个区域没有明显差别。

江苏省各区域总的收入不均衡和城乡收入比值随时间的演化如图4-10所示，从中可见各区域城乡收入不均衡呈明显的梯度排列，且均呈明显倒U形，只是苏南地区最高点较苏中和苏北地区提前；而城乡收入比值虽也呈倒U形，但2009年后，苏北地区城乡收入比值明显低于苏南和苏中地区，与总的收入不均衡计算结果存在较大差异。

（三）江苏省总的收入不均衡结构解析

由第四章第三节可知，基于农村和城镇两大聚合区域，基尼系数表示的江苏省总的收入不均衡 G_{tot} 可以分解为城乡不均衡 G_{RU}、农村与农村之间的不均衡 G_{RR}、城镇与城镇之间的不均衡 G_{UU} 和重叠部分 G_O。这种分解方法可展示各组分对总的收入不均衡的贡献。根据江苏省各个地级市每年的农村人口、非农业人口、经过可比性和一致性加工后的农村居民人均纯收入和城镇居民可支配收入数据，按照基尼系数城乡分解的五个步骤，根据（4-10）式至（4-14）式计算的总的收入不均衡 G_{tot}、城乡不均衡 G_{RU}、农村与农村之间的不均衡 G_{RR}、城镇与城镇之间的不均衡 G_{UU} 和重叠部分 G_O，或者根据第四章第三节展示的2012年的总的收入不均衡 G_{tot}、城乡不均衡 G_{RU}、农村与农村之间的不均衡 G_{RR}、城镇与城镇之间的不均衡

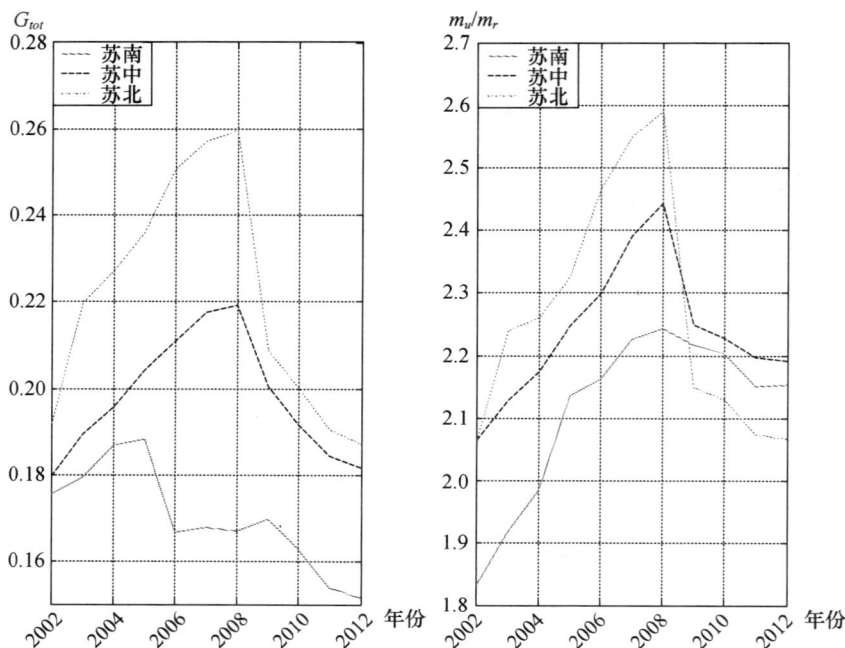

图 4 - 10　江苏省各区域总的收入不均衡与城乡收入比值随时间的演化

G_{UU} 和重叠部分 G_o 的 Excel 表上作业法，来计算其他各年的数据，结果如表 4 - 14 所示。

　　由表 4 - 14 可知，在 2002—2007 年、2007—2012 年，江苏省居民总的收入不均衡呈现先发散、后收敛的趋势，相对增长率分别为 19.45% 和 -11.17%，2002 年、2007 年、2012 年的基尼系数分别为 0.2324、0.2776、0.2466，虽低于 0.4 的警戒位，但需要说明的是市数据不能反映市内个体之间的差异，采用市数据计算的基尼系数比抽样调查计算的基尼系数要小。从 2007 年开始，总的收入不均衡的基尼系数几乎逐年递减。城乡之间的不均衡是构成总的收入不均衡的主要组成部分，它对总的收入不均衡的贡献率也经历了先增大、后减小的趋势，2002 年、2007 年、2012 年分别为 77.67%、77.88% 和 68.00%。城乡之间不均衡在 2002—2007 年呈发散趋势，城乡之间的差距上涨了 19.78%，但因上涨速度与总的收入上涨速度基本持平，所以对总的收入不均衡的贡献率仅上涨 0.27%；在 2007—2012 年，城乡收入不均衡呈现较快的收敛，缩小了

表4-14 江苏省总的收入不均衡基于基尼系数和城乡两大聚合区域的分解结果

年份	总的基尼 G_tot	城乡之间 G_RU	贡献率（%）	农村之间 G_RR	贡献率（%）	城镇之间 G_UU	贡献率（%）	重叠 G_O	贡献率（%）
2002	0.2324	0.1805	77.67	0.0339	14.59	0.0174	7.49	0.0006	0.26
2003	0.2552	0.2004	78.53	0.0313	12.26	0.0231	9.05	0.0004	0.16
2004	0.2624	0.205	78.13	0.0295	11.24	0.0275	10.48	0.0004	0.15
2005	0.2763	0.2165	78.36	0.0262	9.48	0.0332	12.02	0.0004	0.14
2006	0.2755	0.2138	77.60	0.0184	6.68	0.0431	15.64	0.0002	0.07
2007	0.2776	0.2162	77.88	0.0169	6.09	0.0443	15.96	0.0002	0.07
2008	0.2746	0.2145	78.11	0.0160	5.83	0.0440	16.02	0.0001	0.04
2009	0.2731	0.1978	72.43	0.0156	5.71	0.0594	21.75	0.0003	0.11
2010	0.2593	0.1807	69.69	0.0121	4.67	0.0662	25.53	0.0003	0.12
2011	0.2496	0.1717	68.79	0.0108	4.33	0.0669	26.80	0.0002	0.08
2012	0.2466	0.1677	68.00	0.0100	4.06	0.0687	27.86	0.0002	0.08
2002—2007 年相对增率（%）	19.45	19.78	0.27	-50.15	-58.26	154.60	113.08	-66.67	-73.08
2007—2012 年相对增率（%）	-11.17	-22.43	-12.69	-40.83	-33.33	55.08	74.56	0.00	14.29
2002—2012 年相对增率（%）	6.11	-7.09	-12.45	-70.50	-72.17	294.83	271.96	-66.67	-69.23

22.43%；从 2008 年开始，城乡不均衡也一直在减少，和总的收入不均衡变化趋势基本吻合，对总的收入不均衡的贡献率从 77.88% 减少到 68%；2002 年以来，城乡不均衡占总的收入不均衡的比重一直大于 3/4，而 2009 年后首次低于该值，且呈持续下降趋势，说明城乡一体化发展政策已初见成效。

基尼系数分解的农村与农村之间的不均衡逐年递减，在 2002—2007 年、2007—2012 年，不均衡分别递减 50.15% 和 40.83%；2002 年、2007 年、2012 年对总的不均衡的贡献率分别为 14.59%、6.09% 和 4.06%，2002—2007 年、2007—2012 年分别递减 58.26% 和 33.33%；2002—2012 年农村与农村之间不均衡总的递减 70.50%，贡献率递减 72.17%。与此相反，城镇与城镇之间的不均衡呈逐年增加趋势，不均衡由 2002 年的 0.0174 增加到 2007 年的 0.0443，再到 2012 年的 0.0687，2002—2007 年、2007—2012 年分别增长 154.60% 和 55.08%，2002 年、2007 年和 2012 年的贡献率分别为 7.49%、15.96% 和 27.86%。在 2002—2004 年，农村与农村之间的不均衡大于城镇与城镇之间的不均衡，这是构成城乡内部差异的主要组成部分。

重叠部分反映农村聚合区域内部的农村居民人均纯收入的最大值大于城镇聚合区域内部的城镇居民可支配收入最小值的情况，各年份均小于 0.01，反映了江苏省城乡两大板块的异质程度较高，某种程度上也可说明江苏省的城乡差异性和二元结构特性仍较明显。

基尼系数反映的江苏省总的收入不均衡城乡分解后各种组分随时间的演化，也可以通过面积图来直观表现，如图 4 - 11 所示。可以看出，2002—2005 年城乡不均衡不断上升，2005—2008 年变化不大，2008—2012 年城乡收入不均衡进入下降通道，城乡不均衡在总的收入不均衡中占绝对份额。而 2008—2012 年，农村之间收入不均衡下降幅度较大，城镇之间的收入不均衡在 2002—2012 年一直处于增长态势。2002—2012 年基尼系数反映的江苏省总的收入不均衡、城乡之间收入不均衡、农村之间收入不均衡随时间的演化均呈现倒 U 形，而城镇之间的收入不均衡呈发散态势。

（四）江苏省各区域城乡不均衡结构解析

以上城乡不均衡是基于整个江苏省内部 RPCI 和 UPCI 的不均衡，比如，在基尼系数分解中，（4 - 12）式中的 G_R 表示江苏省内部 RPCI 的不均衡，（4 - 13）式中的 G_U 表示江苏省内部 UPCI 的不均衡。通过以上分析

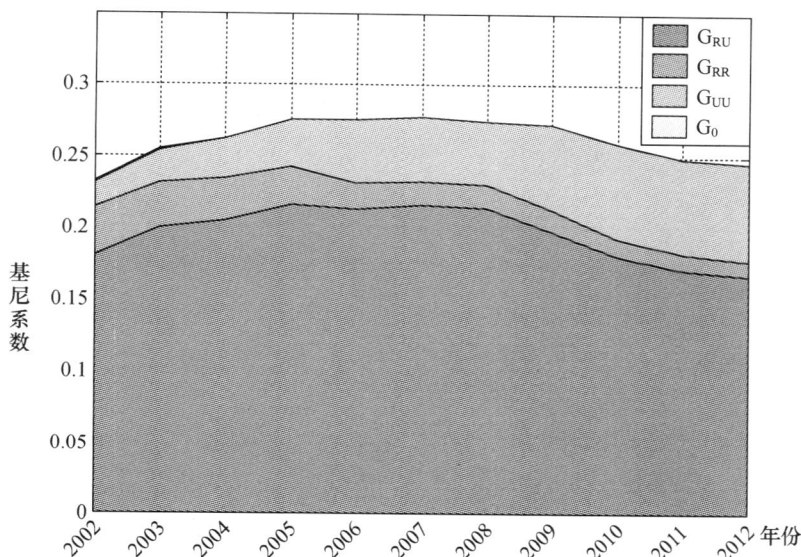

图 4 - 11　江苏省总的收入不均衡基于基尼系数城乡分解后各种组分随时间的演化

可见，2007 年后，整个江苏省城乡不均衡呈收敛态势。由于苏南、苏中、苏北具有不同的自然禀赋和发展特点，下面分别对三大区域收入不均衡情况进行解析，结果如表 4 - 15、表 4 - 16 和表 4 - 17 所示。

由表 4 - 15 至表 4 - 17 可知，2002—2012 年，城乡之间的不均衡是构成各区域总的收入不均衡的主要组成部分。以 2012 年为例，它对总的收入不均衡的贡献率分别为 81.99%、93.89% 和 89.15%。基尼系数分解的农村与农村之间的不均衡逐年递减，而城镇与城镇之间的不均衡逐年递增。各区域重叠部分各年份均小于 0.01，反映了各区域城乡两大板块的异质程度均较高。

基尼系数反映的各区域总的收入不均衡城乡分解后各种组分随时间的演化也可以通过面积图来直观表现，如图 4 - 12 所示。可以看出，苏南总的收入不均衡明显小于苏中和苏北，但苏南地区城镇与城镇之间的收入差距明显大于苏中和苏北地区，而苏北地区农村与农村之间的收入差距大于苏南和苏中；同时，苏南和苏北地区农村之间的收入差距逐年缩小，而城镇之间的收入差距基本持平。总体来看，苏中和苏北地区总的收入不均衡呈倒 U 形，于 2008 年达到最高点；苏南地区总的收入不均衡已经经历倒 U 形曲线的顶点，大体呈现逐步下降趋势，但下降速度较慢。

表 4 - 15　苏南地区总的收入不均衡基于基尼系数和城乡两大聚合区域的分解结果

年份	总的基尼 G_{tot}	城乡之间		农村之间		城镇之间		重叠	
		G_{RU}	贡献率（%）	G_{RR}	贡献率（%）	G_{UU}	贡献率（%）	G_O	贡献率（%）
2002	0.1756	0.1481	84.34	0.0132	7.52	0.0143	8.14	0	0.00
2003	0.1795	0.15	83.57	0.0102	5.68	0.0193	10.75	0	0.00
2004	0.1869	0.1558	83.36	0.0089	4.76	0.0222	11.88	0	0.00
2005	0.1882	0.1652	87.78	0.0074	3.93	0.0156	8.29	0	0.00
2006	0.1668	0.1443	86.51	0.0041	2.46	0.0183	10.97	0.0001	0.06
2007	0.1678	0.1473	87.78	0.0034	2.03	0.0171	10.19	0	0.00
2008	0.1669	0.1477	88.50	0.0035	2.10	0.0157	9.41	0	0.00
2009	0.1699	0.1452	85.46	0.0036	2.12	0.0212	12.48	-0.0001	-0.06
2010	0.1628	0.1361	83.60	0.003	1.84	0.0236	14.50	0.0001	0.06
2011	0.1541	0.1272	82.54	0.0027	1.75	0.0242	15.70	0	0.00
2012	0.1516	0.1243	81.99	0.0025	1.65	0.0248	16.36	0	0.00
2002—2007 年相对增率（%）	-4.44	-0.54	4.08	-74.24	-73.01	19.58	25.18		
2007—2012 年相对增率（%）	-9.65	-15.61	-6.60	-26.47	-18.72	45.03	60.55		
2002—2012 年相对增率（%）	-13.67	-16.07	-2.79	-81.06	-78.06	73.43	100.98		

表 4-16　苏中地区总的收入不均衡基于基尼系数和城乡两大聚合区域的分解结果

年份	总的基尼 G_{tot}	城乡之间 G_{RU}	贡献率（%）	农村之间 G_{RR}	贡献率（%）	城镇之间 G_{UU}	贡献率（%）	重叠 G_O	贡献率（%）
2002	0.1798	0.1696	94.33	0.0066	3.67	0.0036	2.00	0	0.00
2003	0.1894	0.1791	94.56	0.0059	3.12	0.0044	2.32	0	0.00
2004	0.1958	0.1854	94.69	0.0057	2.91	0.0047	2.40	0	0.00
2005	0.2044	0.1944	95.11	0.0058	2.84	0.0043	2.10	-0.0001	-0.05
2006	0.2111	0.2005	94.98	0.0028	1.33	0.0078	3.69	0	0.00
2007	0.2175	0.2071	95.22	0.0024	1.10	0.008	3.68	0	0.00
2008	0.2193	0.2091	95.35	0.0021	0.96	0.0081	3.69	0	0.00
2009	0.2004	0.1885	94.06	0.0020	1.00	0.0099	4.94	0	0.00
2010	0.1915	0.1792	93.58	0.0017	0.89	0.0106	5.54	0	0.00
2011	0.1843	0.1734	94.09	0.0015	0.81	0.0093	5.05	0.0001	0.05
2012	0.1816	0.1705	93.89	0.0014	0.77	0.0097	5.34	0	0.00
2002—2007 年相对增率（%）	20.97	22.11	0.94	-63.64	-70.03	122.22	84.00		
2007—2012 年相对增率（%）	-16.51	-17.67	-1.40	-41.67	-30.00	21.25	45.11		
2002—2012 年相对增率（%）	1.00	0.53	-0.47	-78.79	-79.02	169.44	167.00		

表4-17　　苏北地区总的收入不均衡基于基尼系数和城乡两大聚合区域的分解结果

年份	总的基尼	城乡之间		农村之间		城镇之间		重叠	
	G_{tot}	G_{RU}	贡献率（%）	G_{RR}	贡献率（%）	G_{UU}	贡献率（%）	G_o	贡献率（%）
2002	0.1918	0.1655	86.29	0.0179	9.33	0.0085	4.43	-0.0001	-0.05
2003	0.2199	0.1919	87.27	0.0178	8.09	0.0102	4.64	0	0.00
2004	0.2274	0.1982	87.16	0.0166	7.30	0.0126	5.54	0	0.00
2005	0.2361	0.2073	87.80	0.0139	5.89	0.0149	6.31	0	0.00
2006	0.2507	0.2217	88.43	0.0121	4.83	0.0169	6.74	0	0.00
2007	0.2573	0.2288	88.92	0.0104	4.04	0.0181	7.03	0	0.00
2008	0.2597	0.2312	89.03	0.0099	3.81	0.0185	7.12	0.0001	0.04
2009	0.2089	0.1877	89.85	0.0102	4.88	0.0111	5.31	-0.0001	-0.05
2010	0.2003	0.1785	89.12	0.0072	3.59	0.0146	7.29	0	0.00
2011	0.1904	0.1700	89.29	0.0068	3.57	0.0135	7.09	0.0001	0.05
2012	0.1871	0.1668	89.15	0.0062	3.31	0.0141	7.54	0	0.00
2002—2007 年相对增率（%）	34.15	38.25	3.05	-41.90	-56.70	112.94	58.69		
2007—2012 年相对增率（%）	-27.28	-27.10	0.26	-40.38	-18.07	-22.10	7.25		
2002—2012 年相对增率（%）	-2.45	0.79	3.31	-65.36	-64.52	65.88	70.20		

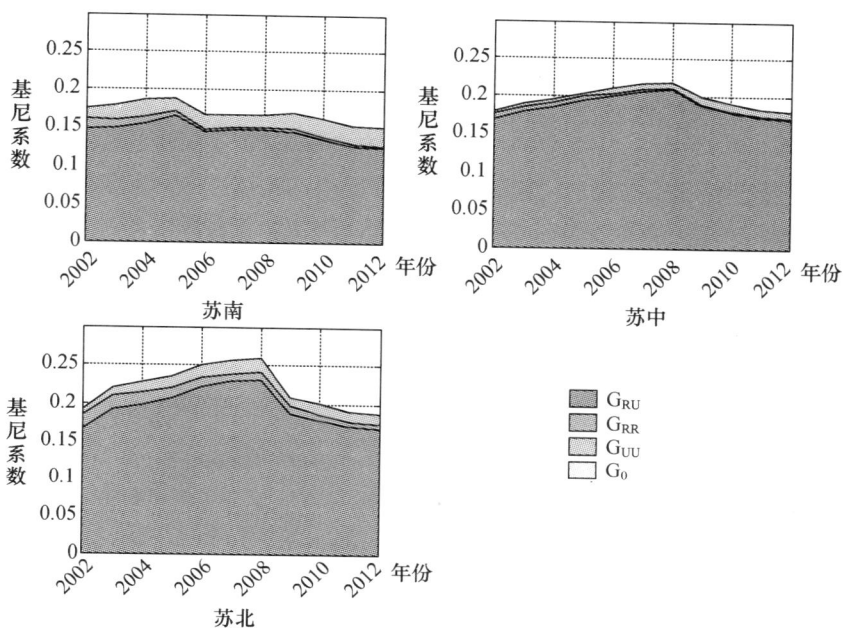

图 4－12　江苏省总的收入不均衡基于基尼系数城乡分解后各种组分随时间的演化

（五）江苏省收入不均衡的变化与经济增长比较分析

基尼系数分解下，江苏省总的收入不均衡、城乡收入不均衡、农村与农村之间的收入不均衡、城镇与城镇之间的收入不均衡与经济增长的对比如图 4－13 所示，因为重叠部分不均衡很微小，我们没有考虑。

总的收入不均衡的年增长率、城镇之间的收入不均衡年增长率、农村之间收入不均衡的年增长率在所有年份都小于人均 GDP 均值的年增长率，而在 2003 年、2004 年、2006 年和 2009 年，城镇之间收入不均衡的年增长率均高于人均 GDP 均值的年增长率。总体说来，2002—2012 年经济增长和收入不均衡的变化两者间存在较大差异，但收入不均衡的年增长率均低于人均 GDP 的年增长率，与经济增长速度相对而言，收入不均衡的变化较为合理。

（六）江苏省各区域收入不均衡的变化与经济增长比较分析

江苏省各区域总的收入不均衡、城乡收入不均衡、农村与农村之间的收入不均衡、城镇与城镇之间的收入不均衡与经济增长的对比如图 4－14 所示，各区域重叠部分的不均衡均很微小，此处忽略不计。

由图 4－14 可见，2005—2011 年，苏南地区的人均 GDP 均值的年增长率均小于苏中和苏北地区。除 2003 年苏北地区人均 GDP 均值的年增长

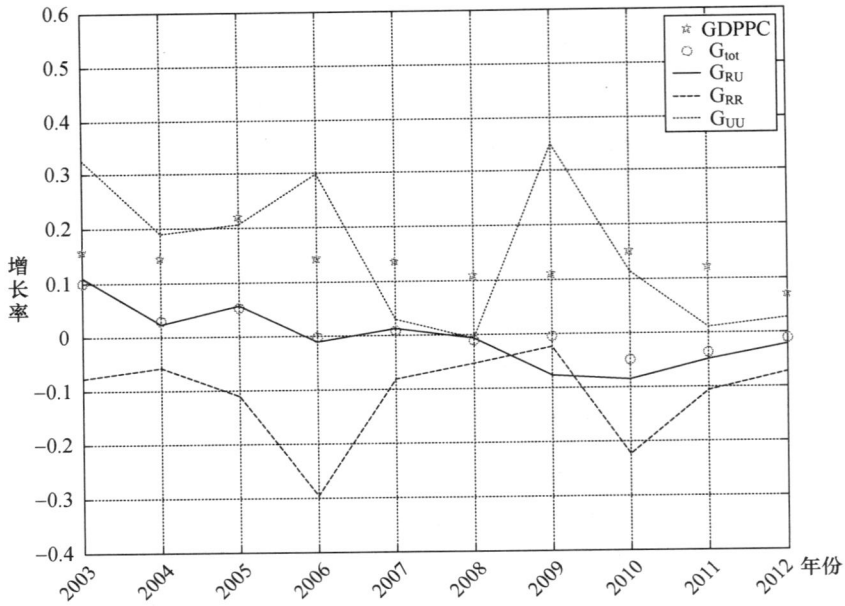

图 4-13　基尼系数城乡分解下收入不均衡变化与经济增长的比较

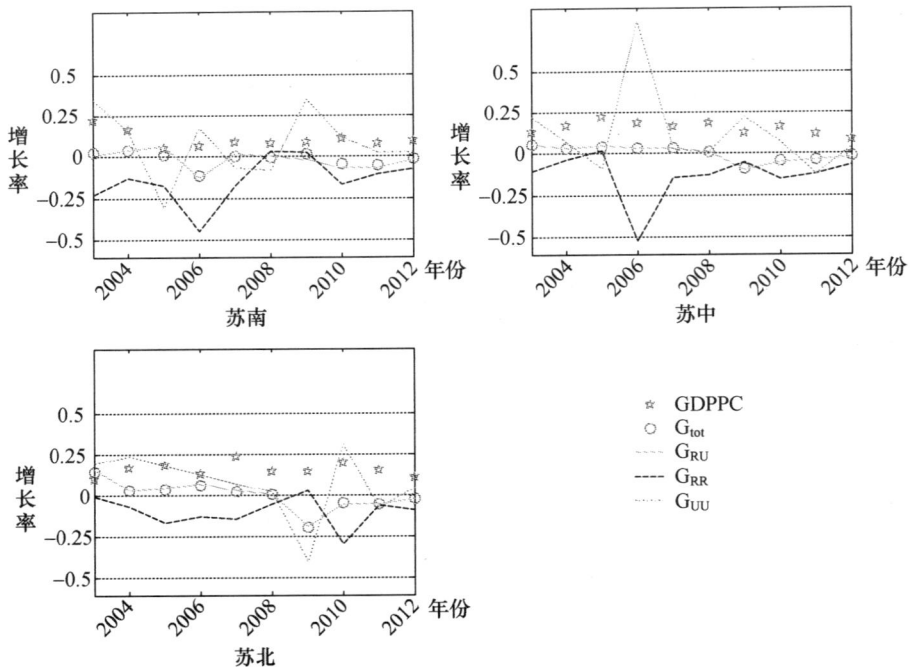

图 4-14　基尼系数城乡分解下收入不均衡变化与经济增长的比较

率高于总的人均收入不均衡外，其他年份各区域总的收入不均衡年增长率、城镇之间的收入不均衡年增长率、农村之间收入不均衡年增长率均小于人均 GDP 均值的年增长率。虽然 2006 年苏中城镇之间的收入不均衡年增长率有较大幅度增加，但苏中地区城镇之间收入不均衡在总的收入不均衡中所占比例很小（2006 年为 3.69%），城镇间收入不均衡基尼系数的实际变化量仅为 0.0035。在江苏省城镇之间收入不均衡年增长率高于人均 GDP 均值年增长率的所有年份中，在 2003 年，苏南、苏中、苏北地区对此均有贡献；而 2004 年，贡献来自苏北地区；2006 年来自苏南和苏中地区，主要为苏南地区；2009 年，则来自苏南地区。通过分区域的数据分析，使我们可以更准确地了解政策干预和空间发散的制度变化对城镇不均衡的影响程度，探索政策干预对收入不均衡的影响路径。

第四节 江苏省城乡教育水平差异分析

江苏省是教育大省，但不是教育强省。随着城乡一体化的发展，江苏省区域之间、城乡之间教育发展的不均衡成为"公共服务均等化"的瓶颈，严重影响了教育公平与社会公平的实现，是摆在新一轮城乡一体化发展面前的门槛，制约着江苏省经济与社会的科学全面发展。由于区域经济、教育基础不平衡的客观存在以及政策法规的不完善或执行不到位，使得教育水平的均衡发展受到阻碍。江苏省教育水平的均衡发展是一个动态的、长期的过程，只有通过横向及纵向数据的比较分析，才能深入探析地区之间、城乡之间教育不均衡发展的路径及规律，探索解决城乡教育发展不均衡的有效方案。

一 江苏省教育水平发展概况

"促进教育公平"和"提高教育质量"是我国《中长期教育改革与发展规划纲要（2010—2020 年)》（以下简称《纲要》）确立的教育工作重点。江苏省经济社会发展水平相对较高，已经基本完成了《纲要》2015 年甚至 2020 年的教育发展目标，并将"优质均衡发展"作为未来基础教育更高层次均衡发展的主要目标（姚继军，2014）。随着城乡一体化的发展，江苏省总体教育水平有了很大的发展，2013 年，全省初中毕业生升学率达 98.1%，基本普及高中阶段教育（《2013 年江苏省国民经济和社会发展统计公报》），但城乡之间的教育水平差异仍比较突出。以江苏省 2005 年 1% 人口抽样调查

江苏省2005年1%人口抽样调查中6岁以上人口受教育情况统计

表4-18

序号	地市	城镇地区								农村地区								人均受教育年限	
		总人数	未入学	小学	初中	高中	专科	本科	研究生	总人数	未入学	小学	初中	高中	专科	本科	研究生	城镇	农村
1	苏州	41493	2656	9941	17283	7565	2682	1611	75	19002	1945	6645	8124	1901	328	59	0	8.93	7.44
2	无锡	29101	1378	6354	11994	6111	2172	407	74	13497	986	4239	6247	1722	247	55	1	8.86	7.90
3	常州	25325	1224	5346	10696	4955	1851	1341	32	11912	1286	3722	5395	1299	170	40	0	9.31	7.51
4	镇江	12026	844	2822	4942	2460	637	346	12	8943	974	2914	4104	855	84	12	0	8.78	7.39
5	南京	41373	1942	6697	12517	10197	5101	4600	580	9090	1051	3387	3568	990	85	9	0	10.42	7.22
6	泰州	16267	1657	4434	5903	2895	852	588	23	17159	2811	6476	6522	1186	116	16	0	8.38	6.62
7	扬州	17461	1475	4278	6600	3475	1136	654	14	16176	2526	6391	6069	1081	94	14	1	8.79	6.65
8	南通	27309	2167	7782	9690	5060	1605	1265	37	27239	3332	10829	10526	2304	209	39	0	8.72	7.01
9	盐城	24402	2117	5719	9792	4907	1359	945	4	29770	4695	10252	11894	2718	191	19	1	8.83	6.86
10	淮安	15869	1771	4031	5611	2748	991	854	5	17852	3423	6445	6716	1164	93	11	1	8.53	6.42
11	徐州	29064	2094	6537	12064	6164	1595	900	22	31692	4030	11145	14125	2145	221	26	0	8.91	7.04
12	连云	12710	1349	3071	4613	2517	790	599	21	17425	3073	6201	7085	965	93	8	1	8.75	6.54
13	宿迁	10123	1225	2768	4053	1443	543	297	2	21705	3626	8139	8468	1351	104	17	0	8.18	6.59
	江苏	302523	21899	69780	115758	60497	21314	14407	901	241462	33758	86785	98843	19681	2035	325	5	9.03	6.96

表 4-19　　　　　　　　　　　　　江苏省 2010 年人口普查中 6 岁以上人口受教育情况统计

地市	城镇地区								农村地区								人均受教育年限	
	总人数	未入学	小学	初中	高中	专科	本科	研究生	总人数	未入学	小学	初中	高中	专科	本科	研究生	城镇	农村
苏州	7015683	172872	1348924	2668460	1573227	737047	470917	44236	3022800	114511	917413	1355323	424696	147851	61221	1785	9.93	8.56
无锡	4291905	95975	813213	1783829	901377	427121	253938	16452	1820825	59142	531107	873339	233778	74199	44398	4862	9.81	8.62
常州	2766272	74825	497555	1132797	588964	264714	197109	10308	1612153	101216	466626	786853	191301	47359	18281	517	9.87	8.15
镇江	1850135	50608	343887	715857	424244	177867	126722	10950	1137290	56984	341760	542948	152625	34390	8280	303	9.90	8.25
南京	5987371	152626	758239	1698550	1411101	835229	966487	165139	1686507	105644	524817	674496	256532	79793	42150	3075	11.20	8.39
泰州	2453467	122912	615486	966114	472468	176319	96944	3224	1945808	166233	725430	828099	178654	38715	8443	234	9.02	7.52
扬州	2422530	89566	542178	889705	519591	229478	142259	9753	1849024	116442	746531	763654	178322	35965	7926	184	9.56	7.64
南通	3905881	124710	1010862	1511471	767536	302888	179111	9303	3091604	171561	1217041	1319080	316613	52238	14683	388	9.26	7.75
盐城	3540651	153510	780464	1405507	793679	259881	142824	4786	3243359	258270	1175450	1425863	334304	42119	7108	245	9.28	7.59
淮安	2290484	91504	484581	900822	502498	190032	116459	4588	2156710	183166	798371	968233	177793	24436	4535	176	9.45	7.44
徐州	4193683	154953	846871	1718791	893415	355913	207865	15875	3552514	283862	1176732	1764524	275495	45086	6465	350	9.51	7.60
连云	2101560	100672	455574	825508	455848	150017	109266	4675	1892210	136421	651356	887669	164686	44037	7878	163	9.31	7.73
宿迁	2097958	113697	501438	956517	367940	104506	51816	2044	2191091	196338	761171	1059004	170070	22262	5048	198	8.75	7.42
江苏	44917580	1498430	8999272	17173928	9671888	4211012	3061717	301333	29201895	1949790	10033805	13249085	3031869	688450	236416	12480	9.76	7.86

和 2010 年人口普查数据为例，6 岁以上人员受教育情况如表 4 - 18 和表 4 - 19 所示。其中平均受教育年限为根据各层次受教育人数的计算值。

从表 4 - 18 可见，2005 年江苏省总的未入学率为 10.23%，平均受教育年限 8.11 年，而 2010 年此数据分别为 4.65% 和 9.01%，未入学率下降 54.5%，平均受教育年限提高 11.1%。13 个地市城乡未入学率统计结果如图 4 - 15 所示。

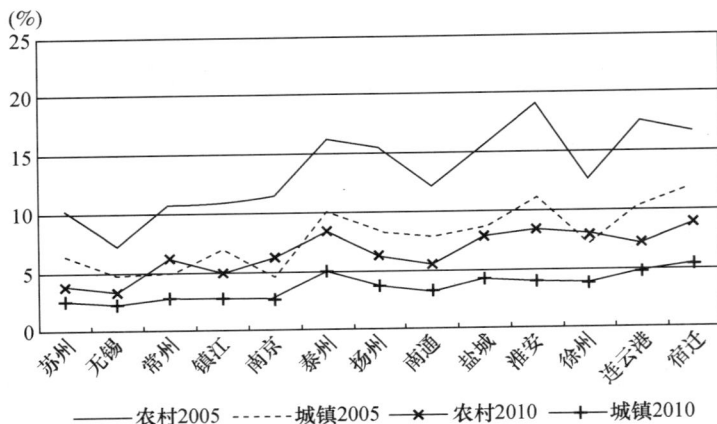

图 4 - 15 2005 年、2010 年江苏省 13 个地市城乡未入学率

由图 4 - 15 可见，总体上看，2010 年各地未入学率均较 2005 年有大幅降低，但各年度各地市城镇未入学率均低于农村地区，城乡之间仍存在明显的不均衡；地区之间未入学率分布与经济发展状况大致对应，即经济发达的苏南地区未入学率相对较低，而经济落后的苏北地区，未入学率最高。但这种与经济的关联性在 2010 年变得不那么突出，特别是 2010 年的城镇地区，各地市未入学率差距缩小，且城乡之间的差距也有缩小趋势。对各地区城乡居民平均受教育年限的进一步分析如图 4 - 16 所示。

平均受教育年限不仅反映基础教育情况，也受教育层次变化的影响。与图 4 - 16 类似，江苏省城乡居民平均受教育年限也存在显著差异，但与图 4 - 15 相比，最明显的差别是，尽管城乡平均受教育年限均有所提升，但城乡之间差距变化不大，且各地市之间差距变化也不明显。平均受教育年限最高的是南京城镇地区，2010 年高达 11.2 年，而 2010 年最低的宿迁农村只有 7.42 年，达不到初中毕业水平。除城乡差异外，居民平均受教育年限也存在一定的地区差异，总体来看，苏南地区居民平均受教育年限高于苏中和苏北地区。进一步分析本科及以上人口占统计人口的比重，结果如图 4 – 17 所示。

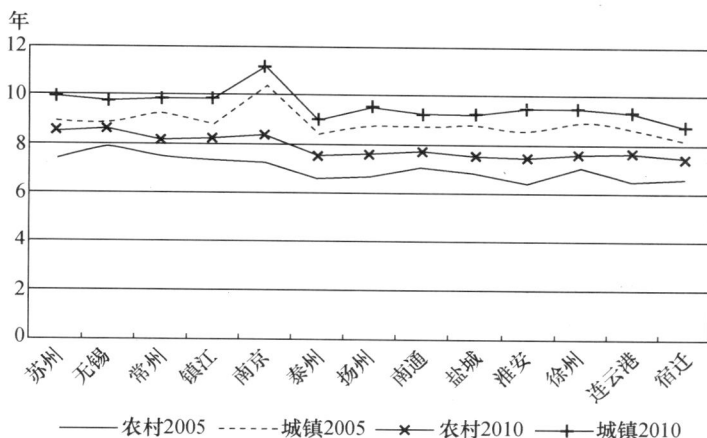

图 4 – 16　2005 年、2010 年江苏省 13 个地市城乡居民平均受教育年限

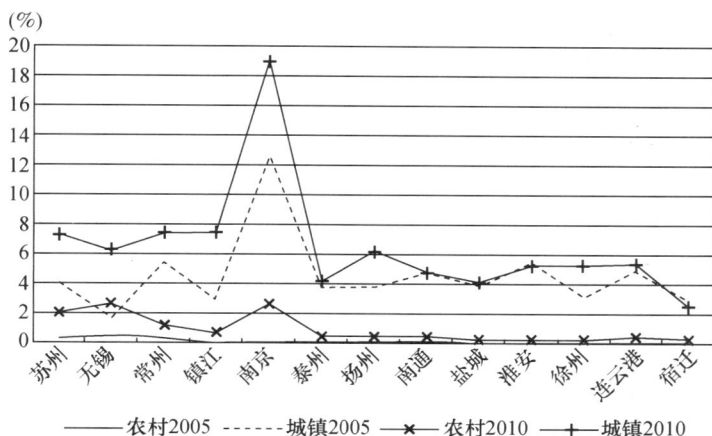

图 4 – 17　2005 年、2010 年江苏省 13 个地市城乡本科及以上人员占比

由图 4 – 17 可见，本科及以上人口占统计人口的比重在城乡之间的差别更加明显，且苏南地区城镇和农村本科及以上人员比例均高于苏北和苏

中地区；就 2005 年、2010 年两年该数据变化率来看，苏南地区城镇和农村本科以上人数的比例变化也远高于苏中和苏北地区（除扬州和徐州外，其他地市城乡本科及以上人员所占比例变化不大）。本科及以上所占比例最高的是南京城镇地区，2010 年高达 18.9%，高出居第二位的常州（7.50%）1.52 倍，而最低的徐州农村地区这一比例仅为 0.19%。可见，尽管农村地区基础教育有较大发展，但城乡之间高学历教育成果比例的巨大落差，折射出数字背后城乡教育资源及质量的巨大差距。

二　江苏省教育水平不均衡测度

一般测度熵（General Entropy Measures，GEM）最早由 Shorrocks（1980）经过一系列的公理推导而得到。随后被 Tsui（1993，1998）应用于分析区域发展不均衡。GEM 的一般形式为：

$$I(x) = \begin{cases} \dfrac{1}{c(c-1)} \sum_{i=1}^{N} w_i \left[\left(\dfrac{x_i}{m} \right) c - 1 \right], c \neq 0, c \neq 1 \\ \sum_{i=1}^{N} w_i \dfrac{x_i}{m} \ln\left(\dfrac{x_i}{m} \right), c = 1 \\ \sum_{i=1}^{N} w_i \ln\left(\dfrac{m}{x_i} \right), c = 0 \end{cases} \quad (4-15)$$

其中，c 是实数，其他参数的含义同前。c 可看作一般测度熵的道德参数，反映了 GEM 对分布尾端变化的敏感性。$c < 2$ 时的测度对分布尾端的变化比较敏感，可理解为对贫穷增加的敏感性（Tsui，1998）。对比 GEM 和 Theil 指数（Kanbur and Zhang，1999），可以发现，Theil 指数是通用测度熵的特例，当参数 c 为 0 或 1 时，即为著名的 Theil 指数。GEM 是唯一一类具有加成分解性（即整个区域不均衡可完全分解为较小集聚单位的不均衡之和）的指数，我们可以通过 GEM 测度地区之间及城乡之间的教育发展不均衡。

（一）GEM 不均衡区域分解

这里我们只讨论 $c = 0$ 时的分解，关于 GEM 详细的分解请参见 Shorrocks（1984）。总的不均衡 $I(x)$ 可分解为区域内部不均衡 $W(x)$ 和区域之间不均衡 $B(x)$，如下所示：

$$I(x) = B(x) + W(x) \quad (4-16)$$

其中，x_N 表示第 N 个地区，根据一定的区域划分方法，将 N 个地区归并为 K 个地区，$K \leq N$，不失一般性，按下列顺序表示聚合的区域：

$$z_1 = (x_1, \cdots, x_{a_1}), z_2 = (x_{a_1+1}, \cdots, x_{a_2}), \cdots, z_K = (x_{a_{K-1}+1}, \cdots, x_N) \quad (4-17)$$

其中，$a_k \in \{2, \cdots, N-1\}$，$k = 1, \cdots, K-1$；$1 \leqslant a_1 \leqslant a_2 \leqslant \cdots a_{K-1} \leqslant N$，$a_0 = 0$，$a_K = N$。这个工作相当于把 $x = (x_1, x_2, \cdots, x_n)$ 重新编号，使得前 a_1 个地区的指标值对应于第一个聚合区域包含的构成地区的指标值，使得 $a_{k-1} + 1$ 到 a_k 的 $a_k - a_{k-1}$ 个地区的指标值对应于第 k 个聚合区域包含的构成地区的指标值，$k = 1, \cdots, K$。

假设 μ_k 是聚合后的区域 k 的人口权重，w_j 是在聚合区域 k 中的第 j 个地区的人口权重，则有：

$$\mu_k = \sum_{j=a_{k-1}+1}^{a_k} w_j, 1 \leqslant k \leqslant K \quad (4-18)$$

假设 m_k 是第 k 个聚合区域基于人口权重的平均值，则有：

$$m_k = \sum_{j=a_{k-1}+1}^{a_k} \frac{w_j}{\mu_k} x_j \quad (4-19)$$

由 (4-15) 式、(4-18) 式、(4-19) 式可得：

$$B(x) = I(m_1, \cdots, m_K) = \sum_{k=1}^{K} \mu_k \ln\left(\frac{m}{m_k}\right) \quad (4-20)$$

$$W(x) = \sum_{k=1}^{K} \mu_k I(z_k), I(z_k) = \sum_{j=a_{k-1}+1}^{a_k} \frac{w_j}{\mu_k} \ln\left(\frac{m_k}{x_j}\right) \quad (4-21)$$

其中，$I(m_1, \cdots, m_K)$ 是基于 K 个地区平均值的 GEM，$I(z_k)$ 是构成第 K 个聚合区域的所有地区之间的差异。本书将以居民平均受教育年限为依据，分别从城乡视角和地区视角分解江苏省教育发展的不均衡。

（二）农村和城镇两大聚合区域构成视角 GEM 分解

与前面基于基尼系数的城乡收入非均衡分析类似，这种分解方法把整个研究对象（比如江苏省）看成由农村和城镇两大聚合区域构成，设农村聚合区域由 N 个子区域（地级市）的农村部分组成，城镇聚合区域由 N 个子区域（地级市）的城镇部分组成。设第 i（$i = 1, 2, \cdots, N$）个子区域的农村人口和城镇人口分别为 P_i^r 和 P_i^u 两部分，P_i 为第 i 个子区域的总人口，则有 $P_i^r + P_i^u = P_i$。$P = \sum_{i=1}^{N} P_i$ 是整个研究对象的总人口，$P^r = \sum_{i=1}^{N} P_i^r$ 是农村总人口（或农村聚合区域的人口），$P^u = \sum_{i=1}^{N} P_i^u$ 是城镇总人口（或城镇聚合区域的人口）。$r_i = P_i^r/P$ 是第 i 个子区域的农村人口占总人口的份额，$r = \sum_{i=1}^{N} r_i = \dfrac{P^r}{P}$ 是农村聚合区域人口占总人口的份额。

$u_i = P_i^u/P$ 是第 i 个子区域的城镇人口占总人口的份额，$u = \sum_{i=1}^{N} u_i = \dfrac{P^u}{P}$ 是城镇聚合区域的人口占总人口的份额，满足 $r + u = 1$。$a_i = P_i^r/P^r$ 是第 i 个子区域的农村人口占农村聚合区域人口（农村总人口）的份额，有 $\sum_{i=1}^{N} a_i = 1$。$b_i = P_i^u/P^u$ 是第 i 个子区域的城镇人口占城镇聚合区域人口（城镇总人口）的份额，满足 $\sum_{i=1}^{N} b_i = 1$。设 $x = (x_1, x_2, \cdots, x_N)$ 和 $y = (y_1, y_2, \cdots, y_N)$ 分别为 N 个子区域的农村居民人均受教育年限向量和城镇居民人均受教育年限向量，农村聚合区域的居民人均受教育年限均值为 $m_r = \sum_{i=1}^{N} a_i x_i$，城镇聚合区域的居民人均受教育年限均值为 $m_u = \sum_{i=1}^{N} b_i y_i$，整个研究对象（江苏省）总的人均受教育年限均值为 $m = rm_r + um_u = \sum_{i=1}^{N} r_i x_i + \sum_{i=1}^{N} \sum_{i=1}^{N} u_i y_i$。整个地区（江苏省）人均受教育年限可看成由农村和城镇两大聚合区域人均受教育年限的加权平均，也可以看成各个子区域农村人均受教育年限和城镇居民人均受教育年限的加权平均，则根据计算 GEM 的（4 – 15）式，总的教育不均衡为：

$$I_{tot} = \sum_{i=1}^{N} r_i \ln \frac{m}{x_i} + \sum_{i=1}^{N} u_i \ln \frac{m}{y_i} \qquad (4-22)$$

GEM 计算的总的不均衡可以分解为两个聚合区域之间的不均衡和聚合区域内部的不均衡，$B(x)$ 表示农村聚合区域和城镇聚合区域之间的不均衡，代表了整个研究对象（江苏省）的城乡两大结构之间的差异，我们把它称为城乡之间的教育不均衡，记为 I_{RU}。$W(x)$ 表示农村聚合区域和城镇聚合区域内部的不均衡，有：

$$I_{RU} = B(x) = I(m_r, m_u) = r\ln \frac{m}{m_r} + u\ln \frac{m}{m_u} \qquad (4-23)$$

$$\begin{aligned} W(x) &= rI(m_r) + uI(m_u) \\ &= rI(x_1, x_2, \cdots, x_N) + uI(y_1, y_2, \cdots, y_N) \end{aligned} \qquad (4-24)$$

其中，第一项表示农村聚合区域内部的 GEM 乘以农村聚合区域的人口占总人口的份额，称为农村与农村之间的教育不均衡，记为 I_{RR}；第二项为城镇聚合区域内部的 GEM 乘以城镇聚合区域的人口占总人口的份额，

称为城镇与城镇之间的教育不均衡，记为 I_{UU}。根据（4-15）式，有

$$I_{RR} = r \sum_{i=1}^{N} a_i \ln \frac{m_r}{x_i} = \sum_{i=1}^{N} \frac{P_i^r}{P} \ln \frac{m_r}{x_i} \qquad (4-25)$$

$$I_{UU} = u \sum_{i=1}^{N} b_i \ln \frac{m_u}{y_i} = \sum_{i=1}^{N} \frac{P_i^u}{P} \ln \frac{m_u}{y_i} \qquad (4-26)$$

则总的教育不均衡可以分解为：

$$I_{tot} = B(x) + W(x) = I_{RU} + I_{RR} + I_{UU} \qquad (4-27)$$

（4-27）式表明，总的教育不均衡可以分解为城乡之间的教育不均衡 I_{RU}、农村与农村之间的教育不均衡 I_{RR} 和城镇与城镇之间的教育不均衡 I_{UU}。

通过这样分解，我们可以识别城乡之间教育不均衡对江苏省总的教育不均衡的影响强度。这种情况下的分解示意如图 4-18 所示。

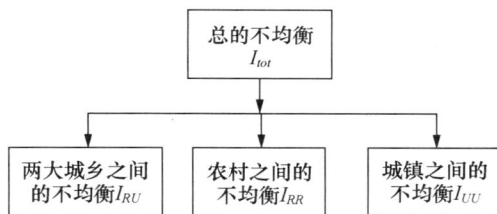

图 4-18　GEM 基于农村和城镇两大聚合区域的分解示意

（三）N 个地市视角 GEM 分解

这种分解方法把子地区（地级市）看成由农村和城镇两个部分构成的聚合单位，整个研究对象（江苏省）由 N（13）个这样的聚合单位构成。第 i 个聚合单位农村部分的人口和人均受教育年限分别为 P_i^r 和 x_i，城镇部分的人口和人均受教育年限分别为 P_i^u 和 y_i。聚合单位的人口总数为 P_i，$w_i^r = P_i^r/P_i$ 是第 i 个聚合区域的农村人口占其总人口的份额，$w_i^u = P_i^u/P_i$ 是第 i 个聚合区域的城镇人口占其总人口的份额。$w_i = P^i/P$ 为第 i 个聚合单位的总人口占整个分析对象（江苏省）总人口的份额，第 i 个聚合单位的人均受教育年限均值为 $m_i = (P_i^r/P_i)x_i + (P_i^u/P_i)y_i = w_i^r x_i + w_i^u y_i$，整个分析对象（江苏省）人均受教育年限均值可看成由 N 个聚合区域人均受教育年限均值 m_i 的加权平均，即 $\sum_{i=1}^{N} w_i m_i = m$。则此视角下 GEM 的

区域分解为 N 个聚合区域之间的教育不均衡 $B(x)$ 和聚合区域内部的教育不均衡 $W(x)$，$B(x)$ 表示 N 个聚合区域（地级市）之间的教育不均衡，可在一定程度上反映地理位置差异对总的教育不均衡的影响，记为 I_B，根据式（4-15），有：

$$I_B = B(x) = \sum_{i=1}^{N} w_i \ln \frac{m}{m_i} \qquad (4-28)$$

其中，$W(x)$ 表示 N 个聚合区域内部的教育不均衡，代表了 N 个聚合区域（市）内部的城乡不均衡的影响，称为整个市内城乡教育不均衡，记为 I_{RU2}。

$$I_{RU2} = W(x) = \sum_{i=1}^{N} w_i I(x_i, y_i) = \sum_{i=1}^{N} w_i \left(\frac{P_i^r}{P_i} \ln \frac{m_i}{x_i} + \frac{P_i^u}{P_i} \ln \frac{m_i}{y_i} \right)$$

$$= \sum_{i=1}^{N} \frac{P_i}{P} \left(\frac{P_i^r}{P_i} \ln \frac{m_i}{x_i} + \frac{P_i^u}{P_i} \ln \frac{m_i}{y_i} \right) = \sum_{i=1}^{N} \left(r_i \ln \frac{m_i}{x_i} + u_i \ln \frac{m_i}{y_i} \right) \qquad (4-29)$$

则总的教育不均衡可以分解为：

$$I_{tot} = B(x) + W(x) = I_{RU2} + I_B \qquad (4-30)$$

这种分解方法可以区分地区（地级市）内城乡教育不均衡对总的教育不均衡的影响和地区的地理位置对总的教育不均衡的影响，这种情况下的分解示意如图 4-19 所示。

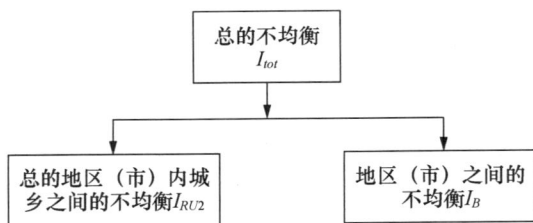

图 4-19　把地级市看成城乡聚合区域的 GEM 分解示意

以城乡为两大聚集区和 13 个地市城乡为聚集区视角分解的 2005 年、2010 年江苏省 6 岁以上人口教育不均衡情况如表 4-20 所示。

由表 4-20 可见，2005 年、2010 年江苏省人均受教育年限、未入学比例和义务教育比例总的不均衡较小，尤其义务教育比例，2010 年总的不均衡和各项不均衡分解数据已接近零，说明江苏省义务教育阶段城乡之间、地区之间基本无差异；但高中以上及本科以上城乡之间、地区之间的不均衡现象显著，尤其 2005 年，本科及以上总的不均衡、地区内城乡不均衡和总的城乡不均衡均超过 1 个点；虽然 2010 年这三项不均衡指标均有较大幅度的缩小，但本科及以上总的不均衡仍达到 0.6955 个点，而地市内和总的城乡不均衡分别达 0.4267 个点和 0.4904 个点，不均衡程度远超其他指标，表明虽然五年来基础教育有较大发展，但高层次教育水平不平衡现象仍较显著，折射出的城乡教育资源与质量问题仍较突出，且在高层次教育不均衡中，城乡不均衡大于地区间不均衡。两种聚集方式计算的 GEM 不均衡中，城乡之间的不均衡均远大于城镇之间、农村之间或不同地市之间的不均衡。江苏省虽然基本保障了城乡居民的基本受教育权利，但城乡之间在更高层次的受教育程度仍然存在较大差异，成为城乡一体化可持续发展的人才瓶颈。

表 4 – 20　　2005 年、2010 年江苏省教育水平 GEM 不均衡分解表

	平均值			不均衡分解					
	全部	城镇	农村	I_{tot}	I_{RU}	I_{UU}	I_{RR}	I_B	I_{RU2}
2005 年									
人均受教育年限	8.11	9.03	6.96	0.0092	0.0083	0.0006	0.0003	0.0018	0.0074
未入学比例（%）	10.23	7.24	13.98	0.0729	0.0538	0.0129	0.0062	0.0273	0.0456
义务教育（%）	89.77	92.76	86.02	0.0009	0.0007	0.0001	0.0001	0.0003	0.0006
高中以上（%）	21.91	32.1	9.13	0.1887	0.1759	0.0056	0.0072	0.0236	0.1651
本科及以上（%）	2.87	5.06	0.14	1.1272	1.0377	0.0414	0.0482	0.1056	1.0216
2010 年									
人均受教育年限	9.01	9.76	7.86	0.0073	0.0055	0.0013	0.0005	0.0028	0.0045
未入学比例（%）	4.65	3.34	6.68	0.0999	0.0592	0.0240	0.0167	0.0539	0.0460
义务教育（%）	95.35	96.66	93.32	0.0002	0.0001	0	0.0001	0.0001	0.0001
高中以上（%）	28.62	38.39	13.59	0.1475	0.1154	0.0116	0.0204	0.0389	0.1086
本科及以上（%）	4.87	7.49	0.85	0.6955	0.4267	0.0835	0.1854	0.2051	0.4904
2005—2010 年变化率(%)									
人均受教育年限	11.10	8.08	12.93	−20.65	−33.73	116.67	66.67	55.56	−39.19
未入学比例（%）	−54.55	−53.87	−52.22	37.04	10.04	86.05	169.35	97.44	0.88
义务教育（%）	6.22	4.20	8.49	−77.78	−85.71	−100.00	0.00	−66.67	−83.33
高中以上（%）	30.63	19.60	48.85	−21.83	−34.39	107.14	183.33	64.83	−34.22
本科及以上（%）	69.69	48.02	507.14	−38.30	−58.88	101.69	284.65	94.22	−52.00

第五节　本章小结

本章在概述江苏省城乡经济发展现状的基础上，对江苏省 2002—2012 年三大产业 GDP 按区域的演化情况进行了分析。分析结果显示，江苏省产业转型升级的大方向符合发达国家三大产业的发展规律：起初是第一产业的比重不断下降，第二、第三产业的比重不断上升；随后包括第一、第二产业的物质生产部门的比重都有不同程度的下降，第三产业的比重持续上升。13 个地市在 2002—2012 年都在经历着产业转型升级的过程，各个地市、各个区域产业转型升级速度存在差异，而 2007—2012 年的第二、第三产业升级速度明显快于 2002—2007 年。

根据城乡二元经济结构，本章对总的收入不均衡采用了基尼系数的城乡分解，以 Yao（1999）一般类分解方法为基础，结合城乡和区域情况，进行了拓展。通过不同视角的分解，本章分析了江苏省各区域收入不均衡、城乡不均衡及其演化，并把收入不均衡的年增长率与经济增长进行比较。分析结果显示：2002—2012 年，江苏省总的收入不均衡、城乡之间收入不均衡、农村之间收入不均衡随时间的演化均呈现倒 U 形，而城镇之间收入不均衡随时间的演化呈发散趋势。其中，苏南总的收入不均衡明显小于苏中和苏北，但苏南地区城镇与城镇之间的收入差距明显大于苏中和苏北地区，而苏北地区农村与农村之间的收入差距大于苏南和苏中；同时，苏南和苏北地区农村之间的收入差距逐年缩小，而城镇之间的收入差距基本持平。总体来看，苏中和苏北地区总的收入不均衡呈倒 U 形，于 2008 年达到最高点，而苏南地区已经历过最高点，并呈缓慢下降趋势。

各区域基尼系数反映的城乡收入不均衡占总的收入不均衡的比重都在 80% 以上，2005 年前，陆续开始实行的行政单位公务员制度和企事业单位岗位津贴制度不断加剧了城乡收入差距。城镇职工灵活多样的工资和激励制度极大地提高了职工的生产积极性和主动性，城镇居民收入有了较大幅度的提高。但是，现有的户籍管理、教育、医疗和住房等福利方面的制度缺陷在很大程度上限制了农村人口的流动，进一步扩大了城乡居民收入差距。另外，农村收入和城镇收入的不同决定因素也是导致城乡差异扩大的原因。2005 年后，随着农村税费改革的深入和新农村建设系列政策的出台，农民收入不断提高，城乡居民收入差距开始不断缩小。2002—2012年收入不均衡的变化和经济增长之间存在着较大差距，但收入不均衡的年增长率均低于经济年增长率，与经济增长速度相比较而言，收入不均衡的变化较为合理。

为进一步比较城乡基本公共服务方面的差距，本章选取了 2005 年 1% 人口抽样调查和 2010 年人口普查中城乡 6 岁以上人员受教育情况统计数据，运用 GEM 测度方法分解了城乡教育水平差异的构成及其演化。结果发现，尽管城乡人均受教育年限和基础教育水平之间的差距五年来逐步缩小，农村基础教育水平有较大提高，但高层次人才产出率较低，城乡之间高层次人才培养方面的差距仍然较大，反映了城乡之间教育质量的不均衡。

数据分析说明，江苏省城乡差距经历了先扩大、后缩小的过程，说明城乡一体化建设各项政策措施已初见成效。但我们应该看到，江苏省各区域城乡差距仍较大，且存在区域差异，与经济发展格局类似，呈现明显的梯度发展态势。为了保持社会的稳定和经济的可持续发展，更好地推动江苏省一体化进程，缩小城乡不均衡应该作为江苏省各级政府的政策目标。政府应考虑结合本地区资源优势，通过多种途径提高农民收入。随着取消农业户口等户籍制度改革的实施，政府可以考虑通过以下措施进一步提高农民生活水平：一是加强农村基础设施建设，加大对农村基本设施的投资，通过顺畅的网络建设加强农村地区与城区的联系；二是完善新型城镇化建设相关政策措施，有效转移农村剩余劳动力，实现就业、工资、社保城乡协调发展；三是深化农村土地制度改革，保障农民合法权益，并通过土地改革为农业规模化、机械化生产打好基础；四是对城镇居民的收入再分配，重点做好个人所得税转移支付；五是放宽对农村的信贷业务，通过知识下乡等途径鼓励农民创业；六是进一步推进城市化改革，加快建设江苏省大都市圈和城乡一体化进程，建立以工促农、以城带乡的长效机制，打造有利于这一机制形成的环境和制度平台等；七是加大农村地区基本公共服务投入力度，尤其重视农村地区教育质量的提高，在保障农村地区人员基础教育权益的同时，努力提高教育质量，培养更多高层次人才。可以说，提高农村人口整体素质，是城乡一体化可持续发展的重要保障。

第五章　江苏省城乡一体化
评价体系构建

　　江苏省城镇化总体滞后于工业化，且区域差异较大，2013 年，苏南、苏中、苏北三大区域的城镇化率分别为 73.5%、59.7%、56.1%，苏南地区远远领先于苏中和苏北地区，各区域经济与社会发展的不均衡决定了区域城乡一体化的梯度发展模式。同时，区域城乡一体化是一个不断发展的动态过程，只有及时掌握其基本特征，发现其动态变化规律，才能制定正确的发展目标，确定合理的工作重点并选择恰当的政策措施。这就需要借助一套科学、合理的评价体系来测度与评价城乡一体化发展的水平及其趋势。同时，城乡一体化发展只有与其内外环境相互和谐、融洽，才具有可持续发展的能力，反过来，才可以促进经济社会的良性发展。设计一套合适的评价指标体系，选择科学、合理的研究方法测度和评价城乡一体化发展的情况，掌握其发展动态及路径，及时发现并解决问题，对于维持整个系统良好、稳定的发展状态具有重要意义。

第一节　区域城乡一体化发展评价系统概述

一　评价内容

　　城乡一体化问题的研究主要可以概括为两个方面：一是对城乡一体化发展的概念和理论的解释，二是对城乡一体化发展中问题的发现和解决。两者分别为理论问题与现实问题，其联系的纽带就是区域城乡一体化发展的测度与评价。该测评问题是从理论进入实践的重要环节，若没有科学、合理的评价指标体系、评价模型和方法，那么测评问题与实际操作也无从下手，城乡一体化发展的提出就只能停留在理论上。因此，评价工作是城乡一体化发展系统研究的重要内容。测评城乡一体化发展的程度，也就是从一体化发展的角度对区域城乡关系发展的状态进行客观评价，其内容包括城乡一体化发展的各个组成部分，具体可从以下三个层次进行阐述：

1. 从功能上

指标是对客观事物的一种描述、刻画和衡量，是一种"尺度"或"规范"。因此，评价指标体系的设计应能帮助使用者确定关键问题并判断其宏观与微观的发展趋势。

2. 从内容上

客观评价是建立在城乡一体化发展指标体系基础之上的。因此，指标体系应能完全概括城乡一体化发展的所有层次和方面，能够描述和表现系统在任意时刻发展的内部状态和变化趋势以及各要素在不同层次和方面上的比较。

3. 从形式上

因为系统拥有层次性、阶段性的原理（魏宏森、曾国屏，2009），故用来测度城乡一体化发展系统的指标体系应具备多层次、多等级的功能结构，是一个可以测度多方面城乡一体化发展水平的评价指标有机结合而成的综合体系。

本书在参考现有关于城乡一体化发展相关评价指标体系的基础上，结合一体化发展的要义与内涵，从当前经济与社会发展的现状出发，根据当前亟待解决的实际矛盾，以人为本，力求建立一套科学、合理的描述城乡一体化发展的指标体系，并用数学方法对该体系进行定量评价，主要包括以下四个方面的内容：

一是根据城乡一体化发展的概念和内容，选取适宜的评价原则和指标，创建区域城乡一体化发展的评价指标体系；

二是对评价指标属性值的设计以及对原始数据无量纲化的处理研究；

三是评价指标权重的确定方法研究，特别针对各梯度阶段的目标、任务与侧重点，确定分梯度的指标权重。

四是选取城乡一体化发展的评价方法，构建城乡一体化发展的评价模型。

为实现城乡一体化的目标，政府需要制定与实施一系列促进城乡一体化发展的战略规划，而体制创新与政策调整的前提是对城乡一体化发展现状与发展规律具有深刻认识。只有掌握城乡一体化发展的路径，才能因地制宜、审时度势，制定科学的发展规划，引导城乡一体化的可持续健康发展。因此，对城乡一体化现实状态的科学评价是其中的关键，起着承上启下的作用。一方面，它可以为城乡一体化发展从理论到实践提供参数，为政府部门制定城乡一体化策略提供依据；另一方面，它还可以通过横向与纵向的评价结果对比，探析影响城乡一体化发展的内外部因素，掌握城乡一体化发展的路径与趋势，及时发现问题与解决问题，推动城乡一体化发展。

二 评价方法

城乡一体化是一个复杂的、多变的巨大系统，涉及空间、人口、经济、社会和环境等多个层面，各种确定或不确定因素都对其产生不同程度的影响。在复合系统发展评价方法的选择上，多指标评价体系（张楠等，2009；董锋等，2009）是目前广泛被专家、学者所接受的，因此，本研究采用多指标综合评价的方法来评价城乡一体化的系统发展。多指标综合评价方法由多个指标构成，各指标分别反映被评价事物的不同方面，且指标间是异度量的，不存在同度量因素的问题。多指标综合评价方法可用于对被评价事物进行整体性的综合评判，通过总值表来表明被评价事物的一般水平。其技术流程如图 5－1 所示。

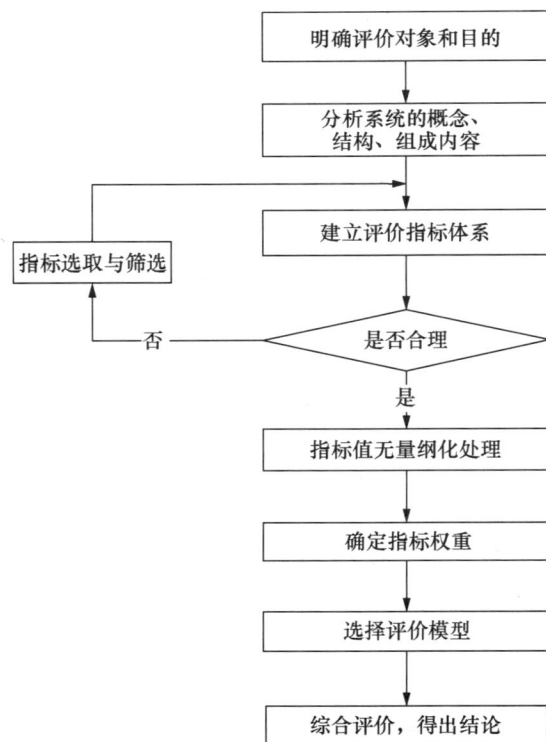

```
            ┌────────────────────┐
            │   明确评价对象和目的   │
            └────────────────────┘
                      │
            ┌────────────────────┐
            │    分析系统的概念、     │
            │    结构、组成内容       │
            └────────────────────┘
                      │
  ┌──────────┐  ┌────────────────────┐
  │ 指标选取与筛选 │  │    建立评价指标体系    │
  └──────────┘  └────────────────────┘
        │               │
        │        ◇─────────────◇
        └──否──  │    是否合理    │
                 ◇─────────────◇
                      │是
            ┌────────────────────┐
            │   指标值无量纲化处理    │
            └────────────────────┘
                      │
            ┌────────────────────┐
            │     确定指标权重       │
            └────────────────────┘
                      │
            ┌────────────────────┐
            │     选择评价模型       │
            └────────────────────┘
                      │
            ┌────────────────────┐
            │   综合评价，得出结论    │
            └────────────────────┘
```

图 5－1 区域城乡一体化发展评价技术路线

　　在明确评价内容和目的的前提下，选取含义明确、适宜的具体指标建立评价指标体系，选择具体指标对应的实际数值，并对实际值进行无量纲化处理，将实际值转化为评价指标的评价值，然后选择合适的指标权重确定方法确定各指标权重，最后用适当的评价模型和方法计算出城乡一体化发展的真实水平。

第二节　区域城乡一体化发展评价
指标体系的构建

一　评价指标体系结构

　　构建评价指标体系的主要工作是确定指标体系的结构与选取适宜的指标。对于复杂系统，确定系统的内部框架结构，不仅在大方向上可以掌握整个系统的运作原理，而且对后续的指标选择工作也起到了关键性的指导工作。而纵观目前诸多学者对城乡一体化发展的结构划分方式，主要存在以下两种方式：

　　一种是"结构总分法"（杨湘云，2011），如图5－2（a）所示。该划分方法是将城乡视作一个综合发展系统，以区域发展的视角将城乡一体化发展的内容分为城乡社会、经济、空间、人口、环境等多个方面，各组成部分的指标设计多用"城乡比值法"确定的指标，然后对各组成部分的指标进行线性加权求和，求得城乡一体化发展的总评价值。

　　另一种是"结构并列法"（张竟竟，2011），如图5－2（b）所示。此方法的理论依据是在城乡关系的发展本质上，由于城镇和农村两者之间的关系，因此将整体结构划分成城镇和农村两个互为基础、相互关联的子系统，并分别对城乡各自的组成部分进行概括和指标设计，求得城乡各自发展的水平值，以构建定量模型进行分析。

　　两种结构划分方法都是对城乡一体化发展中城乡关系有益且较成熟的描述，都是从不同角度对城乡一体化发展进行不同层次的概括。两者具体的不同之处体现在以下几点：

　　第一，内容描述的差别。"结构总分法"的指标设计形式多为"城乡比值法"，即用某方面农村的数值除以城镇的数值来衡量城乡差距，这种

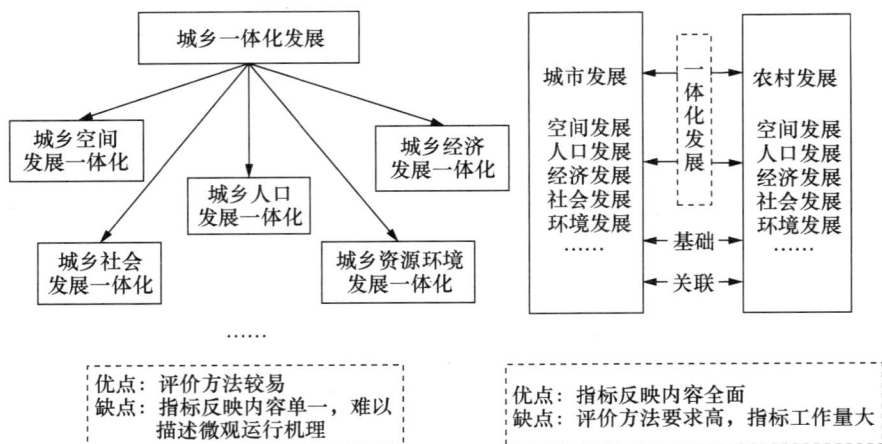

图5-2（a）"结构总分法"示意图　图5-2（b）"结构并列法"示意图

指标设计方法的局限性在于为保证城乡量纲一致，只能选取城乡的同质指标。① 事实上，城乡在发展中还存在适合各自地域特征的特色发展指标，例如测量农村发展常用的"农业机械化水平""新农合保障水平"等指标，在选择时会有所舍弃，因此在描述的全面性上会存在缺失。"结构并列法"的组成为城镇与农村各自罗列的指标，指标选择的限制相对较少，相比而言更能综合反映出城乡各自的发展水平。但是，此法也存在罗列指标过多而造成指标原始数据搜寻工作量大的缺点；同时，部分指标间存在重叠关系，会影响整体评价的科学性。

第二，评价方法的不同。"结构总分法"的工作难点在于指标的选取，由于指标性质已反映出城乡对比的关系，因此在评价方法的选取上一般采用较容易的线性加权方法进行评价，难以描述微观组成部分的发展关系；"结构并列法"在罗列城乡各自的评价指标后，多采用一体化程度或关联度模型对两者发展的同步性或差异性进行测量，对指标拟合的方法和评价模型的设计要求较高。

第三，两种方式结合运用。本书在区域城乡一体化发展系统分析的基础上，具体指标选择时采用以同质指标为主，特色指标为辅的方式，将

---

① 城乡同质指标是指城镇和农村在某些方面的发展都存在表达对象、性质和目的一致的指标，此类指标量纲相同，如"农村恩格尔系数"和"城镇恩格尔系数"，可直接相除得到"城乡恩格尔系数比"。除此之外，城乡在发展中还存在描述不一致、不对称的指标，称为特色指标。

"结构总分法"与"结构并列法"相结合，力求全面反映现阶段城乡二元结构、农村发展亟待解决的"三农"问题和可持续发展问题。

二 评价指标选取原则

由上述可知，在确定城乡一体化发展指标体系的结构后，选取相对应的指标成为研究的重点。为建立一套能够全面、准确、科学地反映区域城乡一体化发展状态的指标体系，理论上需要科学、规范的指标选择原则作指导，以使所建指标体系在不同方法、不同地区和时间的选取上具有可比性，能够充分体现城乡统筹、城乡协调、城乡一体化状态。本书在借鉴前人研究的基础上，在具体评价指标设计时，除满足统计学所要求的基本规范外，还遵循了以下原则：

（一）科学性与导向性相结合的原则

科学性要求指标选取时要尊重客观现实，要建立在充分调研的基础上，要使所构建的指标体系能够比较客观地反映被评价地区的人口、经济、社会、生态、空间等方面的发展情况；导向性原则要求指标选取应结合被评价地区城乡一体化发展的宏观目标和阶段目标，要有目的性，要体现现阶段的主要任务和需解决的重点问题。

（二）全面性与准确性相结合

城乡一体化发展涉及因素众多，对区域城乡一体化发展的科学评价仅靠简单的一个或几个指标肯定是不够的，因此指标选取时应充分反映被评价地区的城乡经济、社会、人口、生态、空间等方方面面的因素；准确性是指指标设置不能带有模糊性，不能存在异议，要能在某一方面确切地反映被评价地区的城乡一体化发展水平。

（三）系统性与层次性相结合

城乡一体化发展是一个复杂的巨系统，为反映系统的不同侧面，众多指标被分类组成不同的层次，形成一个联系紧密、层次分明的框架结构体系。

（四）可比性与可操作性结合

可比性是指选取指标的统计口径、计量单位等应尽量保持一致，便于对指标进行横向和纵向对比；可操作性是指指标的设置要尽可能利用现有的统计资料，考虑数据的可获取性，使选取的指标能够量化。

（五）动态性

城乡一体化发展是一个长期的动态过程，其评价指标应具有时代特征，要具有先进性、时代性和阶段性。

综上所述，在设计和筛选指标时，我们必须坚持科学性、全面性、独立性、可操作性和动态性的统一。其中，科学性和全面性对于创造一个评价指标体系具有重要的指导意义，而可操作性、独立性和动态性则有利于在实践中应用和推广该指标体系，遵循这些原则是构建一个科学评价指标体系的前提。

三　城乡一体化评价指标体系初选

国内外学者从不同的研究角度，对城乡一体化评价方法及指标体系建设进行了大量研究工作，取得了丰硕的研究成果。其中比较常见的是从经济一体化、社会一体化、人口一体化、空间一体化及生态一体化五个方面构建评价指标体系，如完世伟（2006）、江敦涛（2011）、高永卉（2010）、王桂平（2008）、郭亮华等（2012）。然而，这种通用的评价指标体系由于没有考虑城乡一体化发展的区域差异和阶段性差异，导致测评结果与实际之间存在较大距离，且难以测度阶段目标及实施重点的完成情况。

部分学者从区域经济社会发展角度考虑城乡一体化评价指标的构建。如聂世坤、胥清学（2009）根据贵州经济社会发展的实际，从经济发展、人口发展、空间发展、信息发展、生活质量发展以及农业产业发展六个子系统，构建了贵州省城乡一体化的评价指标体系。与全面评价指标体系相比，更侧重信息交流的重要性及提高农民生活质量的诉求，能够更加真实地反映贵州城乡一体化发展的实施重点。与此类似，韦薇（2011）在充分研究昆山市城乡经济、社会、文化、环境条件等基础上，构建了一套适用于中小城镇的城乡一体化评价体系，从经济生产、社会民生、科技教育、市政环境四个方面衡量城乡一体化发展水平；陈湘满等人（2013）综合已有的相关研究成果，根据长株潭城市群"两型社会"建设的实际，从经济一体化、社会一体化、生活环境一体化和空间一体化四个方面来构建城乡一体化指标体系。

随着对城乡一体化理论研究的深入，学者们开始尝试从城乡一体化发展的内部逻辑出发，探讨城乡一体化指标体系的构建。倪楠（2013）通过对历史和现实两条主线来回顾城乡经济社会一体化的发展轨迹，选取城乡经济一体化、城乡生活一体化和城乡环境一体化三个层面作为中国城乡经济社会一体化的测评指标，侧重于对城乡一体化阶段性目标的实现及可持续发展能力的评价；张仲伍等人（2010）以研究区域实际发展为基础，分城市社会发展综合（包括生态设施、经济发展水平和社会进步水平）与乡村社会发展综合（乡村生活条件、农民生活水平和乡村经济发展水平）两个方面，构建城乡一体化评价体系，通过城乡协调度定量表述城市系统与乡村系统之间及两系统组成部分之间相互作用、相互关联的程度与质量；刘培培（2011）通过对城乡间物质流、信息流、人员流、技术流、金融流这"五大流"的统计分析，从基础设施、城镇体系、经济联系、社会联系、生态联系五个方面构建城乡一体化指标体系，映射出城乡联系的实质；魏尧（2009）通过对城乡一体化内涵的剖析，构建了反映城乡一体化内涵的四类指标：城乡经济发展类指标、社会发展类指标、基础设施建设类指标、生态环境建设类指标；刘正（2007）从城乡一体化发展的复杂性入手，将城乡一体化系统分为经济发展、社会进步、人口、生活质量、生态环境五个子系统，进而根据系统性原理要求，选择定位体现系统层次结构特征的指标，根据城乡一体化评价的具体情况和要求，构建全面城乡一体化指标体系；刘奕玮、郭俊华（2013）从城乡发展一体化、城乡均衡一体化和城乡协调一体化三个方面分别选取指标，建立城乡一体化评价指标体系。与此类似，王蔚等人（2011）利用层次分析法（AHP），也从城乡发展、城乡均衡和城乡协调三个方面构建了指标体系；刘吉双、陈殿美（2014）根据城乡一体化理论及城乡现代化的交叉和融合理论，从城乡经济一体化、生活方式一体化、社会事业一体化和生态环境一体化四个方面构建城乡一体化评价指标体系；汪婷（2014）所构建的上海城乡一体化发展水平评价体系主要依据社会学关于社会构成要素的研究成果，从自然环境、人口、生产方式、文化四个方面进行构建；杨光（2013）从城乡一体化的能力指标、结构指标、效率指标和质量指标入手，构建了无锡城乡一体化的指标体系；李志杰（2009）在城乡一体化指标体系的构建中，将影响城乡一体化进程的因素划分为自然基础、经济、社会、基本公共服务以及动态发展五大子系统，并将其作为城乡一体化评价指标体系的一级指标。

城乡一体化发展的目标不仅要推动城乡统筹资源，共同发展，更要消除城乡居民差异，使之共享社会发展成果。颜芳芳（2011）以城乡差异为着眼点，从城乡基础设施、公共服务、经济发展和居民生活四个方面建立城乡一体化评价指标体系；邵峰（2013）在总结城乡一体化理论基础，分析各城乡关联因素的基础上，以城乡一体化发展度和城乡一体化差异度为目标系统，构建了反映城乡一体化水平的测度指标体系，该测度指标体系虽然也包含经济、社会、空间、生态环境等各个维度，但分属发展度和差异度两个目标系统，突出了指标评价的目标性；王生荣（2011）采用城乡比值法构建指标体系，从城乡融合度视角将城乡一体化分为经济、人口、社会发展与生活四个方面的城乡融合度，进而构建指标体系；蒋德锋等人（2014）在综观大量文献和我国沿海重要大中城市实际特点的基础上，从城乡发展现代化水平和城乡发展协调化水平两个方面构建城乡一体化评价体系。

　　为进一步推动城乡一体化可持续发展，各级政府针对当地经济社会发展现状，通过规划先行、制度创新等手段，以重点、难点问题为突破口，进一步深化城乡一体化建设，使城乡一体化工作更加具体、目标更加明确。李冰（2010）参照十七届三中全会《关于推进农村改革发展若干重大问题的决定》、全面建设小康社会指标以及学界确立的城乡一体化指标体系，并根据城乡一体化发展的城镇化路径、产业化路径和制度创新路径，将城乡一体化指标体系分为城乡生活一体化、城乡经济一体化、城乡公共服务一体化以及城乡环保一体化；李静（2013）从城乡经济一体化、城乡社会一体化、城乡文化生活一体化、城乡生态一体化、城乡基础设施一体化和城乡公共服务一体化六个方面构建城乡一体化指标体系；曹明霞（2011）根据江苏统筹城乡发展的实际现状，认为应该从总体指标、城乡规划一体化、城乡产业布局一体化、城乡基础设施一体化、城乡公共服务一体化、城乡保障一体化六个方面评价城乡一体化规划落实情况；马雪彬、田程荣（2011）参考了甘肃省委农村工作办公室规划的城乡一体化指标体系和量化考核体系，从公共财政投入、城乡居民生活、经济发展、基础设施、公共服务、社会管理和保障、城镇化、人居环境八个方面构建城乡一体化评价指标体系；刘明香等人（2013）参照联合国曾采用的19个社会经济指标和中国农村城市化试点县（市）达标考核采用的四个方面20个指标，在文中构建了经济发展、社会发展、生活质量、生态环境为准则层的四个一级指标；刘业辉等人（2012）选取江苏省统计局设计的一套现代化评价指标体系，从经济发展现代化、社会结构现代化、国民素质优良化、生活质量现代化和社会发展协调化五个方面构建了城乡一体化评价指标。

　　已有的评价指标均用于从不同侧面反映城乡一体化的发展水平，对本书均有一定的借鉴价值。城乡一体化发展可以看作城镇与农村两个系统相互配合、共同发展的过程，因而在指标体系的构建过程中，首先，本书将整个体系划分为城镇与农村两个发展方面；其次，在充分考虑城乡发展内涵和后续工作的基础上，针对现阶段城乡一体化发展的主要目标和任务，结合《江苏省新型城镇化与城乡一体化规划（2014—2020）》提出的"以人为本"的城乡一体化发展主要指标，将一级指标归纳为总体发展水平、基本公共服务、基础设施和资源环境四个部分；最后，在确定一级指标后，参考有关统计年鉴和最新资料，在同质指标的基础上筛选出适合城乡各自发展的特色指标。

在设计指标时，若选取指标过多，不仅会增加后续指标数据查找的工作量，而且在一定程度上也会造成评价结果的失真；但是，删除指标也会经常处于进退两难的困境。本书在对国内外相关文献罗列与归类的基础上，将设计指标主要分为以下三个步骤：一是运用频度统计法对目前相关城乡发展一体化及全面建设小康社会的论文、研究报告中涉及的指标进行频度统计，选取使用频度较高的指标，并特别注意在各类资料中能体现江苏省城乡一体化发展特色的指标；二是运用理论分析法分析城乡一体化发展的内涵，剖析城乡两个子系统各自的组成内容，在第一步粗选的基础上选择重要程度高、针对性强、能反映时代特点的指标；三是在上述基础上，采用专家打分法对所选指标进行进一步筛选。在综合前面学者研究成果的基础上，咨询有关专家，初步建立江苏省城乡一体化指标体系，如表5－1所示。

四 城乡一体化评价指标体系筛选

对于评价指标体系的筛选，传统的做法是让各位专家对全部因素的重要性做出排序，再汇总每位专家的偏好形成群的偏好，从而得出关键因素集。但行为决策理论告诉我们，人的认知能力是有限的，现实中，当被选方案数大于5—9个的时候，人们很难给出无矛盾的、真实反映其偏好的排序。Vague集可以同时表示专家支持、反对和弃权的证据，因此使得关键指标体系的建立过程更为流畅和简单易行。Vague集是Gau、Bueher（1993）提出的一种处理模糊信息的模糊理论。在Vague集中，论域内的元素与论域上的集合之间的关系是"在一定程度范围之内属于"的关系，它的隶属程度采用区间的表示形式，这个区间既给出了支持证据的程度，同时也给出了反对证据的程度，而且能够表示模糊集无法表示和处理的模

表 5 - 1 江苏省城乡一体化初选指标体系

总目标	二级指标	编号	三级指标	
			城镇发展指标	农村发展指标
江苏省城乡一体化	总体发展水平 A	LA1	城镇密度*	村庄密度*
		LA2	城镇就业人数	农村从业人员数*
		LA3	城镇居民人均生产总值	农村居民人均农林牧渔业总产值
		LA4	R&D 经费支出占 GDP 比重	农林水事务支出占财政支出比重
		LA5	第三产业增加值占 GDP 比重	综合农业机械化水平
		LA6	城镇居民人均可支配收入	农村居民人均纯收入
		LA7	城镇居民人均生活消费支出	农村居民人均生活消费支出
		LA8	城镇家庭文教娱乐支出比重	农村家庭文教娱乐支出比重
		LA9	城镇居民人均住宅面积	农村居民人均住宅面积
		LA10	城镇人口密度	农村人口密度
		LA11	城镇居民恩格尔系数*	农村居民恩格尔系数*
	基本公共服务 B	LB1	城镇每万人拥有公共交通车辆	农村客运班车通达率
		LB2	城镇居民每万人拥有医生数	农村居民每万人拥有医生数
		LB3	城镇居民社会保险综合覆盖率	新型农村合作医疗保险参保率
		LB4	城镇就业人员平均受教育年限	农村劳动力平均受教育年限
		LB5	城镇公共服务投入	财政支农比例
	基础设施 C	LC1	城市人口用水普及率	农村安全饮用水普及率
		LC2	人均城市道路面积	农村行政村通灰黑路（或航道）比重
		LC3	城镇居民人均住房建筑面积	农村人均钢筋、砖木结构住房面积
		LC4	城镇居民每千户国际互联网用户数	农村居民每千户国际互联网用户数
		LC5	城镇用电量	农村用电量
		LC6	城镇基础设施建设投资	农村基础设施建设投资
		LC7	城镇管道用气覆盖率	农村沼气覆盖率
	资源环境 D	LD1	建成区绿化覆盖率	森林覆盖率
		LD2	城市空气质量	农村空气质量
		LD3	城市污水处理率	农村生活污水处理率
		LD4	城市生活垃圾无害化处理率	农业废弃物综合利用率
		LD5	工业污染治理项目投资额	节水灌溉面积

糊信息。

本书基于 Vague 集理论对城乡一体化指标进行筛选，具体方法和步骤如下：

第一步：请 n 位专家，对城乡一体化初选指标中的 m 个指标的重要性表态，认为重要的画"√"，认为不重要的画"×"，认为不好判断或说不清楚的画"O"。

第二步：确定每个指标的重要程度，并用 Vague 集表示。

初选指标集 A 到筛选指标集 U 的关系 R（A→U）可以定义为一 Vague 集关系。每一指标 $a_i(i=1,\cdots,m)$ 的重要程度可以表示为 $[t_1(a_i), 1-f_1(a_i)]$。其中，$t_1(a_i)$ 表示该指标对城乡一体化评价重要的程度；$f_1(a_i)$ 表示该指标对城乡一体化评价不重要的程度。$t_1(a_i)$ 和 $f_1(a_i)$ 的定义如下：

$$\begin{cases} t_1(a_i) = \dfrac{n_i}{n}, \\ f_1(a_i) = \dfrac{n'_i}{n}. \end{cases} \quad (5-1)$$

其中，n_i 为认为第 i 个指标 a_i 重要的专家人数，n'_i 为认为第 i 个指标 a_i 不重要的专家人数。显然，$t_1(a_i) \geqslant 0$，$f_1(a_i) \geqslant 0$，且满足 $0 \leqslant t_1(a_i) + ip\ abuf_1(a_i) \leqslant 1$。

第三步：计算核函数 $S_1(a_i)$，并给出重要性标准 $\alpha(0 < \alpha < 1)$，当 $S_1(a_i) \geqslant \alpha$ 时，a_i 入选筛选后指标集 I。核函数定义如下：

$$S_1(a_i) = t_1(a_i) - f_1(a_i), i = 1,2,\cdots,m \quad (5-2)$$

我们邀请了 10 位专家，对表 5-1 中的 28 个城乡一体化指标进行重要性评判，专家意见如表 5-2 所示（其中，"√"为专家认为指标重要，"×"为不重要，"O"为不好判断）。

根据经验，取 $\alpha = 0.3$，即当认为某指标重要的专家超过认为它不重要的专家数在三成以上时，说明该指标重要，可以入选最终指标体系。按照（5-1）式、（5-2）式进行计算，并用 $S_1(a_i) \geqslant \alpha$ 准则判断，结果如表 5-3 所示。

至此，经过对专家的评判结果进行计算，从 28 个指标 a_1，a_2，$\cdots$，a_{28} 中筛选出 22 个指标，作为城乡一体化评价体系的二级指标。筛选后的城乡一体化评价指标体系如表 5-4 所示。

表5－2　专家对城乡一体化评价指标重要性的意见

指标	LA1	LA2	LA3	LA4	LA5	LA6	LA7	LA8	LA9	LA10	LA11	LB1	LB2	LB3	LB4	LB5	LC1	LC2	LC3	LC4	LC5	LC6	LC7	LD1	LD2	LD3	LD4	LD5
专家1	√	√	√	×	√	√	√	○	×	×	√	√	×	○	√	×	√	√	√	○	√	×	×	√	×	√	√	√
专家2	○	√	○	√	√	√	×	√	√	×	√	√	√	√	√	√	○	×	√	○	×	√	√	○	√	○	√	○
专家3	√	×	√	○	√	√	○	○	○	○	√	√	√	√	√	×	√	○	○	√	√	√	×	√	√	√	√	√
专家4	√	○	√	√	√	○	√	×	√	×	√	○	○	×	×	√	×	√	×	○	×	√	√	○	√	√	√	√
专家5	○	×	×	×	√	√	√	√	√	√	√	√	√	○	√	√	√	√	√	×	○	○	√	√	√	×	√	×
专家6	√	√	○	√	√	√	√	√	×	√	√	×	○	√	×	√	×	○	√	√	×	×	×	√	×	√	√	√
专家7	○	○	√	√	√	×	√	×	×	√	√	√	√	×	√	○	√	√	√	√	√	○	○	×	○	×	√	√
专家8	√	√	√	○	√	×	√	√	×	√	√	×	√	√	√	√	○	×	√	√	○	√	×	√	√	√	√	√
专家9	×	√	○	√	√	√	√	√	√	√	√	√	×	√	√	×	√	√	○	√	×	×	×	√	×	○	√	×
专家10	○	√	√	√	√	√	×	√	√	×	√	√	○	√	√	√	√	√	√	○	√	√	○	√	○	√	√	√

表 5 – 3   指标筛选评价结果

序号 i	指标 a_i	$t_1(a_i)$	$f_1(a_i)$	$S_1(a_i)$	入选
1	LA1	0.5	0.1	0.4	※
2	LA2	0.6	0.2	0.4	※
3	LA3	0.6	0.1	0.5	※
4	LA4	0.6	0.2	0.4	※
5	LA5	1	0	1	※
6	LA6	0.7	0.2	0.5	※
7	LA7	0.6	0.3	0.3	※
8	LA8	0.6	0.3	0.3	※
9	LA9	0.5	0.4	0.1	
10	LA10	0.3	0.6	– 0.3	
11	LA11	1	0	1	※
12	LB1	0.7	0.2	0.5	※
13	LB2	0.5	0.2	0.3	※
14	LB3	0.6	0.2	0.4	※
15	LB4	0.8	0.2	0.6	※
16	LB5	0.4	0.4	0	
17	LC1	0.6	0.2	0.4	※
18	LC2	0.6	0.2	0.4	※
19	LC3	0.5	0.1	0.4	※
20	LC4	0.5	0.1	0.4	※
21	LC5	0.4	0.4	0	
22	LC6	0.5	0.3	0.2	
23	LC7	0.3	0.5	– 0.2	
24	LD1	0.6	0.2	0.4	※
25	LD2	0.5	0.3	0.2	
26	LD3	0.6	0.2	0.4	※
27	LD4	1	0	1	※
28	LD5	0.7	0.2	0.5	※

表 5 - 4 筛选的城乡一体化评价指标体系

总目标	二级指标	编号	三级指标	
			城镇发展指标	农村发展指标
江苏省城乡一体化	总体发展水平 A	A1	城镇密度*	村庄密度*
		A2	城镇就业人数	农村从业人员数*
		A3	城镇居民人均生产总值	农村居民人均农林牧渔业总产值
		A4	R&D 经费支出占 GDP 比重	农林水事务支出占财政支出比重
		A5	第三产业增加值占 GDP 比重	综合农业机械化水平
		A6	城镇居民人均可支配收入	农村居民人均纯收入
		A7	城镇居民人均生活消费支出	农村居民人均生活消费支出
		A8	城镇家庭文教娱乐支出比重	农村家庭文教娱乐支出比重
		A9	城镇居民恩格尔系数*	农村居民恩格尔系数*
	基本公共服务 B	B1	城镇每万人拥有公共交通车辆	农村客运班车通达率
		B2	城镇居民每万人拥有医生数	农村居民每万人拥有医生数
		B3	城镇居民社会保险综合覆盖率	新型农村合作医疗保险参保率
		B4	城镇就业人员平均受教育年限	农村劳动力平均受教育年限
	基础设施 C	C1	城市人口用水普及率	农村安全饮用水普及率
		C2	人均城市道路面积	农村行政村通灰黑公路（或航道）比重
		C3	城镇居民人均住房建筑面积	农村人均钢筋、砖木结构住房面积
		C4	城镇居民每千户国际互联网用户数	农村居民每千户国际互联网用户数
	资源环境 D	D1	建成区绿化覆盖率	森林覆盖率
		D2	城市污水处理率	农村生活污水处理率
		D3	城市生活垃圾无害化处理率	农业废弃物综合利用率
		D4	工业污染治理项目投资额	节水灌溉面积

主要指标解释如下：

（1）城镇密度、村庄密度。指区域空间内城镇（村庄）的疏密程度，用来反映政府在空间布局方面对城乡的管理。计算公式分别为：城镇密度 = 区域城镇个数/区域建成区面积；村庄密度 = 区域村庄个数/区域非建成区面积。随着我国近年来"撤乡并镇"等政策的颁布与实施，密度越大，表示城镇或村庄个数越多，越不利于乡镇的发展和统筹管理，所以两指标均为越小越好的逆指标。

（2）农村从业人员数。产业结构的发展规律告诉我们，随着经济发展和区域内工业化水平的提高，农村劳动力将不断向第二、第三产业转移，所以农村从业人数也是逆指标。

（3）城镇人均生产总值与农村居民人均农林牧渔业总产值。城乡一体化就是要统筹城乡资源，以城带乡，以工促农，实现城乡共同繁荣。城乡之间通过加强物质流、信息流沟通，充分发挥农村地区产业优势，带动农村农林牧渔业共同发展，才能最终实现城乡一体化。该比值反映了城乡经济发展的协调度。

（4）第三产业增加值占 GDP 比重。从第四章江苏省经济发展现状分析可知，江苏省处于产业结构调整的中后期，因此第三产业增加值成为衡量经济发展水平的重要指标。

（5）综合农业机械化水平。综合农业机械化水平反映了农业的现代化与机械化发展水平，是衡量城乡一体化发展协调度的重要指标，其计算依据为机械设备在农作物耕地、播种、收获时所使用的面积占总面积的比例之和。

（6）城乡居民人均可支配收入。城乡居民收入差异是城乡二元经济结构的最主要体现。为了坚持科学发展观，统筹城乡经济发展，全面建设小康社会，实现城乡共同富裕，就必须缩小城乡居民收入差距。因而，城乡居民人均可支配收入比就成为城乡一体化评价的一个重要指标。根据发达地区经验，该比值应该在两倍以内。

（7）城乡居民人均社会消费品零售额。人均社会消费品零售额反映一定时期内居民物质文化生活水平情况，反映社会商品购买力及零售市场规模。通过城乡居民人均社会消费品零售额之比，可以反映城乡居民物质文化生活水平的差距。

（8）城乡居民家庭文教娱乐支出比重。该指标用于衡量城乡居民家庭生活费用中用于文教娱乐方面的支出所占的比重，反映了城乡居民精神文化生活水平差异。精神文化生活是提高居民精神文明素质的重要途径，缩小城乡居民精神文化生活差距，提高全体居民精神文化生活水平对于城乡一体化发展具有重大意义。

（9）城乡居民恩格尔系数。恩格尔系数反映了居民收入中用于食品消费的支出比重。一个国家或地区生活越贫困，恩格尔系数就越大；反之，生活越富裕，恩格尔系数就越小。恩格尔系数 =（食品支出总额/家庭或个人消费支出总额）×100%。

（10）城镇每万人拥有公共交通车辆（标台）数。该指标取自《中国小康社会指标体系》中的现成指标，用来反映城镇居民公共出行的便利程度，计算公式为：每万人拥有公共交通车辆 =（城建部门管理公共交通车辆 + 社会单位管理公共交通车辆）/城市非农业人口，标台为标准车的单位，7—10 米的公交车为标准车，标台的数量一般按 9.6—12 米为一标台进行换算。

（11）城乡居民每万人拥有医生数。反映了城乡之间医疗资源占有情况，是评价居民健康程度的重要指标，是公共服务水平的标志之一。

（12）城镇居民社会保险综合覆盖率。该指标是指基本养老保险、基本医疗保险、失业保险三大保险所覆盖城镇居民的平均覆盖率，该指标用来反映城镇居民的社会服务保障水平。

（13）城乡居民平均受教育年限。只有提供城乡居民平等的受教育机会和权利，才能从根本上解决城乡二元差异问题，最终实现城乡一体化。

（14）人均公共绿地面积。通过人均公共绿地面积的变化，可以从一个侧面反映城乡公共基础设施的发展情况，通常人均公共绿地面积越多，公共基础设施越完善。

（15）农业废弃物综合利用率。农业废弃物综合利用率反映了农村地区废弃物处理相关设施的配置情况，从侧面反映了农村地区公共基础设施建设状况。

（16）农村自来水普及率。农村自来水普及率可以反映农村地区公共用水设施的配置情况。

（17）城乡居民每千户国际互联网用户数。该指标反映了城乡之间互联网络建设情况。

（18）农村生活垃圾无害化处理率。该指标反映了农村地区垃圾处理相关公共设施建设情况。

（19）建成区绿化覆盖率。生态环境恶化会引发各种自然灾害，而自然灾害又会加剧生态环境恶化，不仅严重制约经济发展，而且威胁人类生存。而绿化覆盖率是评价生态环境优劣的一个重要指标，也是城乡一体化可持续发展需要关注的一个方面。

（20）农村生活污水处理率。随着居民生活水平的提高，农村生活污水问题日益严重，如不能及时有效处理，会严重影响生态环境和城乡一体化进程。由此，农村生活污水处理率成为城乡一体化的评价指标之一。

（21）工业污染治理项目投资额。为遏制环境恶化的趋势，改善环境质量，政府必须保证工业污染治理项目的投资额度。专家认为，要使环境逐步改善，环境保护投资须占当年地区生产总值的 1.5%—2.5%。

（22）农田节水灌溉面积。加强农村地区水利基础设施建设，是有效保护水资源，健康可持续发展城乡一体化的重要保证。

第三节　评价指标权重的确定

一　评价指标的无量纲化

简单的定量指标，可以根据统计年鉴和数据查出其指标值；复杂的评价指标（如城镇居民社会保险综合覆盖率等），则需要对多个指标进行拟合，以达到该评价指标的描述目的。定量指标一般存在三个方面的问题，一是无公度性，即指标的量纲不同，不便于直接比较和综合运算。二是变化的范围不同。三是正逆性，即对于正向指标，其值愈大愈优；对于逆向指标，其值愈小愈优。在对城乡一体化发展水平进行评价之前，我们必须将评价指标的数据值统一到一个标准的尺度上。因此，我们需要对选取的指标进行无量纲处理，将各评价指标的属性值统一在 [0, 1]。

指标的无量纲处理方法主要有均值化法（孙健、魏丽英，2012）、阈值法（李华、蔡永立，2010）、Z－score 法（徐秀渠，2010）和功效评分法（周莉等，2006）等。均值法易切断数据之间的联系，难以体现数据之间的关联性；阈值法和 Z－score 法的计算方法相对比较烦琐，在多指标的统计与计算中会增加一定的困难。因此，本书采用功效评分法，具体计算公式如下。

对于正指标，无量纲化处理如下：

$$d_i = \frac{X_i - \min\{X_i\}}{\max\{X_i\} - \min\{X_i\}} \tag{5-3}$$

对于逆指标，无量纲化处理如下：

$$d_i = \frac{\max\{X_i\} - X_i}{\max\{X_i\} - \min\{X_i\}} \tag{5-4}$$

其中，$\max\{X_i\}$ 和 $\min\{X_i\}$ 分别为第 i 项指标原始数据的最大值和最小值。

二 评价指标权重确定方法

权重是一个相对的概念，是针对某一具体事项而存在的，某一指标的权重是指该指标在整体评价中相对的重要程度。权重是指标体系的一个重要概念，也是综合评价中的一个重要的计算过程，合理分配权重是量化评估的关键。目前运用较成熟的权重分析方法包括：主观赋权法（吴建南等，2011）、主成分分析法（孙刘平、钱吴永，2009；李靖华、郭耀煌，2002）、层次分析法（胡群、刘文云，2009）等。

（一）主观赋权法

又称专家打分法，通过少数专家或决策者根据经验及观点对所有指标两两比较判断并确定其指标权重。主观赋权法易于操作，但带有强烈的主观色彩及不稳定性，其科学性和可比性常常受到质疑，从而影响整个评价结果的准确性。

（二）主成分分析法

主成分分析法可以将复杂的多指标问题降维到用较少的主成分表达，并且能概括原始多指标的绝大部分信息，为解决复杂问题提供了方便，而且在计算过程中不存在主观判断，从而保证了评价结果的准确性。在对数据进行主成分分析方面，我们可以通过 SPSS 软件的数据统计功能，分别得到各主成分的得分，并通过相应的计算，确定各指标的权重（顾凯平，1999；凌子燕和刘锐，2010），具体过程如下：

（1）求出标准化指标数据的相关系数矩阵。

（2）用 SPSS 软件导出相关系数矩阵的特征值和特征向量以及特征值对应的方差贡献率。

（3）取特征值大于 1 且累计方差贡献率大于 85% 的前 t 个主成分综合原始数据信息，记其方差贡献率为：$C = (c_1, c_2, \cdots, c_t)$。

（4）同样取对应的 t 个特征向量，代表各指标对所取 t 个主成分分别的贡献率，记其标准化值为：$A = [u_f - \min(u_f)] / [\max(u_f) - \min(u_f)]$，其中 u 为特征向量，$f \in [1, t]$。

（5）各指标对总体的贡献率为：

$$P = C \cdot A^T / \sum_{i=1}^{t} c_i = (p_1, p_2, \cdots, p_n) \qquad (5-5)$$

其中，p_j 为第 j 个指标的贡献率；

对 P 归一化后可得：

$$W = p_j \bigg/ \sum_1^n p_j = (w_1, w_2, \cdots, w_n) \qquad (5-6)$$

其中，w_j 为第 j 个指标的总权重。

主成分分析法建立在已有数据的基础上，摒弃了主观色彩，较适用于在同一时间对不同地区之间进行比较的情况。随着时间维度的增加，各指标的累计方差会发生变化，指标权重也将会不同。本书构建的城乡一体化评价指标用于不同时间段的比较评价，主成分分析法显然不适用。

（三）层次分析法

层次分析法（Analytical Hierarchy Process，AHP），是由美国匹兹堡大学萨蒂（Thomas L. Satty）教授于 1977 年提出的，是一种将定性与定量分析相结合的多目标、多准则决策方法。该方法首先将复杂的指标体系划分层次，并分别对同一层次的各指标两两比较重要性，构建判断矩阵；其次，根据各判断矩阵分别计算本层次指标的权重，并通过矩阵最大特征根验证两两比较结果的一致性；最后，根据各层次计算的指标相对权重，计算各指标在整个指标体系中的权重。

层次分析法与主观赋权法相比，在很大程度上消除了赋权的主观性，但在对同层次的各指标进行两两比较时，依然存在主观性判断，但层次分析法可以通过一致性检验验证结果的一致性。同时，可以通过邀请相关领域专家和决策者共同参与，在指标两两判断中选取多数人意见，以减少个人主观判断的片面性。另外，根据心理学家的分析，成对比较的因素越多，所得到的结果越不准确（最好不超过 9 个），这也是层次分析法的一个限制。而本书所建指标体系，同一层次内的指标均不超过 9 个，因此本书选择层次分析法来确定各指标权重。

层次分析法确定评价指标权重可以通过以下四个步骤来完成：

（1）建立递阶层次结构模型；

（2）构造各层次判断矩阵；

（3）层次内排序及一致性检验；

（4）指标体系总排序及一致性检验。

递阶层次模型用于反映指标之间的关系，在这里指我们前面建立的评价指标体系。假设决策目标为 T，其评价指标（因子）有 k 个，表示为 $X = \{x_1, \cdots, x_k\}$。确定各因子权重时，每次取两个因子 x_i 和 x_j，以 a_{ij} 表示 x_i 和 x_j 决策目标 T 的重要性之比，则矩阵 $A = (A_{ij})_{k \times k}$ 表示决策目标 T

与评价指标 X 的成对比较判断矩阵。

$$A = (a_{ij})_{k \times k} = \begin{bmatrix} a_{11} & a_{12} & \cdots & a_{1k} \\ a_{21} & a_{22} & \cdots & a_{2k} \\ \vdots & \vdots & & \vdots \\ a_{k1} & a_{k2} & \cdots & a_{kk} \end{bmatrix}$$

萨蒂等人通过多次实验发现，采用数字 1—9 及其倒数作为标度确定 a_{ij} 的值最为合适。1—9 标度的含义如表 5－5 所示。

表 5－5   1—9 标度的含义

尺度	含义
1	两两比较中认为同等重要
3	前者比后者稍微重要
5	前者比后者重要
7	前者比后者强烈重要
9	非常重要，有足够证据前者绝对重要于后者
2, 4, 6, 8	前面尺度的中间值

若因子 i 与因子 j 的重要性之比为 a_{ij}，那么因子 j 与因子 i 的重要性之比为 $a_{ji} = 1/a_{ij}$。

萨蒂等人采用特征根法，用成对判断矩阵 A 的最大特征根 $\lambda_{\max}$ 所对应的归一化特征向量作为权重向量 W，则有 $A_w = \lambda_{\max}W$，其中 $W = \{W_1, W_2, \cdots, W_k\}$。由于正确判断矩阵的重要性排序应该遵循一定的逻辑，譬如：若 X 比 Y 重要，Y 比 Z 重要，那么从逻辑上判断，X 应该比 Z 重要。因此，若在两两判断时，如果 Z 比 X 重要的话，就违背了一致性原则。对比较判断矩阵进行一致性检验的步骤如下：

第一步：计算一致性指标 CI。

$$CI = \frac{\lambda_{\max} - k}{k - 1} \tag{5-7}$$

其中，$\lambda_{\max}$ 为判断矩阵 A 的最大特征根，k 是判断矩阵 A 的阶数。

第二步：查找相应的平均随机一致性指标 RI。

按照萨蒂等人给出的平均随机一致性对应表（见表 5－6），得到不同阶数判断矩阵对应的一致性指标值 RI。

表 5－6　　　　　　　　平均随机一致性指标 RI 值

阶数	1	2	3	4	5	6	7	8	9
RI	0.00	0.00	0.58	0.90	1.12	1.24	1.32	1.41	1.45

第三步：计算一致性比例 CR 并进行判断。

$$CR = \frac{CI}{RI} \tag{5-8}$$

当 $CR < 0.10$ 时，认为判断矩阵的一致性可以接受；当 $CR > 0.10$ 时，判断矩阵不符合一致性要求，需要检查判断矩阵的逻辑关系。

通过一致性检验后，就得到该层次元素的权重排序，即层次单排序，或层次内相对权重。层次总排序权重按照自上而下的方法，逐层排序后进行合成。

假设第 L 层有 k 个元素 L_1，L_2，…，L_k，其对总目标 T 的层次总排序分别为 l_1，l_2，…，l_k；而 L 层的下一层 M 层有 n 个元素 M_{f1}，M_{f2}，…，M_{fn}，它们关于 L_f 的层次单排序权重分别为 m_{f1}，m_{f2}，…，m_{fn}（当 M_{fi} 和 L_f 不相关时，权重为零），那么 M 层第 i 个元素对于总目标 T 的层次总排序权重为：

$$w_i = \sum_{f=1}^{k} l_f m_{if} \tag{5-9}$$

同样，层次总排序也要进行一致性检验，假设第 M 层与 L 层中因素 L_f 的层次单排序一致性指标为 CI_f，随机一致性指标为 RI_f，那么层次总排序的一致性比例为：

$$CR = \frac{\sum_{f=1}^{k} l_f CI_f}{\sum_{f=1}^{k} l_f RI_f} \tag{5-10}$$

与层次单排序一致性检验标准类似，当 $CR < 0.10$ 时，认为层次总排序结果具有较好的一致性。

三　基于层次分析法确定评价指标权重

根据本章第三节第二部分中的层次分析法确定指标权重的步骤。首先计算各二级指标的权重。指标分解如图 5－3 所示。

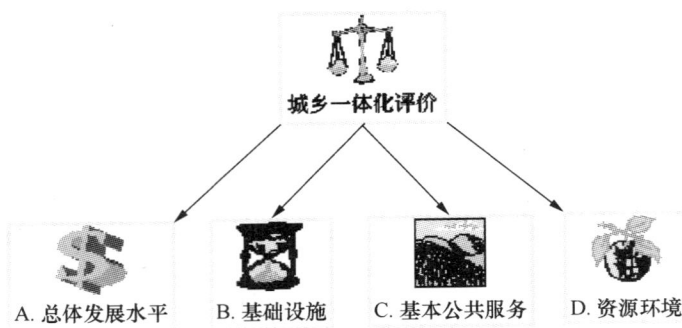

图 5-3 一级指标层次分解

本书邀请了相关研究领域的多名专家进行了各层次指标间的重要性评判，共发出 40 份问卷，累计回收 33 份。有效问卷 30 份，有效问卷率63%，问卷回收情况如表 5-7 所示。

表 5-7 问卷回收份数分析表

问卷调查	问卷份数			
	发放	回收	无效	有效
大学教师	10	9	2	8
政府工作人员	20	16	5	15
研究生	10	8	3	7
合计	40	33	10	30

对问卷结果进行统计分析，得到各层次的群体判断矩阵。其中二级指标判断矩阵如表 5-8 所示。

表 5-8 二级指标判断矩阵

指标	A 总体发展水平	B 基础设施	C 基本公共服务	D 资源环境
A 总体发展水平	1.0000	2.0000	3.0000	3.0000
B 基础设施	0.5000	1.0000	2.0000	2.0000
C 基本公共服务	0.3333	0.5000	1.0000	1.0000
D 资源环境	0.3333	0.5000	1.0000	1.0000

根据判断矩阵，可以计算出各二级指标的权重如表5-9所示。

表5-9　　　　　　　　　　　　二级指标权重

二级指标	权重
A 总体发展水平	0.4554
B 基础设施	0.2628
C 基本公共服务	0.1409
D 资源环境	0.1409

一致性检验结果为0.0153<0.1，符合一致性检验标准。

接下来，我们分别对各个二级指标进行层次分解并计算其层次单排序，最后计算层次总排序。而由于"A6 城乡居民人均可支配收入"与"A8 城乡家庭文教娱乐支出比重"和"A9 城乡居民恩格尔系数"具有相依关系，导致计算步骤更加烦琐。美国 SUPER DECISION 公司联合Saaty 教授开发了专门用于网络层次分析法的决策软件 Super decision，它提供可视化界面，并将复杂的矩阵计算进行封装，通过它可以节约大量的计算成本。使用 Super decision 计算权重计算的步骤如下（赵爱武，2012）：

第一步：建立模板

第二步：加入群集（cluster）

第三步：群集中加入指标（node）

第四步：建立群集内及群集间的指标依赖关系

第五步：生成 AHP 问卷

第六步：问卷调查，收集问卷结果，用 EXCEL 统计处理

第七步：统计后的数据结果录入并进行两两比较

第八步：生成权重表。

下面将运用 Super Decision 软件来计算各指标的层次单排序及总权重。

Super Decision 软件构建的 AHP 层次架构如图5-4所示。

将专家群体指标重要性判断结果输入 Super Decision 软件系统，计算后得出的矩阵计算结果如表5-10至表5-14所示。

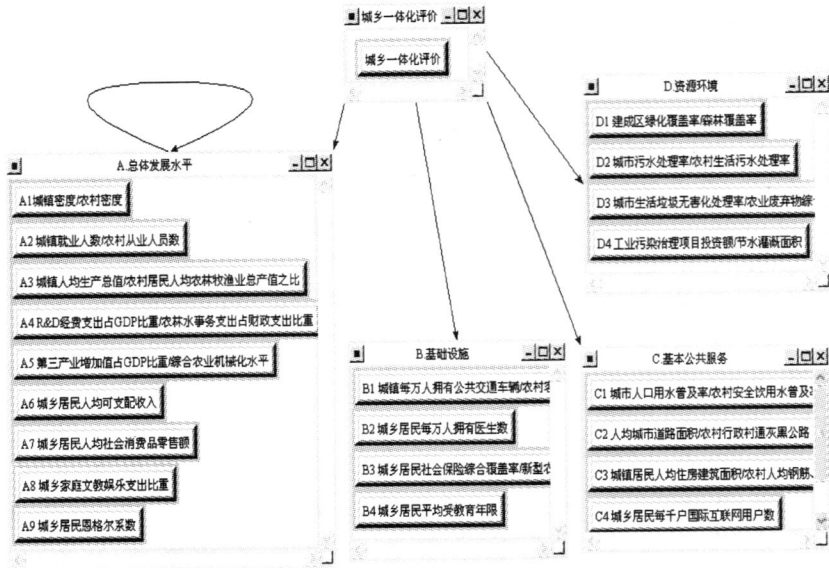

图 5 - 4　Super Decision 构建的 AHP 层次架构

表 5 - 10　　　　　　　　　　　　　总体发展水平单排序权重

	指标		权重	排序
A1	城镇密度*	村庄密度*	0.0522	9
A2	城镇就业人数	农村从业人员数*	0.1018	5
A3	城镇居民人均生产总值	农村居民人均农林牧渔业总产值	0.0773	8
A4	R&D 经费支出占 GDP 比重	农林水事务支出占财政支出比重	0.0883	7
A5	第三产业增加值占 GDP 比重	综合农业机械化水平	0.1181	2
A6	城镇居民人均可支配收入	农村居民人均纯收入	0.2563	1
A7	城镇居民人均生活消费支出	农村居民人均生活消费支出	0.0947	6
A8	城镇家庭文教娱乐支出比重	农村家庭文教娱乐支出比重	0.1056	3
A9	城镇居民恩格尔系数*	农村居民恩格尔系数*	0.1056	3

在表 5 - 10 中，反映总体发展水平的九个指标中，城乡居民人均可支配收入（A6）所占比重最大，其次是城镇第三产业增加值占 GDP 比重/农村综合农业机械化水平（A5）、城乡居民恩格尔系数（A9）和城乡家庭文教娱乐支出比重（A8）等，最后一个指标是城镇/村庄密度（A1）。

表 5 - 11　　　　　　　　　　　　基础设施单排序权重

	指标		权重	排序
B1	城镇每万人拥有公共交通车辆	农村客运班车通达率	0.1667	3
B2	城镇居民每万人拥有医生数	农村居民每万人拥有医生数	0.1667	3
B3	城镇居民社会保险综合覆盖率	新型农村合作医疗保险参保率	0.3333	1
B4	城镇就业人员平均受教育年限	农村劳动力平均受教育年限	0.3333	1

在表 5 - 11 中，反映基础设施的四个指标中，城镇居民社会保险综合覆盖率/新型农村合作医疗保险参保率（B3）和城乡就业人员平均受教育年限（B4）所占比重大，而城镇每万人拥有公共交通车辆/农村客运班车通达率（B1）和城乡居民每万人拥有医生数（B2）所占比重较小。

表 5 - 12　　　　　　　　　　　基本公共服务单排序权重

	指标		权重	排序
C1	城市人口用水普及率	农村安全饮用水普及率	0.1993	4
C2	人均城市道路面积	农村行政村通灰黑公路(或航道)比重	0.2511	2
C3	城镇居民人均住房建筑面积	农村人均钢筋、砖木结构住房面积	0.3296	1
C4	城镇居民每千户国际互联网用户数	农村居民每千户国际互联网用户数	0.2198	3

在表 5 - 12 中，反映基本公共服务的四个指标中，城乡居民人均住房面积（C3）所占比重最大，其次是人均城市道路面积/农村行政村通灰黑公路比重（C2）、城乡居民每千户国际互联网用户数（C4），最低的是城市人口用水普及率/农村安全饮用水普及率（C1）。但对上述五个指标权重进行分析可以看出，虽然存在比重上的差异，但差别幅度不大。

表 5 - 13　　　　　　　　　　　资源环境单排序权重

	指标		权重	排序
D1	建成区绿化覆盖率	森林覆盖率	0.2322	2
D2	城市污水处理率	农村生活污水处理率	0.2322	2
D3	城市生活垃圾无害化处理率	农业废弃物综合利用率	0.3952	1
D4	工业污染治理项目投资额	节水灌溉面积	0.1404	4

在表 5 - 13 中，反映资源环境的四个指标中，城市生活垃圾无害化处理率/农村生活污水处理率（D3）所占比重最大，而建成区绿化覆盖率/森林覆盖率（D1）和城乡生活污水处理率（D2）并列排在第二位，最低的是工业污染治理项目投资额/农田节水灌溉面积（D4）。

在表 5 - 10 至表 5 - 13 对二级指标单权重进行分析的基础上，表 5 - 14 则给出了全部三级 22 个指标总体权重及指标方向情况，如表 5 - 14 所示。

表 5 - 14　　　　　　　　　城乡一体化评价指标体系

总目标	二级指标	编号	三级指标		权重	指标方向
			城镇发展指标	农村发展指标		
江苏省城乡一体化	总体发展水平 A	A1	城镇密度*	村庄密度*	0.0238	逆
		A2	城镇就业人数	农村从业人员数*	0.0464	正/逆
		A3	城镇居民人均生产总值	农村居民人均农林牧渔业总产值	0.0352	正
		A4	R&D经费支出占GDP比重	农林水事务支出占财政支出比重	0.0402	正
		A5	第三产业增加值占GDP比重	综合农业机械化水平	0.0538	正
		A6	城镇居民人均可支配收入	农村居民人均纯收入	0.1167	正
		A7	城镇居民人均生活消费支出	农村居民人均生活消费支出	0.0431	正
		A8	城镇家庭文教娱乐支出比重	农村家庭文教娱乐支出比重	0.0481	正
		A9	城镇居民恩格尔系数*	农村居民恩格尔系数*	0.0481	逆
	基本公共服务 B	B1	城镇每万人拥有公共交通车辆	农村客运班车通达率	0.0438	正
		B2	城镇居民每万人拥有医生数	农村居民每万人拥有医生数	0.0438	正
		B3	城镇居民社会保险综合覆盖率	新型农村合作医疗保险参保率	0.0876	正
		B4	城镇就业人员平均受教育年限	农村劳动力平均受教育年限	0.0876	正
	基础设施 C	C1	城市人口用水普及率	农村安全饮用水普及率	0.0281	正
		C2	人均城市道路面积	农村行政村通灰黑公路（或航道）比重	0.0354	正
		C3	城镇居民人均住房建筑面积	农村人均钢筋、砖木结构住房面积	0.0464	正
		C4	城镇居民每千户国际互联网用户数	农村居民每千户国际互联网用户数	0.0310	正
	资源环境 D	D1	建成区绿化覆盖率	森林覆盖率	0.0327	正
		D2	城市污水处理率	农村生活污水处理率	0.0327	正
		D3	城市生活垃圾无害化处理率	农业废弃物综合利用率	0.0557	正
		D4	工业污染治理项目投资额	节水灌溉面积	0.0198	正

各二级指标内部的单排序及城乡一体化指标的总排序均通过了一致性检验。至此，城乡一体化发展水平评价指标体系构建完毕。

第四节　本章小结

本章对区域城乡一体化评价指标系统的构建原则及具体步骤进行了详细的介绍。首先，对系统评价模型的思想、技术路线进行了详细的阐述；其次，在综合阅读文献的基础上，构建了区域城乡一体化发展系统评价的初步指标，进而通过 Vague 集方法对指标进行筛选，构建了城乡一体化发展评价指标；最后，运用层次分析法，借助于 Super Decision 软件工具，对评价体系中各指标权重进行计算，并对计算结果进行了一致性检验，构建了完整的城乡一体化发展水平评价指标体系。

第六章　江苏省城乡一体化
发展水平评价

自 2008 年以苏州作为城乡一体化发展综合配套改革试点区开始，江苏省扎实推进城乡规划、产业布局、基础设施、公共服务、劳动就业等方面的改革措施，在逐步建立城乡统一的经济市场、社会制度、公共服务体系和行政管理规划等方面都有了新的突破，城镇化水平显著提高，农村发展迅速，农民收入和生活水平得到大幅度提高，城乡恩格尔系数和收入差距都在进一步缩小，已经成为全国城乡收入差距较小的省份之一。但是，由于受省内城乡分治的历史长、区域之间经济差距大等因素的影响，目前江苏省的城乡发展还存在一些亟待突破的难题，这些问题将进一步影响江苏城乡一体化发展的实施进程和效果，比如，二元经济格局依然存在，城乡之间在基础设施和环境建设方面存在较大落差，城乡基本公共服务方面存在较大差距，等等。未来，江苏省将按照"十二五"规划中"重点突破—整体推进—全面提升"的指导方针，一方面进一步缩小苏南地区的城乡差距，为苏中、苏北区域的城乡发展提供借鉴参考；另一方面在苏中、苏北地区大力发展现代农业，吸取苏南乃至国内外城乡一体化发展的成功经验，多快好省地实现苏中、苏北地区的城乡一体化。因此，掌握城乡一体化发展的作用机理，确定江苏城乡一体化发展的进展程度，找到制约江苏城乡一体化发展的关键性因素，是亟须关注和解决的问题。

第一节　评价方法

一　评价方法概述

以城乡一体化发展水平评价体系为依据，选用合适的方式来描述城镇和农村互为基础、统筹与协调发展的关系成为城乡一体化评价研究的重点。城乡一体化评价常用的方法是将城乡作为一个系统，采用目标设定法（罗雅丽、张常新，2007）、极值比较法（张淑敏等，2004）、标准化法（完世伟，2008）或城乡比值法（孙小素，2007）等，对城乡一体化发展程度进行测评。然而，目标设定法难以对每个指标的目标定义一个可信的量化数值，尤其当评价不同年度、不同区域城乡一体化发展趋势时，评价结果缺乏说服力；极值比较法和标准化法隐含将最差值和最优值分别作为理想值的假定，当评价系统需要同时进行跨区域横向比较和跨年度纵向比较时，存在标准不统一的问题，使得评价结果不够严谨；城乡比值法在评价城乡差异演化时具有优势，但城乡一体化不是城乡"同一化"，城乡作为一个大系统中的两个子系统，其差异是客观存在的，有时也是合理的（如城镇密度和村庄密度的差异等），因此，采用简单的城乡比值法评价城乡一体化发展程度是片面的。苏春江（2009）将城乡一体化评价体系分为城乡经济社会发展程度和城乡差异程度两项测评内容，城乡经济社会发展程度测评采用总体评价方法，通过实际值与目标值的对比确定最终分值；城乡差异程度测评采用城镇与农村指标数值比的方法，获取城乡发展程度的差异。该方法虽然优于单一的总体评价，但没有测度城镇和乡村两个子系统各自的发展水平，不能完整地评价城乡一体化整系统和内部子系统的发展水平。

根据城乡一体化的内涵及城乡一体化发展的阶段性特点，本书从系统论角度出发，认为城乡一体化发展系统评价工作本质上是复合系统发展度与协调度的测度，因此将整个系统划分为城乡两个子系统，两个子系统各指标一一对应，分别反映城乡一体化发展相对应的某个方面，横向比较时对指标采集数据采用无量纲化处理，而纵向比较时以各子系统各指标随时间的变化率为基数，基数无量纲处理时以城乡两个系统的对应指标值为参考，既评价城乡两个子系统的发展程度，又评价两个子系统发展的协调程度，进而以此为基础计算系统的综合协调发展度，即城乡一体化发展水平。因此，本书采用协调发展度模型来阐述这一思想（吴跃明等，1996）。协调发展度模型已运用在能源、经济与环境（3E）系统（宋建波、武春友，2010），经济与科技系统（汤铃等，2010；殷林森，2010），技术转移系统（刘志迎、谭敏，2012）等方面，各模型之间有着密切的联系。综合分析这些模型，可以发现它们的共同之处在于各模型中都隐含着对其系统理想协调状态的假定。理想协调状态规定了当系统处于理想协调状态时，其系统及子系统具有的属性。系统的实际状态与理想状态的距离，是通过系统理想协调状态来确定的。围绕系统的理想状态，各模型设定相应的评价变量及理想值，构建定量评价协调程度的模型，从而使得经过计算的评价值（即协调度）能够反映出系统实际状态与理想协调状态的真实距离。因此，协调度的本质是一个距离的函数。

二 协调发展度模型

本书的协调发展度模型是建立在欧氏距离基础上的，欧氏距离（Euclid Distance）是一个通常采用的距离概念，它是指在 n 维空间中两个点之间的真实距离，在二维空间中的欧氏距离就是两点之间的直线段距离。n 维欧氏空间是一个点集，其中的每个点 X 可以表示为 $(x_{[1]}, x_{[2]}, \cdots, x_{[n]})$，$x_{[i]}(i = 1, 2, \cdots, n)$ 是实数，称为 X 的第 i 个坐标，则点 $A(a_{[1]}, a_{[2]}, \cdots, a_{[n]})$ 和 $B(b_{[1]}, b_{[2]}, \cdots, b_{[n]})$ 之间的距离 $d(A, B)_{[n]}$ 定义为：

$$d(A,B)_{[n]} = \sqrt{(a_{[1]} - b_{[1]})^2 + (a_{[2]} - b_{[2]})^2 + \cdots + (a_{[n]} - b_{[n]})^2}$$

若为二维空间，则两点 $(a_{[1]}, a_{[2]})$ 和 $(b_{[1]}, b_{[2]})$ 之间的欧氏距离表示为：

$$d(A,B)_{[2]} = \sqrt{(a_{[1]} - b_{[1]})^2 + (a_{[2]} - b_{[2]})^2}$$

借助欧氏距离的相关思想，将系统发展的实际值和理想值看作欧式空间的两个点，则两者之间的距离，即评价变量的实际值与理想值的偏差可以用欧式距离公式（Shih、Wu，2004）来度量。在此定义中，子系统的个数 m 可视为欧式空间的维数，e_{it} 表示 t 时期子系统 i 发展度的实际值，e'_{it} 表示 t 时期子系统 i 发展度的理想值，则整系统实际状态与理想协调状态距离的度量公式为：

$$\overline{S}_t = \sqrt{\sum_{i=1}^{m} (e_{it} - e'_{it})^2 / \sum_{i=1}^{m} s_i^2} \tag{6-1}$$

其中，为消除量纲的不一致，除以 $\sqrt{\sum_{i=1}^{m} s_i^2}$ 使评价结果具有可比性，$s_i = \max_t \{\|e_{it} - e'_{it}\|\}$ 为 t 时期子系统 i 发展的实际值与理想值之间的最大可能距离，$\overline{S}_t$ 值越大，表示系统实际状态与理想协调状态的偏离越大，系统的协调度则越低。为与已知的协调度模型（宋建波、武春友，2010；汤铃等，2010；殷林森，2010；刘志迎、谭敏，2012）计算结果值的大小

表示的意义一致，从而能够更好地评价研究的对象，因此，构造距离协调度模型如下：

$$C_t = \left(\sqrt{1 - \bar{S}_t}\right)^k \tag{6-2}$$

不难证明 $C_t \in [0, 1]$，其值越大，系统协调性越高，其中 k 为调节系数。

根据前文定义，"协调发展"是对系统发展的全面、有效的综合评价，系统的协调发展度是评价模型的最终体现。"协调发展"是"协调"与"发展"的集合体，因此，评价模型应包括协调度模型、发展度模型和协调发展度模型。发展度模型，包括子系统发展度模型及整系统发展度模型，一般采用多目标属性模型中的"线性加权综合法"模型（焦必方等，2011；苏春江，2009），而协调发展度模型可采用"非线性加权综合法"模型（张伟倩、缪园，2008）求得，各模型介绍如下：

子系统发展度模型：

$$e_{it} = F_1(u_{it}) = \sum_{j=1}^{l} w_{ij} u_{ijt} \tag{6-3}$$

整系统综合发展度模型：

$$E_t = F_2(e_{it}) = \sum_{i=1}^{m} w_i e_{it} \tag{6-4}$$

整系统协调发展度模型：

$$D_t = D(C_t, E_t) = \sqrt{C_t \times E_t} \tag{6-5}$$

上述式中，u 表示子系统各个组成部分的发展水平，l 表示子系统组成部分的个数，w_{ij} 为子系统中指标 j 的单排序权重。整系统的综合发展水平如（6-4）式所示，其中 m 为整系统中子系统的个数，w_i 为整系统中子系统所占权重；假定协调度、综合发展度对于一个整系统发展同等重要，其权重相等，则整个系统的协调发展度如（6-5）式。

此协调发展度模型的优点主要表现在如下两个方面：

第一，无论是子系统间的协调度模型还是系统整体的协调发展度模型，均是子系统发展度 e_{it} 的函数，能够有效地减少模型求解的困难。

第二，协调度、发展度与协调发展度模型的综合应用，既能刻画子系统间相互合作、同步发展的程度，又可以反映出系统综合发展的水平，更重要的是还可以描述系统整体协调发展的运行状态，这样能够反映出有关系统发展的全部信息，有效地避免系统协调性分析过程中有价值信息的遗失。

三　城乡协调发展度模型

在本书中，区域城乡发展系统视作一个由城镇发展和农村发展两个子系统构成的大的二维欧式空间。根据协调度模型的关键是确定理想协调状态这一思想，本书将城镇与农村相互发展的理想协调状态确定为：当城乡处于理想协调时，城乡子系统相互拉动、互为基础、同步和谐，发展状态应该是一致的。因此，根据理想协调状态的解释，本书设定城镇发展度 x_t 与农村发展度 y_t 为评价变量，其各自发展的理想值等于其中另一子系统发展度的实际值（汤铃等，2010），有：

$$(x'_t, y'_t)^T = (y_t, x_t)^T$$

根据（6-2）式至（6-5）式，令 $k=2$，可得城乡发展的协调度和发展度模型：

$$C_t = \left(\sqrt{1 - \sqrt{\frac{\sum_{i=1}^{2} (e_{it} - e'_{it})^2}{\sum_{i=1}^{2} s_i^2}}} \right)^k$$

$$= \left(\sqrt{1 - \sqrt{\frac{(x_t - y_t)^2 + (y_t - x_t)^2}{2}}} \right)^k$$

$$= 1 - |x_t - y_t| \tag{6-6}$$

$$E_t = \frac{1}{2} \times (x_t + y_t) \tag{6-7}$$

协调发展度是用量化的概念反映系统的协调程度，但并未直接表明系统所处状态的性质，缺乏定性的说明解释，因为在 [0, 1] 内有无穷多个数字，因而就代表了有无数个协调程度或状态。本书借用模糊数学思想，在隶属关系上把相近的协调发展度界定为同一类型的系统状态，提出协调发展等级的概念。协调发展等级的划分是指把协调发展度的范围划分成若干连续区间，每一区间代表一个协调发展等级（或状态），形成连续的等级阶梯。其实质是把某一区间段上的全部协调发展度概括成一个新的协调发展度，即将此区段上的全部协调发展状态赋予一种新的状态，使得原来复杂的协调发展度概念变得更加简单和实用。

参考相关研究的划分方式（杨世琦等，2005；Chen，2002），本书把协调发展度数值 [0.00，1.00] 划分成 10 个等级，协调发展度等于

0.50，是系统失调发展与协调发展状态的分界线，当数值在［0.00，0.50］内，系统为失调发展状态；当协调发展度数值在［0.50，1.00］内，系统为协调发展状态。具体划分见表6-1。

表6-1　　　　　　　　城乡协调发展等级的划分

下限	0.00	0.11	0.21	0.31	0.41	0.51	0.61	0.71	0.81	0.91
上限	0.10	0.20	0.30	0.40	0.50	0.60	0.70	0.80	0.90	1.00
协调等级	1	2	3	4	5	6	7	8	9	10
表示含义	极度失调发展	高度失调发展	中度失调发展	低度失调发展	弱度失调发展	弱度协调发展	低度协调发展	中度协调发展	高度协调发展	极度协调发展

第二节　城乡总体发展水平评价

作为城乡一体化评价体系的第一个二级指标，城乡总体发展水平从经济、社会等多个方面反映了城乡一体化发展的物质基础，通过对其发展度和协调度的时空测度，可以了解城乡两个子系统相互促进、共同发展的趋势及不同区域的发展度与协调度演化，总结江苏省城乡总体发展水平的区域特点和演化趋势，为因地制宜、合理制定相关政策提供实证依据。本节以第五章构建的城乡一体化评价体系中总体发展水平三级指标为基础，收集江苏省各地市2002—2012年各指标相关数据，以各年度与2002年数据对比的变化率为基数，按照第六章第一节介绍的评价方法进行发展度与协调度测评。

一　基于时间序列的城乡总体发展水平演化

2002—2012年，江苏省城乡总体发展水平中各三级指标数据、各年度与2002年对比的变化率及标准化处理后的结果分别如表6-2、表6-3和表6-4所示。

其中，正向指标变化率为 $v_{ij} = (x_{ij} - x_{1j})/x_{1j}$，逆向指标变化率为 $v_{ij} = 0 - (x_{ij} - x_{1j})/x_{1j}$。

表 6 - 2　　　　　　　2002—2012 年江苏省城乡总体发展水平统计表

年份	城镇								
	城镇密度（个/平方公里）*	城镇就业人数（万人）	城镇居民人均生产总值（万元）	R&D 经费支出占 GDP 比重（%）	第三产业增加值占 GDP 比重（%）	城镇居民人均可支配收入（元）	城镇居民人均生活消费支出（元）	城镇家庭文教娱乐支出比重（%）	城镇居民恩格尔系数（%）*
2002	0.686	1761	2.5970	1.03	36.7	8527	6043	14.35	40.4
2003	0.586	1860	2.9782	1.21	36.1	9452	6643	14.49	38.3
2004	0.532	1962	3.3022	1.28	34.6	10327	6973	14.06	40.0
2005	0.474	2102	3.8948	1.48	35.6	11782	8032	14.94	37.2
2006	0.427	2230	4.3900	1.60	36.4	13638	8829	15.24	36.0
2007	0.388	2340	4.9114	1.68	37.4	15198	9419	15.86	36.7
2008	0.358	2428	5.4196	1.93	38.4	16438	9990	15.03	37.9
2009	0.281	2521	5.9086	2.08	39.6	17146	11014	14.96	36.3
2010	0.304	2810	6.2828	2.10	41.4	18471	11582	14.86	36.5
2011	0.274	2870	6.8744	2.20	42.4	20144	12857	16.06	36.1
2012	0.269	2922	7.2199	2.30	43.5	22129	14057	16.35	35.4

年份	农村								
	村庄密度（个/平方公里）*	农村从业人员数（万人）*	农村居民人均农林牧渔业总产值（万元）	农林水事务支出占财政支出比重（%）	综合农业机械化水平（%）	农村居民人均纯收入（元）	农村居民人均生活消费支出（元）	农村家庭文教娱乐支出比重（%）	农村居民恩格尔系数（%）*
2002	0.201	2712	0.4910	5.68	60.00	4061	2625	12.46	40.0
2003	0.198	2640	0.4876	6.29	66.00	4193	2680	14.02	41.4
2004	0.178	2575	0.5925	5.77	67.28	4494	2901	12.93	44.2
2005	0.178	2477	0.6428	5.83	68.00	4863	3342	13.43	44.0
2006	0.173	2399	0.6806	7.85	68.50	5365	3813	13.16	41.8
2007	0.171	2338	0.7512	7.58	69.60	5813	4245	13.40	41.6
2008	0.167	2273	0.8522	8.50	70.40	6252	4487	13.40	41.3
2009	0.166	2206	0.9300	10.03	70.50	7012	4908	14.10	39.2
2010	0.159	1945	1.1303	9.95	71.00	7752	5340	13.88	38.1
2011	0.157	1889	1.3511	9.94	74.00	8665	5974	13.84	38.5
2012	0.156	1837	1.5008	10.73	76.00	9551	6550	13.98	37.4

　　资料来源：根据《江苏省 2002—2012 年统计年鉴》整理，其中城乡居民人均可支配收入、城乡居民生活消费支出、人均 GDP 等均按 CPI 增长幅度调整到 2002 年水平。

表 6 – 3　　　2002—2012 年江苏省城乡总体发展水平指标变化率

年份	城镇								
	城镇密度*	城镇就业人数	城镇居民人均生产总值	R&D 经费支出占GDP 比重	第三产业增加值占GDP 比重	城镇居民人均可支配收入	城镇居民人均生活消费支出	城镇家庭文教娱乐支出比重	城镇居民恩格尔系数*
2002	0.0000	0.0000	0.0000	0.0000	0.0000	0.0000	0.0000	0.0000	0.0000
2003	0.1458	0.0562	0.1468	0.1748	-0.0163	0.1085	0.0993	0.0098	0.0520
2004	0.2245	0.1141	0.2716	0.2427	-0.0572	0.2111	0.1539	-0.0202	0.0099
2005	0.3090	0.1936	0.4997	0.4369	-0.0300	0.3817	0.3291	0.0411	0.0792
2006	0.3776	0.2663	0.6904	0.5534	-0.0082	0.5994	0.4610	0.0620	0.1089
2007	0.4344	0.3288	0.8912	0.6311	0.0191	0.7823	0.5587	0.1052	0.0916
2008	0.4781	0.3788	1.0869	0.8738	0.0463	0.9278	0.6532	0.0474	0.0619
2009	0.5904	0.4316	1.2752	1.0194	0.0790	1.0108	0.8226	0.0425	0.1015
2010	0.5569	0.5957	1.4193	1.0388	0.1281	1.1662	0.9166	0.0355	0.0965
2011	0.6006	0.6298	1.6471	1.1359	0.1553	1.3624	1.1276	0.1192	0.1064
2012	0.6079	0.6593	1.7801	1.2330	0.1853	1.5952	1.3262	0.1394	0.1238

年份	农村								
	村庄密度*	农村从业人员数*	农村居民人均农林牧渔业总产值	农林水事务支出占财政支出比重	综合农业机械化水平	农村居民人均纯收入	农村居民人均生活消费支出	农村家庭文教娱乐支出比重	农村居民恩格尔系数*
2002	0.0000	0.0000	0.0000	0.0000	0.0000	0.0000	0.0000	0.0000	0.0000
2003	0.0149	0.0265	-0.0069	0.1074	0.1000	0.0325	0.0210	0.1252	0.0350
2004	0.1144	0.0505	0.2067	0.0158	0.1213	0.1066	0.1051	0.0377	0.1050
2005	0.1144	0.0867	0.3092	0.0264	0.1333	0.1975	0.2731	0.0778	0.1000
2006	0.1393	0.1154	0.3862	0.3820	0.1417	0.3211	0.4526	0.0562	0.0450
2007	0.1493	0.1379	0.5299	0.3345	0.1600	0.4314	0.6171	0.0754	0.0400
2008	0.1692	0.1619	0.7356	0.4965	0.1733	0.5395	0.7093	0.0754	0.0325
2009	0.1741	0.1866	0.8941	0.7658	0.1750	0.7267	0.8697	0.1316	0.0200
2010	0.2090	0.2828	1.3020	0.7518	0.1833	0.9089	1.0343	0.1140	0.0475
2011	0.2189	0.3035	1.7517	0.7500	0.2333	1.1337	1.2758	0.1108	0.0375
2012	0.2239	0.3226	2.0566	0.8891	0.2667	1.3519	1.4952	0.1220	0.0650

表 6 – 4　2002—2012 年江苏省城乡总体发展水平指标标准化值

年份	城镇								
	城镇密度*	城镇就业人数	城镇居民人均生产总值	R&D 经费支出占GDP 比重	第三产业增加值占GDP 比重	城镇居民人均可支配收入	城镇居民人均生活消费支出	城镇家庭文教娱乐支出比重	城镇居民恩格尔系数*
2002	0.0000	0.0000	0.0033	0.0000	0.1767	0.0000	0.0000	0.1266	0.4590
2003	0.2398	0.0853	0.0745	0.1417	0.1262	0.0680	0.0663	0.1878	0.6862
2004	0.3693	0.1733	0.1349	0.1969	0.0000	0.1323	0.1030	0.0000	0.5023
2005	0.5084	0.2933	0.2455	0.3543	0.0841	0.2393	0.2201	0.3843	0.8052
2006	0.6211	0.4035	0.3379	0.4488	0.1514	0.3758	0.3083	0.5153	0.9351
2007	0.7146	0.4987	0.4352	0.5118	0.2356	0.4904	0.3736	0.7860	0.8593
2008	0.7866	0.5740	0.5300	0.7087	0.3197	0.5816	0.4368	0.4236	0.7295
2009	0.9712	0.6543	0.6213	0.8268	0.4206	0.6337	0.5501	0.3930	0.9026
2010	0.9161	0.9029	0.6911	0.8425	0.5721	0.7311	0.6130	0.3493	0.8810
2011	0.9880	0.9545	0.8015	0.9213	0.6562	0.8541	0.7540	0.8734	0.9243
2012	1.0000	1.0000	0.8660	1.0000	0.7487	1.0000	0.8868	1.0000	1.0000

年份	农村								
	村庄密度*	农村从业人员数*	农村居民人均农林牧渔业总产值	农林水事务支出占财政支出比重	综合农业机械化水平	农村居民人均纯收入	农村居民人均生活消费支出	农村家庭文教娱乐支出比重	农村居民恩格尔系数*
2002	0.0000	0.0000	0.0033	0.0000	0.1767	0.0000	0.0000	0.1266	0.4590
2003	0.0246	0.0402	0.0000	0.0871	0.4854	0.0204	0.0140	0.9112	0.3060
2004	0.1882	0.0766	0.1036	0.0129	0.5513	0.0668	0.0702	0.3630	0.0000
2005	0.1882	0.1313	0.1531	0.0214	0.5883	0.1238	0.1827	0.6145	0.0219
2006	0.2292	0.1748	0.1905	0.3098	0.6141	0.2013	0.3027	0.4787	0.2623
2007	0.2455	0.2092	0.2602	0.2713	0.6707	0.2705	0.4128	0.5994	0.2841
2008	0.2783	0.2452	0.3599	0.4027	0.7118	0.3382	0.4743	0.5994	0.3169
2009	0.2865	0.2830	0.4367	0.6211	0.7170	0.4555	0.5816	0.9514	0.5464
2010	0.3437	0.4287	0.6343	0.6097	0.7427	0.5698	0.6916	0.8408	0.6666
2011	0.3601	0.4602	0.8523	0.6083	0.8971	0.7107	0.8531	0.8207	0.6229
2012	0.3683	0.4890	1.0000	0.7211	1.0000	0.8475	1.0000	0.8911	0.7431

根据表6-4所示数据及（6-1）式至（6-7）式计算的江苏省城乡总体发展水平评价结果如表6-5和图6-1所示。

表6-5　　　　　　　江苏省2002—2012年总体发展水平评价

年份	城镇发展度	农村发展度	综合发展度	协调度	协调发展度
2002	0.0830	0.0830	0.0830	1.0000	0.2881
2003	0.1704	0.2055	0.1880	0.9649	0.4259
2004	0.1614	0.1540	0.1577	0.9926	0.3956
2005	0.3244	0.2226	0.2735	0.8982	0.4956
2006	0.4358	0.3029	0.3694	0.8671	0.5659
2007	0.5296	0.3591	0.4444	0.8295	0.6071
2008	0.5530	0.4153	0.4842	0.8623	0.6461
2009	0.6393	0.5470	0.5932	0.9077	0.7338
2010	0.7105	0.6229	0.6667	0.9124	0.7799
2011	0.8497	0.7066	0.7782	0.8569	0.8166
2012	0.9491	0.8126	0.8809	0.8635	0.8721

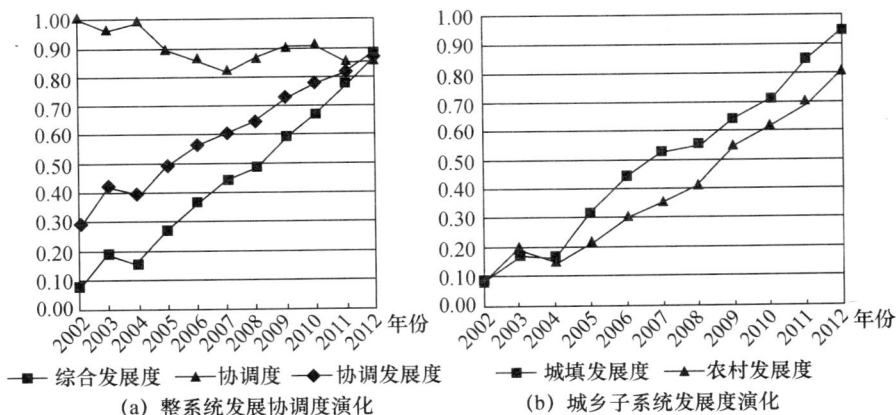

（a）整系统发展协调度演化　　　　　　（b）城乡子系统发展度演化

图6-1　江苏省2002—2012年总体发展水平趋势

由表 6 - 5 和图 6 - 1 可见，2002—2012 年江苏省城乡总体发展水平、协调发展度的平均水平较高，综合协调发展度并不处于一个较高的水平，说明城市和农村的发展还存在着较为明显的发展差异。但城乡综合发展度、协调发展度 2004 年后大致表现出稳步上行的格局，而城乡协调度却呈现波动演变的状态。由图 6 - 1（b）可见，2004—2007 年，城镇子系统发展度与农村子系统发展度差异有扩大趋势，2008 年后，农村发展度明显提高（尤其 2008—2009 年，农村发展度速率明显提高），但城乡差异仍然存在。因此可以认为，江苏城乡整系统总体发展水平各指标的运转情况良好，尤其是 2008 年之后，城乡一体化发展速度加快；但是，城乡内部子系统的统筹协调关系还有待进一步加强，以争取实现城乡共同发展的"双赢"局面。

二 江苏省各区域城乡总体发展水平演化

横向评价的对象是江苏省内 13 市 2006 年和 2010 年城乡发展的情况，目的在于发现江苏各省、市在城乡发展上的差异，从而发现不同区域城乡发展的规律。本书选取 2006 年和 2010 年作为横向评价的时间点也具有特殊考虑：2006—2010 年是国家"十一五"规划的年份，也是江苏省城乡发展的黄金时期。因此，选择这两个点不仅可以直观考察江苏省在"十一五"规划中城乡方面的发展和成就，还可以就发现的问题在接下来的"十二五"规划中起到一个预警和指导的作用。江苏省 13 地市 2006 年和 2010 年总体发展水平评价结果如表 6 - 6 所示。

由表 6 - 6 可见，2006—2010 年，苏南、苏中、苏北地区总体发展水平的各项评价指标均有不同程度的提高，且综合发展度提高幅度高于协调度提高幅度，其中苏北地区发展度和协调度提高幅度最大，尤其苏北地区的农村发展度，2010 年比 2006 年高出 136.80%，是城镇发展度提高幅度的 1.99 倍，苏中和苏南地区分别为 1.23 和 1.70 倍；总体来看，苏南地区综合发展度和协调发展度均高于苏中和苏北地区，苏中地区又高于苏北地区，呈现明显的阶梯分布。但值得注意的是，苏中城镇地区发展速度较快，综合发展度提高，而城乡协调度下降。

表6-6　　江苏省各地市2006年、2010年总体发展水平评价

区域	2006年					2010年					变化率%				
	城镇发展度	农村发展度	综合发展度	协调度	协调发展度	城镇发展度	农村发展度	综合发展度	协调度	协调发展度	城镇发展度	农村发展度	综合发展度	协调度	协调发展度
苏州	0.6135	0.4135	0.5135	0.8000	0.6409	0.9764	0.7994	0.8879	0.8230	0.8549	59.15	93.33	72.91	2.88	33.39
无锡	0.5935	0.4163	0.5049	0.8229	0.6446	0.9123	0.7857	0.8490	0.8734	0.8611	53.72	88.73	68.15	6.14	33.59
常州	0.5616	0.3865	0.4741	0.8249	0.6253	0.8887	0.7899	0.8393	0.9012	0.8697	58.24	104.37	77.03	9.25	39.09
镇江	0.4535	0.3108	0.3822	0.8573	0.5724	0.7202	0.5885	0.6544	0.8683	0.7538	58.81	89.35	71.22	1.28	31.69
南京	0.6349	0.3688	0.5019	0.7339	0.6069	0.9397	0.7126	0.8262	0.7729	0.7991	48.01	93.22	64.61	5.31	31.67
泰州	0.3430	0.2927	0.3179	0.9497	0.5494	0.6489	0.5646	0.6067	0.9157	0.7454	89.18	92.89	90.85	-3.58	35.68
扬州	0.3926	0.3116	0.3521	0.9190	0.5688	0.6623	0.5776	0.6199	0.9153	0.7533	68.70	85.37	76.06	-0.40	32.44
南通	0.4184	0.3030	0.3607	0.8846	0.5649	0.6985	0.5929	0.6457	0.8943	0.7599	66.95	95.68	79.01	1.10	34.52
盐城	0.3349	0.2412	0.2881	0.9062	0.5109	0.5811	0.5902	0.5857	0.9909	0.7618	73.51	144.69	103.30	9.35	49.11
淮安	0.3129	0.2251	0.2690	0.9122	0.4953	0.5715	0.5425	0.5570	0.9710	0.7354	82.65	141.00	107.06	6.45	48.48
徐州	0.4283	0.2431	0.3357	0.8148	0.5230	0.6027	0.5289	0.5658	0.9262	0.7239	40.72	117.56	68.54	13.67	38.41
连云港	0.3906	0.2153	0.3030	0.8248	0.4999	0.5606	0.4802	0.5204	0.9197	0.6918	43.52	123.04	71.75	11.51	38.39
宿迁	0.1876	0.2097	0.1987	0.9779	0.4407	0.4736	0.5447	0.5091	0.9290	0.6877	152.45	159.75	156.22	-5.00	56.05
苏南	0.5714	0.3792	0.4753	0.8078	0.6196	0.8875	0.7352	0.8113	0.8478	0.8294	55.32	93.88	70.69	4.95	33.86
苏中	0.3847	0.3025	0.3436	0.9178	0.5615	0.6699	0.5783	0.6241	0.9084	0.7530	74.14	91.17	81.64	-1.02	34.11
苏北	0.3309	0.2269	0.2789	0.8872	0.4974	0.5579	0.5373	0.5476	0.9473	0.7203	68.60	136.80	96.34	6.77	44.81

第三节　城乡基本公共服务
发展水平评价

　　城乡一体化的目标之一是实现城乡公共服务均等化，提高农村地区的基本公共服务水平，使农村居民充分享受社会发展的成果。本节以第五章构建的城乡一体化评价体系中基本公共服务总体发展水平三级指标为基础，主要从城乡教育、社会保障、医疗、公共交通等方面测度江苏省各地市 2002—2012 年基本公共服务发展情况。

一　基于时间序列的城乡基本公共服务发展水平演化

　　2002—2012 年江苏省城乡基本公共服务评价结果如表 6-7 和图 6-2 所示。

表 6-7　　江苏省 2002—2012 年基本公共服务发展水平评价

年份	城镇发展度	农村发展度	综合发展度	协调度	协调发展度
2002	0.0779	0.0779	0.0779	1.0000	0.2791
2003	0.0736	0.1341	0.1039	0.9395	0.3124
2004	0.1137	0.1932	0.1535	0.9205	0.3758
2005	0.2701	0.2598	0.2650	0.9897	0.5121
2006	0.3623	0.3872	0.3748	0.9751	0.6045
2007	0.5039	0.4009	0.4524	0.8970	0.6370
2008	0.5739	0.4979	0.5359	0.9240	0.7037
2009	0.5723	0.5394	0.5559	0.9671	0.7332
2010	0.5585	0.6360	0.5973	0.9225	0.7423
2011	0.6000	0.6681	0.6341	0.9319	0.7687
2012	0.7682	0.7101	0.7392	0.9419	0.8344

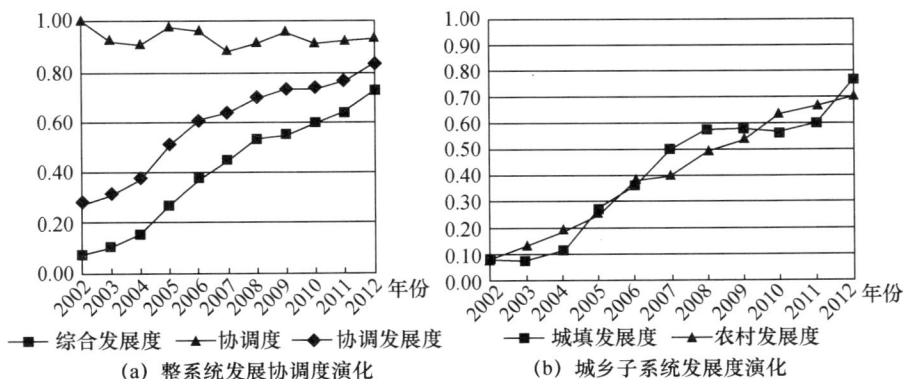

（a）整系统发展协调度演化　　　　（b）城乡子系统发展度演化

图6-2　江苏省2002—2012年基本公共服务发展趋势

由表6-7和图6-2可见，2002—2012年江苏省城乡基本公共服务水平呈现持续上升的趋势，尤其2005年和2010年上升速率最大，到2012年，基本公共服务协调发展度已达0.8344，全省已达到中度协调发展水平状态。由图6-2（b）可见，2009—2011年，农村地区基本公共服务有较大幅度提升，农村发展度高出城镇发展度，表明城乡一体化提高农村地区公共服务水平的政策已见成效。

二　江苏省各区域城乡基本公共服务发展水平演化

本节选取江苏省13地市2006年和2010年城乡基本公共服务发展水平数据，采用类似于第六章第二节的方法展开测评分析，其评价结果如表6-8所示。

由表6-8可见，2006—2010年，苏南、苏中、苏北地区基本公共服务发展水平的各项评价指标均有不同程度的提高，且综合发展度提高幅度高于协调度提高幅度；总体来看，苏南地区综合发展度和协调发展度均高于苏中和苏北地区，苏中地区又高于苏北地区，呈现明显的阶梯分布。2010年，苏北地区城镇和苏中地区农村发展度提高幅度最高，分别达到72.57%和97.66%，协调发展度的变化率为苏北>苏中>苏南，基本公共服务地区之间的差距在缩小。

表6-8 江苏省各地市2006年、2010年基本公共服务发展水平评价

区域	2006年					2010年					变化率%				
	城镇发展度	农村发展度	综合发展度	协调度	协调发展度	城镇发展度	农村发展度	综合发展度	协调度	协调发展度	城镇发展度	农村发展度	综合发展度	协调度	协调发展度
苏州	0.5175	0.5315	0.5245	0.9860	0.7191	0.8417	0.8839	0.8628	0.9578	0.9090	62.65	66.30	64.50	-2.86	26.41
无锡	0.5505	0.6474	0.5989	0.9031	0.7354	0.8308	0.9064	0.8686	0.9244	0.8961	50.92	40.01	45.03	2.36	21.85
常州	0.4599	0.5376	0.4988	0.9222	0.6782	0.7531	0.7434	0.7483	0.9903	0.8608	63.75	38.28	50.02	7.38	26.92
镇江	0.5083	0.5303	0.5193	0.9780	0.7127	0.7357	0.6809	0.7083	0.9452	0.8182	44.74	28.40	36.40	-3.35	14.80
南京	0.5349	0.5379	0.5364	0.9971	0.7313	0.6886	0.7264	0.7075	0.9622	0.8251	28.73	35.04	31.90	-3.50	12.83
泰州	0.4211	0.3803	0.4007	0.9592	0.6200	0.4113	0.6496	0.5305	0.7617	0.6357	-2.33	70.81	32.39	-20.59	2.53
扬州	0.3075	0.2899	0.2987	0.9824	0.5417	0.5658	0.6540	0.6099	0.9118	0.7458	84.00	125.60	104.18	-7.19	37.68
南通	0.2954	0.2538	0.2746	0.9584	0.5130	0.5097	0.5226	0.5162	0.9871	0.7138	72.55	105.91	87.98	2.99	39.14
盐城	0.3190	0.2717	0.2953	0.9527	0.5305	0.4644	0.4179	0.4412	0.9535	0.6486	45.58	53.81	49.41	0.08	22.26
淮安	0.2563	0.2640	0.2602	0.9923	0.5081	0.4081	0.5553	0.4817	0.8528	0.6409	45.58	110.34	85.13	-14.06	26.14
徐州	0.2772	0.3295	0.3034	0.9477	0.5362	0.4524	0.5475	0.4999	0.9049	0.6726	59.23	66.16	64.77	-4.52	25.44
连云港	0.2126	0.2764	0.2445	0.9362	0.4784	0.3657	0.5629	0.4643	0.8028	0.6105	63.20	103.65	89.90	-14.25	27.61
宿迁	0.0498	0.1833	0.1165	0.8665	0.3177	0.2332	0.4172	0.3252	0.8160	0.5151	72.01	127.61	179.14	-5.83	62.13
苏南	0.5142	0.5569	0.5356	0.9573	0.7160	0.7700	0.7882	0.7791	0.9560	0.8630	368.27	41.53	45.46	-0.14	20.53
苏中	0.3413	0.3080	0.3247	0.9666	0.5602	0.4956	0.6088	0.5522	0.8869	0.6998	49.75	97.66	70.06	-8.25	24.92
苏北	0.2230	0.2650	0.2440	0.9391	0.4787	0.3848	0.5002	0.4425	0.8660	0.6190	45.21	88.75	81.35	-7.78	29.31

第四节　城乡基础设施发展水平评价

大力发展城乡基础设施建设，是促进城乡物质文化交流，真正实现城乡一体化的前提保障，而基础设施建设本身需要人、财、物的大量投入。本节分析了江苏省各地市 2002—2012 年基础设施发展情况，并与各地人均 GDP 发展情况进行对比，分析经济发展与基础设施建设方面的关系。

一　基于时间序列的城乡基础设施发展水平演化

2002—2012 年，江苏省城乡基础设施评价结果如表 6-9 和图 6-3 所示。

表 6-9　　　　江苏省 2002—2012 年基础设施发展水平评价

年份	城镇发展度	农村发展度	综合发展度	协调度	协调发展度
2002	0.0000	0.0000	0.0000	1.0000	0.0000
2003	0.0993	0.0848	0.0921	0.9855	0.3012
2004	0.1708	0.1384	0.1546	0.9676	0.3868
2005	0.2972	0.2185	0.2579	0.9213	0.4874
2006	0.4259	0.3111	0.3685	0.8852	0.5711
2007	0.4856	0.3920	0.4388	0.9064	0.6307
2008	0.5669	0.4482	0.5076	0.8813	0.6688
2009	0.5864	0.5075	0.5470	0.9211	0.7098
2010	0.6263	0.5791	0.6027	0.9528	0.7578
2011	0.6927	0.6737	0.6832	0.9810	0.8187
2012	0.7213	0.8361	0.7787	0.8852	0.8302

由表 6-9 和图 6-3 可见，2002—2012 年，江苏省城乡基础设施建设水平呈现持续上升趋势，到 2012 年，基础设施协调发展度已达0.8302，全省已达到中度协调发展水平状态。由图 6-3（b）可见，2011年后，农村地区基础设施建设有较大幅度提升，农村发展度高出城镇发展度，主要原因是在农村地区，2012 年的互联网发展速度较快，每千户农村居民互联网用户数由 2011 年的 158 上升至 249，上升幅度达 57.6%，而城镇地区这一数字仅为 3.5%。

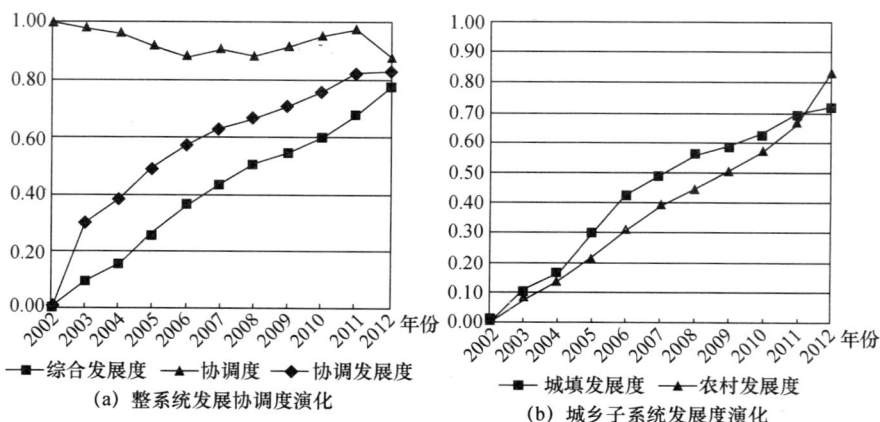

(a) 整系统发展协调度演化

(b) 城乡子系统发展度演化

图 6 - 3　江苏省 2002—2012 年基础设施建设发展趋势

二　江苏省各区域城乡基础设施发展水平演化

类似于第六章第二节第二部分的分析方法，本节选取江苏省 13 地市 2006 年和 2010 年的城乡基础设施发展水平数据展开测评分析，其评价结果如表 6 - 10 所示。

由表 6 - 10 可见，2006—2010 年，苏南、苏中、苏北地区基础设施发展水平的各项评价指标均有不同程度的提高，且综合发展度提高幅度均高于协调度提高幅度，而地区协调发展度排序与人均 GDP 排序一致（苏南 > 苏中 > 苏北），且协调发展度提高幅度与人均 GDP 提高幅度一致（苏北 > 苏中 > 苏南），反映了地区 GDP 与基础设施建设的高度相关性；总体来看，苏南地区基础设施综合发展度和协调发展度均高于苏中和苏北地区，苏中地区又高于苏北地区，呈现明显的阶梯分布，且农村地区基础设施发展度提高幅度明显高于城镇地区，尤其苏北地区，2010 年农村地区基础设施发展度提高幅度是城镇地区的 3.20 倍，苏中和苏南地区分别是 1.39 和 2.01。苏中和苏北地区城镇和农村基础设施均有较大发展，尤其苏北农村地区，2010 年较 2006 年增长 98%，表明"十一五"期间江苏对农村地区基础设施投入力度加大。不过，尽管江苏省城乡基础设施总体来看发展协调度良好，但各区域内部城乡基础设施协调发展度较低，尤其苏北地区，尽管发展速度较快，但农村地区基础设施仍较落后，发展度仅为 0.2569，虽较 2006 年有所提高，但仍需持续加大投入，使城乡基础设施共同提高。

表6-10　江苏省各地市2006年、2010年基础设施发展水平评价

区域	2006年						2010年						变化率%					
	城镇发展度	农村发展度	综合发展度	协调度	协调发展度	人均GDP	城镇发展度	农村发展度	综合发展度	协调度	协调发展度	人均GDP	城镇发展度	农村发展度	综合发展度	协调度	协调发展度	人均GDP
苏州	0.611	0.602	0.606	0.991	0.775	57328	0.722	0.926	0.824	0.796	0.810	75060	18.2	53.8	36.0	-19.7	4.5	30.9
无锡	0.573	0.494	0.533	0.920	0.701	53086	0.718	0.731	0.724	0.987	0.845	74354	25.3	48.0	35.8	7.3	20.5	40.1
常州	0.567	0.497	0.532	0.930	0.704	34666	0.686	0.673	0.679	0.987	0.819	54315	21.0	35.4	27.6	6.1	16.3	56.7
镇江	0.461	0.299	0.380	0.838	0.564	34922	0.658	0.485	0.571	0.827	0.687	51860	42.7	62.2	50.3	-1.3	21.8	48.5
南京	0.527	0.338	0.432	0.810	0.592	36741	0.635	0.525	0.580	0.889	0.718	52658	20.5	55.3	34.3	9.8	21.3	43.3
泰州	0.385	0.249	0.317	0.864	0.524	18276	0.583	0.476	0.530	0.893	0.688	35591	51.4	91.2	67.2	3.4	31.3	94.7
扬州	0.415	0.217	0.316	0.801	0.503	22050	0.574	0.383	0.479	0.809	0.622	40164	38.3	76.5	51.6	1.0	23.7	82.1
南通	0.388	0.355	0.371	0.967	0.599	22505	0.658	0.564	0.611	0.906	0.744	38790	69.6	58.9	64.7	-6.3	24.2	72.4
盐城	0.270	0.146	0.208	0.876	0.427	13429	0.498	0.299	0.398	0.801	0.565	25525	84.4	104.8	91.3	-8.6	32.3	90.1
淮安	0.237	0.096	0.167	0.859	0.378	11257	0.474	0.252	0.363	0.778	0.531	23283	100.0	162.5	117.4	-9.4	40.5	106.8
徐州	0.256	0.113	0.184	0.857	0.398	15281	0.482	0.332	0.407	0.850	0.588	27496	88.3	193.8	121.2	-0.8	47.7	79.9
连云港	0.368	0.045	0.207	0.677	0.374	10163	0.498	0.208	0.353	0.711	0.501	21771	35.3	362.2	70.5	5.0	34.0	114.2
宿迁	0.352	0.012	0.182	0.660	0.347	7903	0.517	0.193	0.355	0.676	0.490	18172	46.9	1508.3	95.1	2.4	41.2	130.0
苏南	0.548	0.446	0.497	0.898	0.668	45476	0.684	0.668	0.676	0.897	0.779	64266	24.8	49.8	36.0	-0.1	16.6	41.3
苏中	0.396	0.274	0.335	0.878	0.542	21182	0.605	0.475	0.540	0.869	0.685	38261	52.8	73.4	61.2	-1.0	26.4	80.6
苏北	0.297	0.082	0.190	0.786	0.386	12253	0.494	0.257	0.375	0.763	0.535	24011	66.3	213.4	97.4	-2.9	38.6	96.0

第五节　城乡资源环境发展水平评价

在资源日益紧缺、环境问题日益严重的当今，发展城乡一体化不能以牺牲环境为代价，而城乡一体化的可持续发展也离不开城乡资源环境的协调发展。本节以第五章城乡一体化评价体系中资源环境三级指标为依托，分析江苏省各地市2002—2012年资源环境协调发展情况，评价城乡一体化可持续发展能力。

一　基于时间序列的城乡资源环境发展水平演化

2002—2012年，江苏省城乡资源环境协调发展水平评价结果如表6-11和图6-4所示。

表6-11　　江苏省2002—2012年城乡资源环境协调发展水平评价

年份	城镇发展度	农村发展度	综合发展度	协调度	协调发展度
2002	0.0137	0.0137	0.0137	1.0000	0.1170
2003	0.0615	0.1242	0.0929	0.9373	0.2950
2004	0.1388	0.2134	0.1761	0.9254	0.4037
2005	0.1706	0.2622	0.2164	0.9084	0.4434
2006	0.1712	0.2860	0.2286	0.8852	0.4498
2007	0.2719	0.3870	0.3295	0.8849	0.5399
2008	0.2384	0.4481	0.3433	0.7903	0.5208
2009	0.2029	0.5345	0.3687	0.6684	0.4964
2010	0.2089	0.6891	0.4490	0.5198	0.4831
2011	0.2742	0.7758	0.5250	0.4984	0.5115
2012	0.3213	0.8690	0.5952	0.4523	0.5188

由表6-11和图6-4可见，2002—2012年，江苏省城乡资源环境水平呈现持续上升趋势，但协调度不断下降，特别是2008年后，城乡资源环境发展协调度降低幅度加大，到2012年，城乡资源环境协调度已降至0.4523，协调发展度为0.5188，为弱度失调发展状态。由图6-4（b）可见，

（a）整系统发展协调度演化

（b）城乡子系统发展度演化

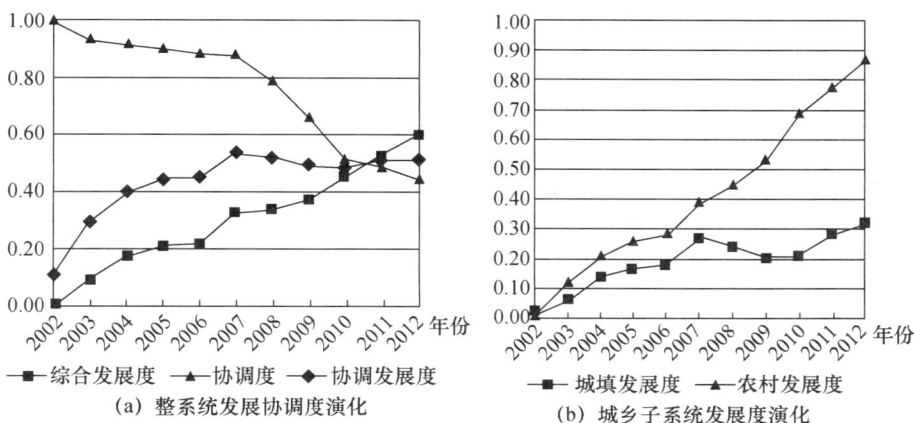

图 6 - 4 江苏省 2002—2012 年资源环境协调发展趋势

农村地区资源环境发展度持续上升，而城镇地区资源环境发展度 2008 年起持续下降，2011 年后，虽进入上升通道，但上升幅度不高。总体来看，资源环境是江苏省城乡一体化发展的"瓶颈"，存在较严重的不协调问题，且城镇地区资源环境发展度过低，与城乡一体化其他指标的协调发展度严重不匹配。

二 江苏省各区域城乡资源环境发展水平演化

类似于第六章第二节第二部分的分析方法，本节选取江苏省 13 地市 2006 年和 2010 年的城乡资源环境发展水平数据展开测评分析，其评价结果如表 6 - 12 所示。

由表 6 - 12 可见，2006—2010 年，苏南、苏中、苏北地区资源环境发展水平的综合发展度均有不同程度的提高，但协调度呈下降趋势，且综合发展度最高的苏南地区协调度下降最大，达到 48.40%，其资源环境的协调发展度也下降 3.20%；农村地区发展度明显高于城镇地区发展度，且苏北地区城乡资源环境发展度提高幅度均高于苏南和苏中地区。总体来看，江苏省各地资源环境协调发展度水平均不高，而协调发展度提高幅度最大的是盐城，2006—2010 年达 77.60%；下降幅度最大的是镇江，2006—2010 年下降 18.66%。到 2010 年，苏南地区资源环境协调发展度为 0.4548，属低度协调发展状态，这与其城乡一体化其他指标的发展极度不匹配，尤其应该引起高度重视。

表 6-12　　江苏省各地市 2006 年、2010 年资源环境发展水平评价

区域	2006 年					2010 年					变化率%				
	城镇发展度	农村发展度	综合发展度	协调度	协调发展度	城镇发展度	农村发展度	综合发展度	协调度	协调发展度	城镇发展度	农村发展度	综合发展度	协调度	协调发展度
苏州	0.1888	0.4108	0.2998	0.7780	0.4829	0.2193	0.8035	0.5114	0.4158	0.4612	16.15	95.59	70.58	-46.56	-4.49
无锡	0.1781	0.3508	0.2644	0.8274	0.4677	0.2190	0.7467	0.4828	0.4723	0.4775	22.96	112.86	82.60	-42.92	2.10
常州	0.1760	0.2311	0.2035	0.9449	0.4385	0.2094	0.6444	0.4269	0.5650	0.4911	18.98	178.84	109.78	-40.21	12.00
镇江	0.1653	0.4578	0.3116	0.7075	0.4695	0.2019	0.9483	0.5751	0.2536	0.3819	22.14	107.14	84.56	-64.16	-18.66
南京	0.1676	0.4526	0.3101	0.7150	0.4709	0.1984	0.8553	0.5268	0.3432	0.4252	18.38	88.97	69.88	-52.00	-9.70
泰州	0.1862	0.0824	0.1343	0.8963	0.3470	0.2138	0.4786	0.3462	0.7352	0.5045	14.82	480.83	157.78	-17.97	45.39
扬州	0.1735	0.4131	0.2933	0.7605	0.4723	0.2169	0.7979	0.5074	0.4190	0.4611	25.01	93.15	73.00	-44.90	-2.37
南通	0.1774	0.3562	0.2668	0.8212	0.4681	0.2153	0.7818	0.4985	0.4336	0.4649	21.36	119.48	86.84	-47.20	-0.68
盐城	0.1576	0.0143	0.0860	0.8567	0.2714	0.1941	0.3686	0.2814	0.8255	0.4820	23.16	2477.62	227.21	-3.64	77.60
淮安	0.1700	0.2510	0.2105	0.9189	0.4398	0.2100	0.6380	0.4240	0.5720	0.4925	23.53	154.18	101.43	-37.75	11.98
徐州	0.1802	0.1875	0.1839	0.9927	0.4272	0.2137	0.6151	0.4144	0.5987	0.4981	18.59	228.05	125.34	-39.69	16.60
连云港	0.1431	0.1831	0.1631	0.9599	0.3957	0.1903	0.5741	0.3822	0.6162	0.4853	32.98	213.54	134.33	-35.81	22.64
宿迁	0.1619	0.3271	0.2445	0.8348	0.4517	0.2134	0.7062	0.4598	0.5073	0.4830	31.81	115.90	88.06	-39.23	6.93
苏南	0.1752	0.3806	0.2779	0.7945	0.4699	0.2096	0.7996	0.5046	0.4100	0.4548	19.63	110.09	81.58	-48.40	-3.21
苏中	0.1790	0.2839	0.2315	0.8260	0.4372	0.2154	0.6861	0.4507	0.5293	0.4884	20.34	141.67	94.69	-35.92	11.71
苏北	0.1625	0.1926	0.1776	0.9126	0.4026	0.2043	0.5804	0.3923	0.6239	0.4948	25.72	201.35	120.89	-31.63	22.90

第六节　江苏省城乡一体化发展水平评价

通过以上对江苏省各地市 2002—2012 年城乡一体化二级指标的时空演化分析，我们大致地了解了各地在总体发展水平、基本公共服务、基础设施建设和资源环境等方面的协调发展状况，本节在总结二级指标评价结果的基础上，对城乡一体化综合协调发展状态进行评价，进而总结并分析江苏省城乡一体化发展的趋势及特点。

一　基于时间序列的江苏省城乡一体化发展规律

2002—2012 年，江苏省城乡一体化发展水平评价结果如表 6 - 13 和图 6 - 5 所示。

表 6 - 13　　　　江苏省 2002—2012 年城乡一体化发展水平评价

年份	城镇发展度	农村发展度	综合发展度	协调度	协调发展度
2002	0.0602	0.0602	0.0602	1.0000	0.2454
2003	0.1196	0.1583	0.1390	0.9613	0.3655
2004	0.1470	0.1705	0.1588	0.9765	0.3937
2005	0.2847	0.2374	0.2611	0.9527	0.4987
2006	0.3778	0.3238	0.3508	0.9460	0.5761
2007	0.4804	0.3786	0.4295	0.8982	0.6211
2008	0.5162	0.4463	0.4813	0.9301	0.6690
2009	0.5528	0.5377	0.5453	0.9849	0.7328
2010	0.5880	0.6295	0.6088	0.9585	0.7639
2011	0.6809	0.7016	0.6913	0.9793	0.8228
2012	0.7811	0.7969	0.7890	0.9842	0.8812

由表 6 - 13 和图 6 - 5 可见，2002—2012 年，江苏省城乡一体化发展水平呈现持续上升趋势，综合发展度和协调发展度均有较大幅度提高，到 2012 年，协调发展度达 0.8812，达到中度协调发展水平。由图 6 - 5（b）可见，2002—2012 年，城镇地区和农村地区发展度均呈持续上升趋势，

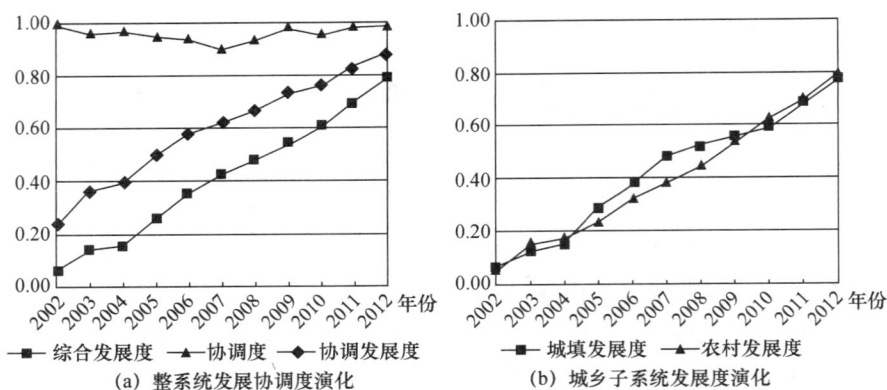

(a) 整系统发展协调度演化　　(b) 城乡子系统发展度演化

图 6 - 5　江苏省 2002—2012 年城乡一体化发展趋势

且 2009 年后农村地区发展度已超越城镇地区，表现出良好的发展势头，表明城乡一体化相关政策措施已发挥效能，有力地促进了城乡一体化的良性发展。

二　江苏省各区域城乡一体化发展水平演化

采用第六章第二节第二部分的分析方式，本节选取江苏省 13 个地市 2006 年和 2010 年的城乡一体化发展水平数据展开测评分析，其评价结果如表 6 - 14 所示。

由表 6 - 14 可见，2006—2010 年，苏南、苏中、苏北地区总体发展水平的各项评价指标均有不同程度的提高，且综合发展度提高幅度高于协调度提高幅度，农村地区发展度提高幅度高于城镇地区；其中，苏北地区城乡发展度提高幅度最大，尤其苏北地区农村发展度 2010 年比 2006 年高出 118.25%；而苏南地区城镇发展度变化幅度最小，但总体来看，苏南地区综合发展度、协调度和协调发展度均高于苏中和苏北地区，苏中地区又高于苏北地区，呈明显的阶梯分布，但苏南、苏北、苏中之间协调发展度的差距在缩小。

三　江苏省各地市城乡一体化发展"短板"分析

为进一步分析江苏空间范围内各地市城乡一体化发展的微观因素与发展规律，我们分别对 2010 年各地市的四个二级指标的协调发展度进行排序，找出协调发展度未达到"中度协调发展"等级的指标，并进一步分析各地市城乡一体化发展中的"短板"。排序结果见表 6 - 15。

表6-14 江苏省各地市2006年、2010年城乡一体化发展水平评价

区域	2006年					2010年					变化率%				
	城镇发展度	农村发展度	综合发展度	协调度	协调发展度	城镇发展度	农村发展度	综合发展度	协调度	协调发展度	城镇发展度	农村发展度	综合发展度	协调度	协调发展度
苏州	0.5189	0.4602	0.4896	0.9412	0.6788	0.7645	0.8088	0.7867	0.9556	0.8670	47.33	75.75	60.68	1.53	27.73
无锡	0.5123	0.4856	0.4990	0.9734	0.6969	0.7383	0.7867	0.7625	0.9516	0.8518	44.11	62.01	52.81	-2.24	22.23
常州	0.4734	0.4236	0.4485	0.9502	0.6528	0.7003	0.7118	0.7061	0.9885	0.8354	47.93	68.04	57.44	4.03	27.97
镇江	0.4316	0.3915	0.4115	0.9598	0.6285	0.6294	0.6268	0.6281	0.9974	0.7915	45.83	60.10	52.64	3.92	25.93
南京	0.5151	0.4233	0.4692	0.9082	0.6528	0.6900	0.6848	0.6874	0.9948	0.8269	33.95	61.78	46.50	9.54	26.67
泰州	0.3686	0.2920	0.3303	0.9234	0.5522	0.5153	0.5535	0.5344	0.9618	0.7169	39.80	89.55	61.79	4.16	29.83
扬州	0.3525	0.2991	0.3258	0.9467	0.5554	0.5635	0.5863	0.5749	0.9772	0.7495	59.86	96.02	76.46	3.22	34.95
南通	0.3586	0.2892	0.3239	0.9307	0.5490	0.5673	0.5599	0.5636	0.9926	0.7480	58.20	93.60	74.00	6.65	36.25
盐城	0.3140	0.2162	0.2651	0.9022	0.4890	0.4873	0.4493	0.4683	0.9621	0.6712	55.19	107.82	76.65	6.64	37.26
淮安	0.2913	0.2248	0.2580	0.9335	0.4908	0.4753	0.5063	0.4908	0.9690	0.6896	63.17	125.22	90.23	3.80	40.51
徐州	0.3477	0.2505	0.2991	0.9028	0.5197	0.5013	0.5035	0.5024	0.9978	0.7080	44.18	101.00	67.97	10.52	36.23
连云港	0.3070	0.2136	0.2603	0.9066	0.4858	0.4506	0.4738	0.4622	0.9768	0.6720	46.78	121.82	77.56	7.74	38.33
宿迁	0.1915	0.1906	0.1910	0.9992	0.4369	0.3985	0.4585	0.4285	0.9400	0.6347	108.09	140.56	124.35	-5.92	45.27
苏南	0.4903	0.4368	0.4636	0.9466	0.6624	0.7045	0.7238	0.7141	0.9776	0.8355	43.69	65.71	54.03	3.27	26.13
苏中	0.3599	0.2934	0.3267	0.9336	0.5522	0.5487	0.5666	0.5576	0.9772	0.7382	52.46	93.12	70.68	4.67	33.68
苏北	0.2903	0.2192	0.2547	0.9288	0.4864	0.4626	0.4783	0.4704	0.9691	0.6752	59.35	118.20	84.69	4.34	38.82

表 6 – 15　　　　　　　　江苏省各地市城乡一体化发展情况分析

地市	所属	各组成部分的城乡协调发展度（从小到大）
苏州	苏南	资源环境
无锡		资源环境
常州		资源环境
镇江		资源环境、基础设施
南京		资源环境、基础设施
泰州	苏中	资源环境、公共服务、基础设施、总体发展
扬州		资源环境、基础设施、公共服务、总体发展
南通		资源环境、公共服务、基础设施、总体发展
盐城	苏北	资源环境、基础设施、公共服务、总体发展
淮安		资源环境、基础设施、公共服务、总体发展
徐州		资源环境、基础设施、公共服务、总体发展
连云港		资源环境、基础设施、公共服务、总体发展
宿迁		资源环境、基础设施、公共服务、总体发展

　　总体发展水平、基本公共服务、基础设施建设和资源环境作为城乡一体化评价系统的不同侧面，反映了城乡一体化发展现阶段的主要任务，系统整体性、同步性、一致性均衡发展要求各方面必须尽量保持同一个步调，若存在两极分化的情况将会限制整个系统的发展空间。因此，根据"木桶"理论，发展薄弱的部分就限制了整体发展所能达到的高度，是木桶中较短的木板。从表 6 – 15 可知，苏南、苏中、苏北发展最薄弱的部分是城乡间资源环境的协调发展，而苏南地区的苏州、无锡、常州三个地市除资源环境外，其他指标均已达到中等协调发展等级，因此，资源环境协调发展已成为城乡一体化进一步发展的"瓶颈"。苏中和苏北地区的四个指标均未达到中等协调发展水平；苏中和苏北地区除资源环境外，其次的"短板"是基础设施建设和基本公共服务，而各地市城乡总体发展水平的协调发展度则相对较高，反映了地方政府一贯重视经济发展的现状，也说明经济发展是城乡一体化发展的基础。只有提高"短板"的发展水平，才能使系统的整体高度进一步提升，因此，各地市在未来发展中需着重提高各自的薄弱部分，使得各成分的发展水平都处于一个良性一致的步调；同时，苏南的城乡均衡发展情况还可以起到一个预警作用，在苏中、苏北

着重提高经济、基础设施等方面水平的同时，还需要注意提高自身城乡资源环境协调发展水平，以避免遇到同质的发展问题。

四　江苏省城乡一体化发展的空间演变分析

根据江苏省各地市城乡一体化协调发展度的得分值，参考上文协调发展等级的含义（见表6-1），下面借助蜂窝图来描述江苏省城乡一体化发展的空间演变态势，具体如图6-6所示。

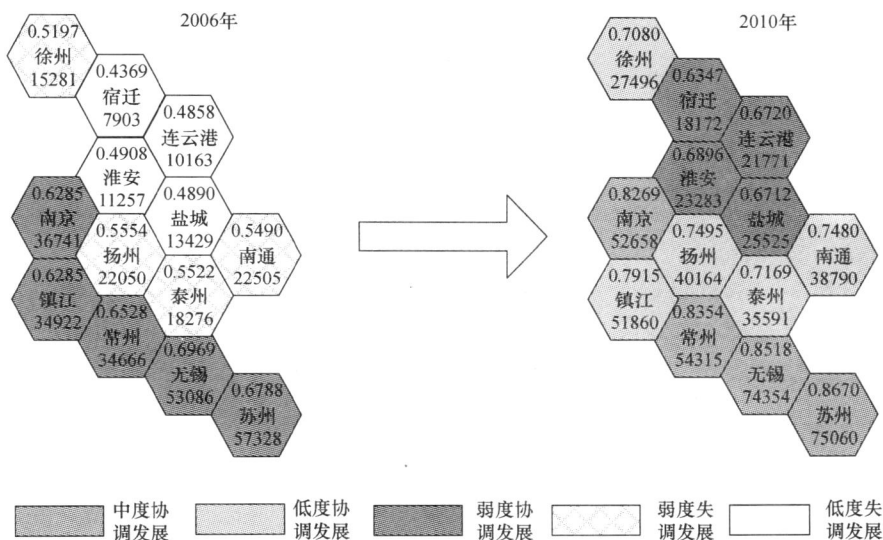

图6-6　江苏各市城乡协调发展类型空间演化

注：每个蜂窝图中城市名字上方的数字表示城乡协调发展水平，下方的数字表示人均GDP数值。

由图6-6可见，随着时间的推移，江苏省各地市城乡一体化发展都处于上行的态势，这表明各地市城乡一体化在朝着有利的方向发展。2006年，江苏各地市城乡一体化发展水平普遍较低，发展最好的苏南五个地市也仅处于低度协调发展等级，苏中处于弱度失调发展状态，而苏北地区大部分地市则处于低度失调发展的状态，整个区域的地域不平衡性显著，空间分布差异明显；2010年，各地市城乡一体化发展水平明显上升，发展最优的苏州、无锡、常州和南京（同时期人均GDP最高）已位于中度协调发展水平以上，发展较劣的宿迁、盐城等地也已处于协调发展水平线以上，整个区域的发展呈现"块状阶梯"分布的特点。从发展的角度看，区域发展往往呈现"点—块—面"的发展趋势，形成"块状"分布的地区往往在社会经济发展、地理条件等方面有着相似的特点，表示区域发展已经达到一定地步（唐根年等，2003），从图6-6中可得出江苏城乡一体化发展情况符合这一观点的结论。由此可推导得，下阶段发展的重点是使整个江苏城乡一体化发展呈现一个统一"面状"的发展局面，因此，下阶段发展的定量目标可设置为：江苏各地市城乡协调发展等级至少达到中度协调发展的水平。此外，演变结果显示，人均GDP较高地区的城乡一体化发展水平普遍高于人均GDP较低地区的发展水平，由此可见，区域经济的发展状况在一定程度上影响着该区域城乡一体化发展水平，表现为区域经济的发展对于区域城乡一体化发展具有显著的推动作用。结合基于时间序列的城乡一体化发展水平分析，可知江苏省城乡一体化发展具有以下时空特点：

第一，从时间角度分析。十几年来，城乡一体化发展处于稳步上行的态势，城乡综合发展水平也处于逐年上升的格局，但是，城乡协调发展水平的描述曲线却起伏不定，发展态势仍不明朗，由此说明以下问题：一是在整体关系的处理上，即整个城乡发展系统要同时满足"量的方面"（指发展）和"质的方面"（指协调）提高上，江苏省已经初步完成了这一要求，但鉴于十几年城乡一体化发展的平均水平仍然较低，所以还有进一步提升的空间；二是在具体处理城乡关系上，即"协调"方面还存在一些问题，主要原因为城乡在各自发展过程中发展速度和发展水平不一致，具体表现在城镇自身发展水平远高于农村自身发展水平，从而导致城乡之间还存在明显的距离。要解决这一问题，政府还需在城镇发展的同时，加强城乡之间人员、资金、物资、信息等方面的交流，统筹城乡资源，优势互补，找寻农村综合发展的制约因素，促进城乡差距进一步缩小。

第二，从空间角度分析。苏南城乡一体化发展水平高于苏中、苏北，呈现明显的阶梯分布特点，这符合三个地区经济社会发展水平的比较。但这三个地区城乡协调度的差别不大，主要原因是苏中和苏北城乡发展水平均相对较低，从而造成城乡差距较小的缘故。同时，这也从侧面证明单用城乡比值法评价会造成评价结果的失真。各地市发展的"短板"显示城乡一体化发展中资源环境失调问题的严重性。从空间演变分析的视角来看，江苏城乡一体化发展呈现"点—块—面"的发展趋势，发展形势良好，并在此基础上确定了下阶段区域城乡一体化发展的演变目标，即各市城乡协调发展等级在中度协调发展水平以上。

江苏省整体城乡一体化发展最主要的问题是农村发展水平弱于城镇，这也是城乡一体化发展重点要解决的问题。为进行更深层次的分析，本章对城镇和农村两个子系统组成部分的发展水平进行测量比较，发现农村的发展度提高幅度优于城镇，说明城乡一体化系列政策已取得明显效果，城乡差距已逐步缩小。为保证城乡内部都能达到均衡发展以及避免农村将来发展中遇到城镇发展所遇到的瓶颈，对城镇发展系统进一步分析后，可得出结论：城镇资源环境发展方面的发展水平低于同时期其余组成部分的发展水平，是制约城镇均衡发展的主要因素，需在进一步发展中予以高度关注。

第七节　本章小结

本章以江苏城乡一体化发展水平为研究对象，以第五章构建的江苏省城乡一体化发展水平评价体系为依据，从不同角度，运用不同的评价手段和方法，对江苏省2002—2012年城乡一体化发展水平进行了测度和评价。其中，从时间角度评价，以城镇和农村为分析对象，重点刻画了11年发展历程中城乡各组成部分的发展态势，以找出各自发展的制约因素；从空间角度评价，以各地市城乡协调发展值作为分析比较的对象，通过蜂窝图描述了江苏城乡一体化发展的空间演变态势，并找出了各自存在的问题。其系统评价目的，在于摸索出江苏城乡一体化发展的规律特点，归纳总结出江苏城乡一体化发展过程中存在的问题，探讨下阶段城乡一体化发展的趋势，对可能存在的问题进行预警，以期为对策建议的探讨实施提供客观的实证依据。

第七章 江苏省城乡一体化发展建议与对策

　　城乡之间可以存在一定差距，也正是差距的存在才促进了城乡之间要素的流动，促进了城乡的一体化协同发展。从此角度出发，差距也可视为一种发展的动力。但城乡差距过大，就会成为发展的障碍，因此，促进城乡一体化发展需要通过各要素流动，统筹城乡资源，控制和缩小城乡差距，实现城乡共同发展。从评价结果中找出存在问题后，如何提出有效的解决办法是将研究用于实践、科学服务社会的重要环节。因此，本章在实证分析的基础上，针对存在的主要问题提出下阶段促进江苏省城乡一体化发展的实施重点，通过政府引导与市场机制有机结合，因势利导推动城乡一体化可持续发展。

第一节 江苏省促进城乡一体化发展理念与原则

　　城市化水平、服务业发展程度是江苏与发达国家经济发展差距的两个主要变量，也是江苏未来发展的潜力所在（江苏省社科院课题组，2011）。以国家"十二五"规划中有关区域发展、城乡发展、经济社会发展和环境保护等重点内容为指导思想，以人的全面发展为根本原则，以推进制度创新为动力，以打破城乡二元结构为目标，以政府宏观调控为主导，以市场调节资源配置为基础，着力提高农村工业化、现代化和规模化水平，强化城市对农村的帮扶带动作用以及农村对城市的反作用力，控制和缩小城乡差距，逐步实现城乡在经济发展、社会进步、空间布局、人口规划和环境保护等多方面的一体化、可持续发展，使城乡共同分享现代文明的福荫。

一　以人为本原则

以人为本，能充分体现科学发展观的核心价值，是发展的本质要求。城乡一体化发展也必须遵循这条原则。人以实现自我需求为发展目标，在推进城乡一体化发展过程中，坚持以人为本原则主要体现在以下两方面：一是倡导人们从单一满足物质需求转变为兼顾物质与精神需求，追求更高的生活理念，并着重提高农民自身素质，改善农民生活质量和保障农民合法权益；二是正确处理好人与自然的关系，使人与自然和谐相处，实现全社会的可持续发展。

二　制度创新原则

城乡体制不一和政策偏向是目前城乡发展不协调和农村处于落后地位的根本原因，因此，打破体制上固有的障碍，对现有制度进行改革创新，是实现城乡一体化发展的首要动力。城乡互动的制度创新作为一种适应发展的社会改革举措，必须实现其新制度的运行能够促进经济社会发展，形成城乡双方的双赢发展，实现城乡平等发展，创造统一的城乡经济社会秩序。制度创新原则可具体体现在城乡金融财政制度、城乡人口管理制度、就业制度、村镇管理制度和基础设施规划等方面的创新。

三　社会公平原则

促进城乡一体化发展，要以需要体现公平的领域为对象，建立健全公共服务体系，加强对"弱者"的支持。公平重点是指"机会"的公平，农民与市民的发展机会必须凸显公平，城乡市场竞争环境必须逐步趋于一致。不要人为地划分农民和市民的区别以及相关的福利待遇及社会地位等，而应在财政、社会福利、教育、就业等政策方面对城乡居民均一视同仁，缩小工农、城乡各方面的差别。

四　因地制宜原则

城乡一体化发展隶属于区域发展问题，各地区发展的差异会导致推进城乡一体化发展的特点、问题与举措产生差异，因此，需要实事求是、具体地区具体对待。推动城乡一体化发展，既要认识和尊重全社会发展的一般规律，顺应当时城乡发展的整体趋势；也要根据当地的具体情况和所处的发展阶段，有针对性地提出适宜的发展对策，以保证城乡一体化发展系统在宏观和微观层次上健康运转。

第二节　江苏省促进城乡一体化发展实施重点探讨

江苏省城乡一体化发展要想跃上一个新台阶，需依赖于实证分析结果以及推进原则的指引，对城乡一体化发展过程中出现的重难点问题进行梳理分析，提出具有实际意义的实施重点，通过实证分析结果对症下药，对城乡一体化发展系统的良性运行起到事半功倍的效果。

一　改善城乡生态环境

城乡一体化发展水平评价中暴露出来的资源与环境问题是江苏城乡一体化发展的"短板"，也是阻碍整个城乡一体化发展系统向更高层次进化的重要原因。因此，转变重 GDP 而轻环境的传统理念，重视生态环境建设，促进人与自然和谐发展是保证城乡一体化可持续健康发展的关键，也是下阶段发展的重点。

城乡资源环境问题主要体现为生态破坏和环境污染，是人类不科学的经济社会行为带来的弊端。江苏城镇资源环境发展水平是城镇部分综合发展的最薄弱部分。城镇在改革发展进程中，往往重经济、轻环境，过度地开发和利用资源，造成严重的大气污染、水体污染、固体废弃物污染、噪声污染和土壤污染等后果，生态环境恶劣。而农村生态环境问题主要表现在土地过度开垦、粗放式农业生产、农村生活垃圾堆积、乡镇企业违法排污等方面。目前，农村在经济发展过程中也有走城镇"先污染、后治理"道路的趋势，各类污染事件、群体性上访事件层出不穷。环境问题不仅影响区域发展的承载力，而且还进一步影响着社会的和谐稳定。因此，针对江苏城乡环境污染所带来的一系列问题，笔者重点提出以下几点改进对策。

（一）多管齐下修复城乡植被

植物修复是利用植物及共存微生物与环境之间的相互作用，清除、分解、吸收或吸附环境污染物，使污染环境得以恢复，可实现空气净化、水体污染修复、减少噪声传播等效果。对生态环境的治理，最有效的方法是在生态十分脆弱的地区实行人类退出政策，大规模实行退耕、还林、还水和人工封育，以自然恢复作为生态重建和恢复的主要手段，对天然林地、草场和湿地实行最严格的保护（李岚，2002）。因此，在下一步的城镇化规划中，政府可推行适当规模的人口聚居，提高对自然资源的集约化支配，以减少分散居住对自然环境的破坏。

具体来说，一是政府应在城市建成区进行生态重建，可在道路旁、居民区、公共服务设施周边、工业厂房四周种植适宜本土生长的草地、灌木、树木等，将森林引入城市，形成多层次、立体的生态系统，着力提高城市环境质量，净化城市空气，让自然回归城市。二是可在郊区大面积种植植物带和防风林，防止水土流失和风沙尘暴，有条件的地区可以建立郊区景观植被基地，将环境治理变作一种经济发展的手段。三是在农村地区，可对闲置的农田进行规划，发展集约化农业，对多余的农田实现退耕还林；同时，结合当地农业产业特点发展生态农业，种植果园、菜园、花卉基地等，通过农作物种植来促进农村地区生态环境的建设。

总之，用生态的方法解决生态破坏的问题，更符合可持续发展的道理，最终实现整个城乡区域绿色面积"点—块—面"的有机结合。

（二）加强环境监管力度

缺少对口的法律条例与有效的措施，是目前解决环境污染问题最大的阻碍。为此，政府应采取以下措施：对于城市工业与乡镇企业，应采取统一的环境污染治理标准，建立严格的污染排放控制机制，防止城市工业因污染治理标准不一而转入农村地区继续污染；督促排污企业建立环境管理体系，严格执行ISO14000环境管理体系中的标准，对环境达标企业予以适当的奖励；加强环境监管力度，重设环境监管机构，可在地方政府的牵头下，由当地环保部门、专业的环境监测公司和新闻媒体共同承担环境监管的主体，由热心公益的居民及社会组织共同参加，对违法排污企业加大曝光力度和经济惩罚，对污染严重的企业可以采取停产整顿或勒令关闭等措施。

（三）提高城乡居民的环境保护意识和职责

环境污染问题归结于人不适当的经济社会行为，因此，政府要对居民进行环保知识宣传和教育，使居民认识到环境污染对社会可持续发展的危害，以达到从源头上制止环境污染。在城市地区，政府应倡导市民形成绿色消费、低碳生活的理念，约束自身行为准则，减少、杜绝个人的环境污染行为；在农村地区，要引导农民意识到农药和化肥对人体、土壤和环境的危害性，生活垃圾集中处理的重要性以及绿色农业、生态农业的可持续性。居民应提高自己的环境保护意识，对周围发生的环境污染事件要力所能及地加以制止；若超出能力范围则可通过群体上访、拨打媒体热线等措施来进行环境维权。另外，在学校、社区等人口集中处，政府应大力进行环保教育，开展主题活动，举办环境污染案例听证会，扩大环境案例的社会影响。

（四）积极探索环保智慧化模式建设

随着物联网等新兴技术的发展，智慧环保建设成为解决城市环境信息化和数字环保总体发展水平低的新思路（杨学军、徐振强，2014）。数字环保智慧化通过信息互联互通、综合共享，增加信息透明度，整合与利用环境信息，采用移动执法为监管一线服务，并实时提供对城市生态资源与环境状况的分析和评估，提高市民参与环保热情，已成为城市环保跨越式发展的趋势。其对于引导城市环境管理资源合理配置，推进城市环境管理资源优化整合，全面提升环境管理执行力具有重要意义。

二 加强农村公共服务

农村地区公共服务水平发展较低是江苏城乡一体化发展过程中农村发展的"短板"因素，也是阻碍整个城乡一体化发展的要素之一。尽管江苏经济比较发达，但在传统的财政配置中，城市获得的财政支持远高于农村地区。政府部门应强化财政公共服务职能，缩小城乡财政支出差距，提高财政资源配置效率，以推动城乡公共服务发展水平一体化（刘爱莲等，2012）。

（一）发展农村教育以提高农民文化水平

2012 年，江苏农村平均受教育年限为 7.94 年，还未达到九年制义务教育的标准，远低于城镇人均的 10.51 年。提高农民的文化教育水平，对农村的发展有着举足轻重的作用。首先，提高农村教育基础设施建设是保障农村教育事业发展的基础。政府应确保农村教育硬件设施的完整性，使农村学生有一个良好的学习平台。其次，政府应提高农村教师的师资水平，提高农村教师的工作待遇和社会地位，创造更有利的条件以吸引、鼓励城市教师和优秀大学生去农村支教；同时，还要改变部分农民的传统观念，在村舍间多进行教育宣传，使更多的适龄青年进入学校学习，对困难家庭提供学费减免等。最后，对于农村教育资金投入较少的问题，除依靠政府财政资金拨入等方式外，还可以与城市企业、乡镇企业建立良好的对接关系，一方面，企业可以为学校提供适宜的资金支持和实习工作机会；

另一方面，学校也可以为企业提供合适的人力资源，达到双赢的效果。

（二）建立健全农村医疗卫生服务体系

尽管 2012 年农村地区新农合参保率已达 98.5%，但"看病难"问题并没有得到根本解决，还有更多的细节问题，如资金筹集困难、重大疾病补偿水平低、乡镇卫生院基础设施水平落后等亟待进一步优化。从源头方面分析，提高江苏省农民的身体健康水平可从下述方面入手：一是细化"新农合"在运行过程中遇到的难题，以解决农民实际难题为做事方针，弥补现行的制度缺陷，健全"新农合"医疗管理组织的建设，加大对医疗机构的监管力度；二是为解决农民易将"小病拖成大病"的问题，必须提高乡镇卫生院的医疗设施和技术水平，确保农民健康体检的有效性和次数，同时注重宣传，引导农民形成"有病就医、有病速医"的意识；三是加大"新农村"建设力度，改善农村卫生状况和农民居住条件，如住宅宽适度、日照通风条件、垃圾处理方案等，还要关注农村环境的状况，如配套设施、文化环境、街道清洁的程度等。

（三）提高农民就业素质和竞争能力

农村劳动力过剩且不能有效地转移至城市，农民收入较低，农业发展不成规模等问题都可以归结为农民就业竞争能力低下的原因。因此，政府需把开展农民就业技能培训，重视农村人才的培养作为改革农业的重大举措。具体措施如下：一是政府应深入实施"农民素质培训"等项目工程，加速剩余劳动力向第二、第三产业转移；二是结合当地的资源特点和产业优势，发展职业技术教育，对一些初高中毕业的农民要制订职业技术培训计划；三是必须大力抓好对农民的科技培训，要把重点放在推广农业科技和生产技术上，向农民传授实用的农业科技知识；四是提高农民就业素质的核心途径在于政府引导，政府应根据各地特点制定相关政策，投入足够资金开拓农村产业发展新渠道，创建村镇培训机构，定期开办培训活动并进行宣传，鼓励农民在传统农业活动之外进行新投资，培养农村的新产业和农民的新技能；五是合理规划农村产业规模，鼓励乡镇龙头企业根据自身优势开展就业培训活动，带领周围农民发家致富，形成产业集聚优势。

三　推进区域均衡发展

从江苏省各区域经济与社会发展差异性分析及城乡一体化发展水平分析可以看出，江苏省内苏南、苏中、苏北三地呈明显的梯度发展态势，地区间发展不均衡。尤其是苏北地区，经济社会整体发展水平相对较低，城镇化速度缓慢，农村人口较多，"三农"问题突出，尚处于经济加速发展的阶段。苏北城乡一体化发展的具体难题主要表现为城乡在经济发展、基础设施建设方面普遍比较落后，地域特色挖掘不足，城乡之间缺乏有效沟通。同时，由于历史及地理因素导致苏南与苏北地区经济文化差异较大，区域之间的合作更多地停留在劳动力流动等方面，苏北沿海经济带资源没有得到充分利用。

（一）推进农业现代化建设

农业是农村的产业基础，但其发展不能局限于农村。发展农业现代化的关键是将传统农业转变为产业化、商品化、集约化的新农业。苏北地区需从自身实际出发，以现代工业与现代服务业的发展改造农业，推动产业联动和融合。苏北地区有较多种类的农产品，可突出扶持发展木材加工业、棉纺织加工业、果蔬加工业、粮食加工业、畜禽加工业、水产加工业等具有传统特色的土特产品加工业，扶持地区龙头企业，开发订单农业，推广"龙头企业 + 基地 + 农户"的经营模式。政府应以农业产业园作为重点构建内容，重视龙头企业的带动作用，实施集约化生产和统一标准化管理，形成以精细农业生产为主，附带生态观光农业的多功能产业园区，以达到多渠道增加农民收入的目的。同时，政府还应加大推进农村工业化力度，借鉴苏南乡镇企业发展的经验，通过制度创新、政策优惠，鼓励发展乡镇企业，培育非农产业，吸收农村剩余劳动力，推进农村工业结构的优化升级。

此外，苏北地区拥有很多具有地方特色的自然景观（连云港花果山、大丰野生麋鹿保护区）、名人故居（刘邦、施耐庵等）、历史文化遗址（如两汉文化）等，有较强劲的旅游潜力和市场，可重点发展旅游业及其关联产业，带动农家乐、农副产品、观光农业等产业的发展，使村庄环境整治成为保护乡村文化，促进乡村文化复兴的有效手段，使江苏农村呈现多姿多彩的"千村万貌"，以达到同时促进经济发展和环境保护的目的（周岚等，2013）。

（二）促进农村剩余劳动力转移

在巩固、提高农村九年制义务教育的基础上，政府应加大力度进行农业技术培训，对因各方面原因造成升学困难的农村中学生，日常课程中可将农业技术专业课作为其学习重点，使之有一技之长；应加强对现有农民的技能培训，统筹规划现有农村培训机构、农业技术推广中心等教育资源，并在此基础上建立农民就业培训基地，形成以村镇为主体的农民就业培训体系；应鼓励当地农产品龙头企业按照农产品种类进行相应内容的培训，并根据乡镇企业人力资源需求确定培训计划，设定培训工种和选择培训内容，使培训内容无缝对接于需求市场，改善并提升农村剩余劳动力的素质。同时，苏北各地要充分关注省级关于加强江苏南北对口劳动力交流工作的优惠政策，向苏南地区输送对口的农村劳动力，并通过农保与城保双向转轨制（陈建兰，2012）等制度的落实，促进劳动力在城乡间的合理流动。

（三）南北合作缩小区域发展差异

苏南地区是江苏省地区社会经济发展的中心，资金雄厚，人才鼎盛，技术先进，加强南北交流、沟通与合作，有利于使苏南作为增长极的作用得到更好的发挥，带动苏北农村经济的发展。

第一，强化政策支持，加大对苏北地区的资金投入。首先，政府应加大省级对苏北地区的财政补贴和转移支付力度，提高苏北各项涉农资金的拨入，提高苏北农业产业发展的标准和规模，拨出专项基金扶持苏北农村科教发展。其次，强化政策支持，省级各相关部门要加强对苏北地区发展水平的认知，扶持苏北的招商引资政策，着重帮助解决苏北地区在经济发展中可能会遇到的资金筹措、人才招揽、技术引进等方面的瓶颈问题。再次，鼓励苏南产业向苏北转移，对转移至苏北的产业项目，在合理情况下可以在信贷投入、土地供应、项目审批等方面给予一定的优惠政策，对到苏北农村进行规模投资且投资总额较大的投资者，可免除部分税收或给予一定奖励。最后，鼓励、表彰各类专家学者和科技人才到苏北农村地区进行扶持开发，赋予其享受支援西部的同等待遇；同理，可适当放宽苏北农村各类人才在职称评定、评优、技术进修等方面的条件。

第二，加强南北产业合作，吸引苏南企业北移。苏南经过较长时间高密度、高强度的开发，已在资源环境、成本节约、空间规模等方面存在较大的制约，而这些正是苏北的强项。因此，建立南北互通的合作关系，既能满足苏北对自身发展的迫切愿望，也能满足苏南产业结构优化，扩充生产规模的强烈愿望。苏北各市可参照目前较成熟的开发区模式，如江阴—靖江经济开发区模式等，实施"走出去、请进来"战略，积极前往苏南各市进行招商引资，争取苏南市县到苏北创办或合建工业园区，通过政策优惠吸引苏南企业以整体搬迁、投资新建、扩大规模、建立生产基地和生产加工点等方式将产业链的部分环节北迁。值得注意的是，在江苏南北交互过程中，苏北地区既要积极、主动、热情，又要坚决执行相关的产业规范与政策，防止恶性竞争和不科学的产业发展要求，严格执行环境保护政策，贯彻可持续发展的方针。

（四）发展沿海经济实现"两轮驱动"

尽管苏南地区城乡一体化发展程度较高，但这是由于种种历史、政策原因造成的。以连云港、盐城、南通为代表的沿海地区作为江苏发展的一个"洼地"，是江苏省除苏南地区外，经济可持续发展尚未充分挖掘的"潜力股"。近年来，沿海地区借助国家宏观发展战略规划，工业方面已有较大幅度的发展，但在城乡资源统筹、一体化发展方面与国家具体发展规划要求相比还有一定差距，因而该地应进一步借助区位优势，充分发挥港口城市的资源优势，城乡统筹、地市协作，进一步将主导企业转化为主导产业，利用聚集效应带动产业链延伸，形成优势产业集群。

四 促进城乡互动交流

江苏城乡一体化发展问题，不仅是城乡互动发展的问题，也是苏南、苏中、苏北三个区域相互促进、一体化发展的问题，其发展目的在于完善全省城乡基础设施网络建设，促进城乡产业分工协作，加速城乡要素传递流动，使得城镇、农村形成一个共生共长的网络空间系统。因此，从区域发展角度出发，下阶段江苏发展的重点是借助江苏城乡一体化建设，促进全省网络化发展。

（一）强化基础设施网络化功能

基础设施支撑城乡社会经济活动的运行，促进各种资源要素更顺畅地交流与互动，其网络化的最直接功能是连接或打通城乡关联的通道。城乡网络化发展要求具备完整的网络设施，即沟通包括生产、生活、服务等多方面要素在内的基础设施。

首先，"要想富，先修路"。政府应进一步加强江苏地区尤其是苏北地区以公路、铁路为重点的基础设施建设，加快城市及县际等级公路的连接，推进高速公路网络化工程、主干线公路畅通工程、乡村道路康庄工程建设，形成支干发达、道路平整、城乡通达的综合交通网络系统。政府还应提高郊区、农村公路的建造标准和通达密度，增加行政村客运公交班次，加强城乡企业往来，提高农民出行的便利程度。有条件的苏中、苏北地区，可参照苏南"一小时经济圈"模式，尽早把高铁动车建设提上规划日程，缩短苏南、苏北两地的交通时间，加强经济沟通和辐射效果。

其次，加强城乡的公共服务基础设施建设，改善农村的生产生活条件。农村地区基础设施建设要紧密围绕在"新农村建设"的基础上，政府要对村庄周边布局进行完善和合理规划，积极推进中心村的建设工作，因地制宜，就地取材，合理安排村庄的居住、交流、生态功能，大力发展社区服务业，合理布局教育、文化、娱乐、办公设施。政府还应积极进行农村"三改"，设置垃圾中转站，维护"新农村"建设，绿化村庄，着重加强村庄的环境整治和基础设施建设；同时，推进城市基础设施向农村延伸，加强农村垃圾与污水处理设施、农村供水供电网络、电视通信设施建设等，形成以中心城区为核心，以镇村为基本联结点的"一中心、多支点"的公共服务设施网络体系。

（二）加快产业网络化进程

产业是经济活动的载体，城乡产业网络化旨在促进城乡产业分工协作和产业升级，形成具有完善上、下游层次的有机产业链以及在空间上具有核心竞争优势的产业集聚区。城乡产业网络化进程应建立在城乡基础设施网络化布局的前提下，政府应加强城乡之间的产业合作，大力扶持乡镇企业的规模化发展与农业产业化发展，处理好工业与农业、城市企业与乡镇企业等各方面的关系。

首先，必须提升农业产业化的规模和质量，增强与城市产业对接的功能。江苏各地具有地方特色的农产品种类和数量十分丰富，具有农业产业化的基础。因此，政府应采取灵活、便利的产业化模式，以各地区支柱产业为主，重点开发一批具有良好市场前景、带动周边能力强的农产品加工业，进而逐步形成种养加、产供销、贸工农、农科教为一体的生产经营销售体系，实现城乡跨地域的产业网络化合作。

其次，在此基础上，政府应根据各地区资源和劳动力优势，借助市场促进乡镇企业与城市工业密切联系，协同分工，通过政策调整、人才引进和建立现代企业制度等途径使乡镇企业的发展步入正轨，促进城乡企业无障碍沟通。城市企业传播给乡镇企业科学的管理方法、现代化的生产技术和先进的经营理念，帮助乡镇企业扩大生产和发展规模，提高产品和企业档次；同时，乡镇企业为城市企业提供优质的生产基地和劳动力，帮助城市企业降低生产成本，增强市场竞争力，从而实现双方互利共赢。

（三）推进城乡市场网络化发展

城乡市场网络化，是在城乡要素流畅运转的前提下，逐步提高城乡市场间的关联性，不断丰富市场结构层次，增强其辐射带动能力，扩大市场体系的作用空间。目前，江苏城市市场已较成熟，但农村市场还有待拓展，城乡市场分割、流通体制不畅等问题表现突出。

构建城乡网络化市场，必须破除城乡地域壁垒，统筹管理城乡劳动力市场、商品市场和生产资料市场。首先，集中精力发展农村市场网络化体系。政府应通过健全相关法规体系，建立符合现代化市场要求的商品流通体制，促进农村市场由集市贸易的初级市场向专业化市场转变。农村市场主要分为农副产品市场和农村工业品市场，其中，农副产品的流动是城乡市场联系的主要连接点，可为城乡市场提供特色需求，带动农村市场升级；农村工业品市场既可成为城市工业品在农村的销售点，也可为乡镇企业的产品提供在城市销售的中转站。

其次，协调城乡市场网络体系。政府应通过相关政策的实施，以市场专业化分工协作为基础，促进城乡市场网络化体系的良性发育和运作。例如，建立统一的城乡劳动力市场网络，方便城乡劳动力需求信息的传递；破除城乡地域壁垒，促进生产要素高效、合理流动；通过相关产业和经济政策，促进产业市场结构调整，加强江苏与省外乃至国际上的沟通与联系，使城乡市场网络化的发展在市场机制和政府行为的共同引导下趋向合理化和规范化；等等。

第三节　本章小结

本章首先确定了下一阶段江苏省促进城乡一体化发展的理念与原则，即以人为本、制度创新、社会公平和因地制宜原则，这些原则在一定程度上规范了工作重点的实施环境。其次，在第六章城乡一体化发展水平评价分析的基础上，对江苏省城乡一体化发展中出现的问题进行重点分析和建议探讨，具体指出了下一阶段带有方向性和可操作性的四大方面的实施重点，即改善城乡生态环境、加强农村公共服务、推进区域均衡发展以及促进城乡互动交流。

附 录

2002—2012 年江苏省城乡基本公共服务指标基础数据

年份	城镇				农村			
	城镇每万人拥有公共交通车辆（辆）	城镇居民每万人拥有医生数（个）	城镇居民社会保险综合覆盖率（%）	城镇就业人员平均受教育年限（年）	农村客运班车通达率（%）	农村居民每万人拥有医生数（个）	新型农村合作医疗保险参保率（%）	农村劳动力平均受教育年限（年）
2002	6.9	32.319	89.8	8.5	60	16.53	80.2	6.91
2003	7.2	31.165	90.2	8.42	61.2	17.38	82.4	6.93
2004	7.9	31.665	90.4	8.5	63.9	17.5	83.6	7.07
2005	9.1	32.105	91.6	9.12	69.8	17.61	85.5	7.13
2006	10.4	33.88	93.5	9.2	76.5	17.89	88.48	7.38
2007	11.6	41.481	94.8	9.45	83	11.83	90.21	7.54
2008	12.4	42.54	95.6	9.62	89	11.64	92.8	7.71
2009	11.7	45.12	96.7	9.54	90.1	10.92	95	7.75
2010	11.2	45.38	97.1	9.5	92	11.36	99.1	7.82
2011	11.3	48.213	98.8	9.47	95.9	11.49	99.4	7.88
2012	11.3	49.4	98.5	10.51	98.1	14.78	98.5	7.94

2002—2012 年江苏省城乡基础设施指标基础数据

年份	城市人口用水普及率（%）	人均城市道路面积（平方米）	城镇居民人均住房建筑面积（平方米）	城镇居民每千户国际互联网用户数（户）	农村安全饮用水普及率（%）	农村行政村通灰黑公路（或航道）比重（%）	农村人均钢筋、砖木结构住房面积（平方米）	农村居民每千户国际互联网用户数（户）
2002	89	11.7	26.47	212.1	64.6	67.2	35.1	18.5
2003	91.9	13.5	26.86	279.1	65.2	80.3	35.9	20.6
2004	94	14.7	27.24	316.8	65.9	86.2	36.49	23.8
2005	96.3	16.3	28.76	463.5	66.7	89.4	38.59	29
2006	99.2	18.7	29.68	524.8	67.6	93	40.8	41
2007	99.5	19.3	30.9	589.8	68.6	93.4	42.9	55
2008	99.9	20.3	32.41	681.7	69.7	93.2	44.05	66
2009	99.7	20.4	32.87	757.2	70.9	91.9	45.24	82
2010	99.6	21.3	33.39	813.6	72.2	90.9	46.33	110
2011	99.6	21.9	34.72	969.4	73.6	84.2	48.55	158
2012	99.7	22.4	35.15	1003	75.1	88.6	49.86	249

2002—2012 年江苏省城乡资源环境指标基础数据

年份	城镇					农村		
	建成区绿化覆盖率（%）	城市污水处理率（%）	城市生活垃圾无害化处理率（%）	工业污染治理项目投资额（万元）	森林覆盖率（%）	农村生活污水处理率（%）	农业废弃物综合利用率（%）	节水灌溉面积（平方米）
2002	35.3	66	88.4	7.54	11.36	25.2	31.4	129.85
2003	35.4	69.9	89.7	17.29	12.9	31.2	33.2	132.54
2004	37.9	76.1	91	28.01	14.8	33.6	36.1	137.5
2005	39.8	77.7	82.9	38.95	15.6	33.9	39.9	142.45
2006	41.7	81.8	83.8	28	14.8	34.3	45.2	146.33
2007	42.8	84.4	86.9	53.7	16.9	35.2	51.4	149.23
2008	42.6	84.1	90.8	39.71	16.8	36.1	59	153.43
2009	42	85.4	91	27.05	18.1	37.4	65	161.13
2010	44.1	87.6	93.6	18.6	20.64	42.4	71.3	165.53
2011	42.1	89.9	93.8	42.78	21.1	45	78.2	170.83
2012	42.2	90.7	95.9	55.87	21.6	47.5	85.8	185.63

2006年江苏省各地市城乡一体化评价指标基础数据

项目	苏州	无锡	常州	镇江	南京	泰州	扬州	南通	盐城	淮安	徐州	连云港	宿迁
城镇密度（个/平方公里）*	0.284	0.253	0.595	0.455	0.068	1.819	1.1	2.107	1.926	1.303	0.791	0.971	2.185
城镇就业人数（万人）	52.2	52.6	50.65	36.9	62.68	20.93	31.9	23.89	10.61	25.03	24.88	29.66	21.38
城镇居民人均生产总值（万元）	8.96	8.28	5.86	5.53	4.9	4.25	4.58	4.68	2.84	2.79	3.18	2.45	2.2
R&D经费支出占GDP比重（%）	1.5	1.56	1.63	1.38	2.45	1.3	1.43	1.36	0.85	0.56	0.88	0.66	0.11
第三产业增加值占GDP比重（%）	32.7	38.8	35.8	35.4	48	32.1	35	34.4	33.4	34.1	35.5	35.9	31.6
城镇居民人均可支配收入（元）	18532	18189	16650	14291	17538	12682	12945	14058	12052	10447	12837	11475	8172
城镇居民人均生活消费支出（元）	12472	11372	12503	9196	12234	8184	8273	9332	7378	7077	8621	8324	4976
城镇居民恩格尔系数（%）*	36.1	38.3	35.7	39.8	33.9	42	40.5	36.7	37.8	39.9	34	34.7	44.5
村庄密度（个/平方公里）*	0.116	0.201	0.256	0.161	0.108	0.33	0.178	0.228	0.117	0.144	0.203	0.194	0.129
农村从业人员数（万人）*	47.97	48.3	49.33	63.1	37.3	79	68	76	89.4	75	75.1	70.3	78.7
农村居民人均农林牧渔业总产值（万元）	0.33	0.27	0.35	0.34	0.48	0.38	0.42	0.44	0.56	0.41	0.37	0.35	0.32
农林水事务支出占财政支出比重（%）	5.96	5.091	6.39	6.841	4.691	8.322	8.54	6.873	8.362	8.495	6.586	8.03	9.915
综合农业机械化水平（%）	65.6	72	68.6	60	75	58.26	65	63	58	61	59.3	60.5	59.8
农村居民人均纯收入（元）	9278	8880	8001	6717	7045	5695	5813	6106	5393	4430	4896	4265	4228
农村居民人均生活消费支出（元）	6811	6515	6518	5068	5530	4046	4314	4313	3260	2885	3220	2797	2824
农村居民恩格尔系数（%）*	36.3	35.5	37.7	39.9	38.6	38	40.1	38.5	43.3	45	41	45.3	47.4

总体发展水平指标　城镇　农村

续表

	项目	苏州	无锡	常州	镇江	南京	泰州	扬州	南通	盐城	淮安	徐州	连云港	宿迁
基本公共服务指标	城镇每万人拥有公共交通车辆（辆）	10.8	14.3	13.4	9.2	14.4	3.7	12.9	10.3	4.9	10.2	12.8	3.2	6.3
	城镇居民每万人拥有医生数（个）	45.63	44.14	43.26	46.37	51.37	35.32	37.02	35.42	27.22	28.44	32.99	27.67	20.69
	城镇居民社会保险综合覆盖率（%）	95	98.3	96.7	97.7	98.2	98.7	92.3	95.5	96.9	94.35	91.8	92.9	86.6
	城镇就业人员平均受教育年限（年）	14.5	13.6	12	12.7	12.5	10.9	10.7	8.8	9.7	9	10.5	8.9	8.3
	农村客运班车通达率（%）	90	89.5	93	88	90	92	87.8	76	87.6	78	82	86	80
	农村居民每万人拥有医生数（个）	44	42	36.8	35.7	40.15	29.88	32.65	29.6	25	25.4	29.6	22.8	15.34
	新型农村合作医疗保险参保率（%）	96.1	99	97.8	96.9	95.67	93.2	88.6	92	90.6	92.4	92.6	93.1	90.6
	农村劳动力平均受教育年限（年）	11.2	13.1	11	11.6	12	9.8	9.7	7.5	8.8	7.9	9.1	7.8	7.5
基础设施建设指标	人均等级公路面积（米）	298	268.4	262.1	251.1	204.9	133.6	145	139	136	100	149.8	200	163.5
	城镇居民人均住房建筑面积（平方米）	28.7	27.1	28.7	28.1	25.2	32.4	32.4	29.4	25.3	28.7	23.9	31.4	36.8
	城镇居民每千户国际互联网用户数（户）	590	620	580	362	730	385.3	429	455	276.5	205.8	240	186	107
	农村人均钢筋、砖木结构住房面积（平方米）	65.3	58.3	58.3	44.6	44.7	42	38.8	50.1	34	30.4	32.2	26	24.9
	农村居民每千户国际互联网用户数（户）	200	154.4	162.2	102	180.3	65.34	80	76.6	55.6	45	33.8	52.3	12.7
资源环境指标	建成区绿化覆盖率（%）	43	41.2	40.6	39.6	45.5	41.9	40.4	41.6	37.8	38.3	37.9	37.2	39.8
	城市污水处理率（%）	90.2	82.7	87.7	83.4	83.2	85.7	81.1	80.3	72.3	80.4	84	66.7	49.6
	城市生活垃圾无害化处理率（%）	94.58	93.1	91	88	85	95.5	92	93.2	89	92	96	84.3	96.5
	森林覆盖率（%）	21.1	20.3	15.3	15.3	22.1	9.9	14.5	11.3	11.5	18.2	14.9	16.3	22.7
	农村生活污水处理率（%）	35	28	22	32.5	27	16	19.9	12	8	9.2	15	10	9.8
	农业废弃物综合利用率（%）	70	68	64	78.5	75	58	79.4	79.6	54	67.4	63	63.2	70

2010 年江苏省各地市城乡一体化评价指标基础数据

项目	苏州	无锡	常州	镇江	南京	泰州	扬州	南通	盐城	淮安	徐州	连云港	宿迁
城镇密度（个/平方公里）*	0.088	0.092	0.188	0.245	0.044	0.497	0.381	0.479	0.41	0.578	0.284	0.336	0.556
城镇就业人数（万人）	68	66	59	45	73	27	40	29	14	35	30	42	32
城镇居民人均生产总值（万元）	9.30	9.22	6.73	6.43	6.53	4.41	4.98	4.81	3.16	2.89	3.41	2.70	2.25
R&D 经费支出占 GDP 比重（%）	1.6	2.36	2.1	1.71	2.8	1.7	1.96	1.9	1.2	1	1.2	1.3	0.96
第三产业增加值占 GDP 比重（%）	41.4	42.8	41.4	39.5	51.9	37.6	37.6	37.2	37	39.3	39.7	39	37.4
城镇居民人均可支配收入（元）	30366	27750	25875	23224	27383	20255	19537	21825	16935	15983	16762	15790	12757
城镇居民人均生活消费支出（元）	18837	17068	17205	13324	17406	12317	12842	13506	12026	11047	10558	9984	8536
城镇居民恩格尔系数（%）*	35.1	37.2	32.6	39.9	35.2	36.7	37.2	35.6	35.8	36.2	35.2	37.5	37.9
村庄密度（个/平方公里）*	0.141	0.158	0.193	0.137	0.096	0.266	0.178	0.183	0.115	0.147	0.207	0.197	0.123
农村从业人员数（万人）*	32	34	41	55	27	73	60	71	86	65	70	58	68
农村居民人均改农林牧渔业总产值（万元）	0.68	0.92	1.04	0.68	0.89	1.21	1.48	1.44	2.2	1.48	1.3	1.52	1.33
农林水事务支出占财政支出比重（%）	5.7	4.4	9.1	3.1	5.9	3.4	4.4	4.5	13.2	10.4	6.9	6.2	16.4
综合农业机械化水平（%）	75.6	82	81.6	74	80	68.26	75	73	68	71	69.2	70.5	71.32
农村居民人均纯收入（元）	14657	14002	12637	10874	11128	9324	9462	9914	8751	7233	7955	7039	6975
农村居民人均生活消费支出（元）	10397	9790	9924	7848	8477	6476	6782	7240	5074	5216	5216	4766	4684
农村居民恩格尔系数（%）*	33.9	34.5	35.1	39.2	36.7	34.2	38	36.2	36.9	39.4	37.6	40.9	42.9

（左侧分类标签：城镇、总体发展水平指标、农村）

续表

项目		苏州	无锡	常州	镇江	南京	泰州	扬州	南通	盐城	淮安	徐州	连云港	宿迁
基本公共服务指标	城镇每万人拥有公共交通车辆（辆）	18.9	17.1	19	14.2	17.4	6.4	15	14.2	8.3	10.1	17.2	9.6	10.8
	城镇居民每万人拥有医生数（个）	65.1	72.1	61.4	45.1	65.6	35.2	40.4	45.1	36.2	37.3	35.6	33.2	29.8
	城镇居民社会保险综合覆盖率（%）	98.8	98.25	98	98.76	96.68	92.4	97	97.8	96.87	94	94.5	93.7	90
	城镇就业人员平均受教育年限（年）	15.29	14.95	13.98	14.47	13.05	11.8	11.9	9.83	10.21	10.47	11.02	9.98	9.32
	农村客运班车通达率（%）	100	99.5	100	97.6	98	95.5	96	97	92.5	94.5	96.8	96.5	93.2
	农村居民每万人拥有医生数（个）	42.5	47	33.7	29.8	30.3	25.3	26.3	27.4	25.8	26.7	30.1	27.1	21.4
	新型农村合作医疗保险参保率（%）	100	99.7	97	95.9	98.9	98.9	98.75	96.7	95.2	96.7	95	98.65	94.3
	农村劳动力平均受教育年限（年）	13.6	14	12.8	12.4	11.6	10.3	10.4	8.5	7.3	9.4	9.9	8.3	8.1
基础设施建设指标	人均城市道路面积（平方米）	138.2	127.2	126	118.6	128.5	96	103.8	106	102	98	95.6	86	81
	城镇居民人均住房建筑面积（平方米）	34.8	35.8	36.7	39.1	30.1	37.1	35	38.3	33.7	32.7	32.9	35.8	37.8
	城镇居民每千户国际互联网用户数（户）	1371	1366	1217	1045	1329	989	1013	1150	810	792.3	823	796.3	800
	农村人均钢筋、砖木结构住房面积（平方米）	68	58.5	58.4	48.6	49.9	49.4	42.2	53.6	39	36.3	41.6	35.3	34.2
	农村居民每千户国际互联网用户数（户）	681	550	386	288	345	226	287	290	189	175	165	95	102
资源环境指标	建成区绿化覆盖率（%）	42.7	42.6	42.2	42.1	44.4	40.8	43.6	40.6	39.2	39.6	41.3	38.7	40.6
	城市污水处理率（%）	90.3	95.2	89.8	86.1	88.8	83.7	88.9	91.4	82	81.6	81.7	81.4	83
	城市生活垃圾无害化处理率（%）	98.7	97.1	94.9	92.9	88.8	99.8	97.4	98.2	93	99.7	100	91.9	100
	森林覆盖率（%）	23.5	20.91	21.11	21.5	26	16.49	18.31	17.47	17.62	23.16	30.86	22.18	25.5
	农村生活污水处理率（%）	52.8	38	29.8	41.9	35.6	25.1	22.4	21.2	15	13.8	12.9	14.3	10.2
	农业废弃物综合利用率（%）	80	83	79	93.94	86.67	73.61	93.01	93.01	69	82	75	78.6	85.6

参考文献

［1］ Appleton, S. , Song Land Xia, Q. , "Has China Crossed the River? The Evolution of Wage Structure in Urban China During Reform and Retrenchment", *Journal of Comparative Economics*, Vol. 33, No. 4, 2005, p. 644.

［2］ Armstrong, W. , McGee, T. G. , *Theatres of Accumulation*: *Studies in Asian and Latin American Urbanization*, Routledge, 2013.

［3］ Atkinson, A. , *The Economics of Inequality*, Oxford: Clarendon Press, 1983.

［4］ Chen, C. J. , "Research on the Evaluation of Sustainable Development Based on Information Share", Taiwan Proceedings of the Fourth Asia – Pacific Conference on Industrial Engineering and Management System, 1048 – 1051, 2002.

［5］ Chunping, H. , "Explaining the Subjective Well – Being of Urban and Rural Chinese: Income, Personal Concerns, and Societal Evaluations", *Social Science Research*, Vol. 49, 2015, p. 179.

［6］ Du, J. G. and Cheng, F. X. , *A Study on Evolution of Rural – urban Income Inequality in China*: 1993 – 2005. In: Zhang, H. , Zhu, K. L. , Han, C. L. , *Recent Advance in Statistics Application and Related Areas*, *Part*1 *and Part*2, Aussino Academic Publishing House, Sydney Australia, 1649 – 1654, 2008.

［7］ Easterlin, R. A. , Angelescu, Land Zweig, J. S. , "The Impact of Modern, Economic Growth on Urban – Rural Differences in Subjective Well – being", *World Development*, Vol. 39, No. 12, 2011, p. 2187.

［8］ Fan, J. L. , Liao, H. , Liang, Q. M. et al. , "Residential Carbon Emission Evolutions in Urban – Rural Divided China: an End – Use and Behavior Analysis", *Applied Energy*, Vol. 101, 2013, p. 323.

［9］ Francois, P. , "Economic Space: Theory and Applications", *Quarterly*

Journal of Economics, Vol. 65, No. 2, 1950, p. 89.

[10] Friedman, J. R., *Regional Development Policy: A Study of Venezuela*, Cambridge: MIT Press, 1966.

[11] Gau, W. L. and Buehrer, D. J., "Vague Sets", *IEEE Trans on Systems, Man, and Cybernetics*, Vol. 12, No. 2, 1993, p. 610.

[12] Gennaioli, N., La, P. R., Lopez – de – Silanes, F. et al., "Human Capital and Regional Development", *The Quarterly Journal of Economics*, Vol. 128, No. 1, 2013, p. 105.

[13] Herrmann – Pillath, C., Kirchert, D. and Pan, J. C., "Disparities in Chinese Economic Development: Approaches on Different Levels of Aggregation", *Economic Systems*, Vol. 26, 2002, p. 31.

[14] Howard, E., *To – Morrow: A Peaceful Path to Real Reform*, Cambridge University Press, 1898.

[15] Ito, J., "Economic and Institutional Reform Packages and Their Impact on Productivity: A Case Study of Chinese Township and Village Enterprises", *Journal of Comparative Economics*, Vol. 34, No. 1, 2006, p. 167.

[16] Ji, Z. M. and Shen, M., "Research on Path of the Construction of Ecological City Under Polycentric Governance—Taking Tianjin Eco – city as an Example", Proceedings of 2013 4th International Asia Conference on Industrial Engineering and Management Innovation, Springer Berlin Heidelberg, 2014, pp. 947 – 956.

[17] Kanbur, R. and Zhang, X. B., "Which Regional Inequality? The Evolution of Rural – Urban and Inland – coastal Iinequality in China from 1983 to 1995", *Journal of Comparative Economics*, Vol. 27, 1999, p. 686.

[18] Kenneth, T. J., *Crabgrass Frontier: the Suburbanization of the United States*, New York: Oxford University Press, 1985.

[19] Knight, J. and Gunatilaka, R., "Great Expectations? The Subjective Well – Being of Rural – Urban Migrants in China", *World Development*, Vol. 38, No. 1, 2010, p. 113.

[20] Kung, James K. S. and Lin, Y. M., "The Decline of Township – and –

Village Enterprises in China's Economic Transition", *World Development*, Vol. 35, No. 4, 2007, p. 569.

[21] Lewis, W. A., "Economic Development with Unlimited Supplies of Labour", *Models of Development*, Vol. 1, 1954, p. 401.

[22] Li, Y. C., Wang, X. P., Zhu, Q S, et al., "Assessing the Spatial and Temporal Differences in the Impacts of Factor Allocation and Urbanization on Urbane Rural Income Disparity in China, 2004 – 2010", *Habitat International*, Vol. 42, 2014, p. 76.

[23] Li, Y. C., Wang, X. P., Zhu, Q. S. et al., "Assessing the Spatial and Temporal Differences in the Impacts of Factor Allocation and Urbanization on Urban – Rural Income Disparity in China, 2004 – 2014", *Habitat Integernational*, Vol. 42, 2014, p. 76.

[24] Liu, Y., Lu, S. and Chen, Y., "Spatio – Temporal Change of Urban – Rural Equalized Development Patterns in China and Its Driving Factors", *Journal of Rural Studies*, Vol. 32 2013, p. 320.

[25] Long, H. L., Liu, Y. S. and Li, X. B., "Building New Countryside in China: A Geographical Perspective", *Land Use Policy*, Vol. 27, 2010, p. 457.

[26] Lu, M. and Chen, Z., "Urbanization, Urban – Biased Policies, and Urban – Rural Inequality in China, 1987 – 2001", *Chinese Economy*, Vol. 39, No. 3, 2006, p. 42.

[27] Mattei, D. and John, D. K., *The Metropolisera*, Volume 1, World of Giant Cities, London: Sage Publications, 1988.

[28] Pyatt, G., "On the Interpretation and Disaggregation of Gini Coefficients", *Economic Journal*, Vol. 86, Vol. 27, 1976, p. 243.

[29] Qin, H., "Rural – to – Urban Labor Migration, Household Livelihoods, and the Rural Environment in Chongqing Municipality, Southwest China", *Human Ecology*, Vol. 38, No. 5, 2010, p. 675.

[30] Rozelle, S., "Rural Industrialization and Increasing Inequality: Emerging Patterns in China's Reforming Economy", *J. Comparative Econ*, Vol. 193, 1994, p. 362.

[31] Saarinen, E., *The City: Its Growth, Its Decay, Its Future*, New

York: Reinhold Publishing Corporation, 1943.

[32] Sen, A., *On Economic Inequality*, Harvard University Press, 1972.

[33] Shen, L., Jiang, S. and Yuan, H., "Critical Indicators for Assessing the Contribution of Infrastructure Projects to Coordinated Urban – Rural Development in China", *Habitat International*, Vol. 36, No. 2, 2012, p. 237.

[34] Shen, X. P. and Ma, L. J. C., "Privatization of Rural Industry and de Facto Urbanization from Below in Southern Jiangsu, China", *Geoforum*, Vol. 36, 2005, p. 761.

[35] Shih, F. Y. and Wu, Y. T., "Three – Dimensional Euclidean Distance Transformation and Its Application to Shortest Path Planning", *Pattern Recognition*, Vol. 37, 2004, p. 75.

[36] Shorrocks, A., "Inequality Decomposition by Population Subgroup", *Econometrics*, Vol. 52, 1984, p. 1369.

[37] Shorrocks, A., "The Class of Additively Eecomposable Inequality Measures", *Econometrics*, Vol. 48, 1980, p. 613.

[38] Sicular, T., Yue, X. M., Gustafsson B. et al., "The Urban – Rural Income Gap and Inequality in China", *Review of Income and Wealth*, Vol. 53, No. 1, 2007, p. 93.

[39] Terry, S. X., Yue, M., Björn, G. et al., "The Urban – rural Income Gap and Inequality in China", *Review of Income and Wealth*, Vol. 53, 2007, p. 93.

[40] Thompson, E. C., Bunnell, T. and Parthasarathy, D., *Cleavage, Connection and Conflict in Rural, Urban and Contemporary Asia*, Springer Netherlands, 2013.

[41] Tsui, K. Y., "Decomposition of China's Regional Inequalities", *Journal of Comparative Economics*, Vol. 17, No. 3, 1993, p. 600.

[42] Tsui, K. Y., "Trends and Inequalities of Rural Welfare in China: Evidence from Rural Households in Guangdong and Sichuan", *Journal of Comparative Economics* Vol. 26, 1998, p. 502.

[43] Wan, G. H., Zhang, Y., "Explaining the Poverty Difference between Inland and Coastal China: A Regression – based Decomposition. Ap-

proach", *Review of Development Economics*, Vol. 12, 2008, p. 455.

[44] Wang, Z. P., Shi, C. L., Li, Q. et al., "Dynamic Econometric Analysis of the Relationship Between Urbanization and Urban Resource in Beijing City", *Energy Procedia*, Vol. 5, 2011, p. 2586.

[45] Wright, F. L., *The Disappearing City*, New York: W. F. Payson, 1932.

[46] Wright, F. L., "Broadacre City: A New Community Plan", *Architectural Record*, Vol. 4, 1935, p. 243.

[47] Yang, D., "Urban – Biased Policies and Rising Income Inequality in China", *Amer. Econ. Rev*, Vol. 89, 1999, p. 306.

[48] Yao, S. J., Zhang, Z. Y. and Feng, G. L., "Rural – Urban and Regional Inequality in Output, Income and Consumption in China Under Economic Reforms", *Journal of Economic Studies*, Vol. 32, 2005, p. 4.

[49] Yao, S. J., "On the Decomposition of Gini Coefficients by Population Class and Income Source: A Spreadsheet Approach and Application", *Applied Economics*, Vol. 31, 1999, p. 1249.

[50] Ye, Y., Le Gates, R. and Qin, B., "Coordinated Urban – Rural Development Planning in China: The Chengdu Model", *Journal of the American Planning Association*, Vol. 79, No. 2, 2013, p. 125.

[51] Ye, F. J., "Since the Government is the Referee, Why Does it Get into the Game?", *Chinese Econ. Stud.*, Vol. 29, 1996, p. 41.

[52] Young, A., "Inequality, the Urban – Rural Gap, and Migration", *The Quarterly Journal of Economics*, Vol. 128, No. 4, 2013, p. 1727.

[53] Yuan, Q., Zhao, J. G. and Xia, Y. Y., "Research on Rural Planning Strategies Based on the Coordination with the Development of Large – Scale Construction Projects: A Case Study on Yanqing County in Beijing", *Applied Mechanics and Materials*, Vol. 357, 2013, p. 1882.

[54] Zhang, L. and Zhao, S. X., "Re – Examining China's 'Urban' Concept and the Level of Urbanization", *The China Quarterly*, Vol. 154, 1998, p. 330.

[55] Zhang, Y. and Wan, G. H., "The Impact of Growth and Inequality on Rural Poverty in China ", *Journal of Comparative Economics*, Vol. 34,

2006, p. 694.

[56] Zhao, P. J., "Too Complex to be Managed? New Trends in Peri – Urbanisation and Its Planning in Beijing", *Cities*, Vol. 30, 2013, p. 68.

[57] Zheng, X., Chen, D., Liu, X. et al., " Spatial and Seasonal Variations of Organochlorine Compounds in Air on An Urban – Rural Transect Across Tianjin, China", *Chemosphere*, Vol. 78, No. 2, 2010, p. 92.

[58] 蔡昉:《中国流动人口问题》,河南人民出版社 2000 年版。

[59] 曹明霞:《城乡一体化监测指标体系及其综合评价模型研究》,《西北农林科技大学学报》2011 年第 11 期。

[60] 陈斌开、林毅夫:《发展战略、城市化与中国城乡收入差距》,《中国社会科学》2013 年第 4 期。

[61] 陈伯庚、陈承明:《新型城镇化与城乡一体化疑难问题探析》,《中国社会科学》2013 年第 9 期。

[62] 陈承明、施镇平:《中国特色城乡一体化探索》,吉林大学出版社 2010 年版。

[63] 陈楚洁、袁梦倩:《文化传播与农村文化治理:问题与路径——基于江苏省 J 市农村文化建设的实证分析》,《中国农村观察》2011 年第 3 期。

[64] 陈建兰:《城乡一体化背景下的"农保"转"城保"》,《农村经济》2012 年第 1 期。

[65] 陈湘满、申群意、邹镇宇:《环长株潭城市群城乡一体化测度与评价》,《生态经济》2013 年第 2 期。

[66] 城乡二元结构下经济社会协调发展课题组:《中国城乡经济及社会的协调发展》,《管理世界》1996 年第 3 期。

[67] 邓立丽:《江苏城乡经济一体化研究》,《上海经济研究》2012 年第 2 期。

[68] 丁宝山:《中国城乡协调发展的体制条件》,《管理世界》1992 年第 6 期。

[69] 丁毓良、武春友、江照华:《中国农业经济发展因素与产业模式研究》,《财经问题研究》2008 年第 1 期。

[70] 董锋、谭清美、周德群:《多指标面板数据下的企业 R & D 因子能力分析》,《研究与发展管理》2009 年第 3 期。

［71］杜建国：《经管系统复杂性研究：理论、方法和应用》，广西师范大学出版社 2008 年版。

［72］杜建国、陈永泰、姜宇华：《长三角区域非均衡发展演化及协调对策研究》，经济管理出版社 2011 年版。

［73］段娟、鲁奇、文余源：《我国区域城乡互动与关联发展综合评价》，《中国人口·资源与环境》2005 年第 15 期。

［74］段娟、文余源、鲁奇：《我国中部地区城乡互动发展水平综合评价》，《农业现代化研究》2007 年第 28 期。

［75］段娟、文余源、鲁奇：《中国城乡互动发展水平的地区差异及其变动趋势研究》，《中国软科学》2006 年第 9 期。

［76］高燕：《产业升级的测定及制约因素分析》，《统计研究》2006 年第 4 期。

［77］高永卉：《泛长三角城乡一体化测度和评价》，硕士学位论文，合肥工业大学，2010 年。

［78］顾凯平：《系统工程学导论》，中国林业出版社 1999 年版。

［79］顾益康、许军勇：《城乡一体化评估指标体系研究》，《浙江社会科学》2004 年第 6 期。

［80］郭爱民：《英国农业革命及其对工业化的影响》，《中国农史》2005 年第 2 期。

［81］郭亮华、何彤慧、程志等：《宁夏城乡一体化发展测评研究》，《国土与自然资源研究》2012 年第 1 期。

［82］胡群、刘文云：《基于层次分析法的 SWOT 方法改进与实例分析》，《情报理论与实践》2009 年第 3 期。

［83］胡小武：《江苏新型城镇化与城乡一体化"空间落点"协同战略》，《南京社会科学》2013 年第 9 期。

［84］黄锟：《城乡二元制度对农民工市民化影响的实证分析》，《中国人口·资源与环境》2011 年第 21 期。

［85］霍立浦：《法国的城市化进程和存在的问题》，《国际科技交流》1987 年第 10 期。

［86］江敦涛：《山东半岛城乡一体化发展模式研究》，博士学位论文，中国海洋大学，2011 年。

［87］江苏省社科院课题组：《"十二五"开局之年复杂经济运行背景下江

苏经济发展的思路和对策》，《现代经济探讨》2011 年第 1 期。

[88] 姜太碧：《统筹城乡协调发展的内涵和动力》，《农村经济》2005 年第 6 期。

[89] 蒋德锋、张继良、沈越斌：《我国沿海城市区域城乡一体化发展评价分析》，《无锡商业职业技术学院学报》2014 年第 14 期。

[90] 焦必方、林娣、彭婧妮：《城乡一体化评价体系的全新构建及其应用——长三角地区城乡一体化评价》，《复旦学报》（社会科学版）2011 年第 4 期。

[91] 靖学青：《上海产业升级测度及评析》，《上海经济研究》2008 年第 6 期。

[92] 柯炳生：《关于加快推进现代农业建设的若干思考》，《农业经济问题》2007 年第 2 期。

[93] 李冰：《二元经济结构理论与中国城乡一体化发展研究——基于陕西省的实证分析》，博士学位论文，西北大学，2010 年。

[94] 李刚、金兆怀：《东北地区城乡协调发展的困境与出路》，《经济纵横》2013 年第 5 期。

[95] 李华、蔡永立：《基于 SD 的生态安全指标阈值的确定及应用——以上海崇明岛为例》，《生态学报》2010 年第 13 期。

[96] 李锦顺：《协调城乡发展的发生点和起点研究》，《经济问题探索》2005 年第 4 期。

[97] 李靖华、郭耀煌：《主成分分析用于多指标评价的方法研究——主成分评价》，《管理工程学报》2002 年第 16 期。

[98] 李静：《大连市城乡二元经济结构和城乡一体化发展水平研究》，硕士学位论文，辽宁师范大学，2013 年。

[99] 李君、李小建：《河南省区域城乡关联度评价分析》，《地域研究与开发》2008 年第 27 期。

[100] 李岚：《区域生态环境保护是城市发展的命脉》，《城市问题》2002 年第 5 期。

[101] 李巧云：《江苏城乡收入差距实证研究——基于苏南、苏中、苏北的对比研究》，《中国集体经济》2012 年第 12 期。

[102] 李泉：《全球化时代的城乡一体化发展——兼论中国城乡一体化发展中的新型城乡形态》，《贵州社会科学》2014 年第 3 期。

［103］ 李习凡、胡小武：《城乡一体化的"圈层结构"与"梯度发展"模式研究》，《南京社会科学》2010 年第 9 期。

［104］ 李亚丽：《英国城市化进程的阶段性借鉴》，《城市发展研究》2013 年第 20 期。

［105］ 李志杰：《我国城乡一体化评价体系设计及实证分析——基于时间序列数据和截面数据的综合考察》，《经济与管理研究》2009 年第 12 期。

［106］ 林玉妹、林善浪、樊涛：《人力资本对农村劳动力转移空间距离的影响研究》，《当代经济管理》2013 年第 35 期。

［107］ 凌子燕、刘锐：《基于主成分分析的广东省区域水资源紧缺风险评价》，《资源科学》2010 年第 32 期。

［108］ 刘爱莲、董涛、奚彩莹：《关于江苏城乡公共服务与管理一体化问题的思考》，《商业时代》2012 年第 36 期。

［109］ 刘凤琴、马俊海：《农业持续系统协调度的分析预测模型》，《农业系统科学与综合研究》2003 年第 9 期。

［110］ 刘吉双、陈殿美：《黑龙江省城乡一体化进程评估与分析》，《中国农学通报》2014 年第 30 期。

［111］ 刘明香、林怡、刘晖等：《城乡一体化指标体系的构建与评价——以石狮市为例》，《农林大学学报》2013 年第 16 期。

［112］ 刘培培：《城乡一体化指标体系构建及评价研究——以青岛市为例》，硕士学位论文，山东科技大学，2011 年。

［113］ 刘艳艳：《美国城市郊区化及对策对中国城市节约增长的启示》，《地理科学》2011 年第 7 期。

［114］ 刘业辉、夏卫生、柯为民：《长沙市城乡一体化评价指标体系初探》，《长沙大学学报》2012 年第 26 期。

［115］ 刘奕玮、郭俊华：《城乡一体化评价指标体系的构建及水平测评——以陕西省宝鸡市为例》，《未来与发展》2013 年第 3 期。

［116］ 刘正：《城乡一体化程度评价指标体系初探》，硕士学位论文，山东大学，2007 年。

［117］ 刘志迎、谭敏：《纵向视角下中国技术转移系统演变的协同度研究——基于复合系统协同度模型的测度》，《科学学研究》2012 年第 3 期。

[118] 卢冲、刘媛、江培元：《产业结构、农村居民收入结构与城乡收入差距》，《中国人口·资源与环境》2014 年第 S1 期。

[119] 鲁奇、曾磊、王国霞等：《重庆城乡关联发展的空间演变分析及综合评价》，《中国人口·资源与环境》2004 年第 14 期。

[120] 吕祥：《关于缩小上海城乡居民收入差距的研究》，《上海农村经济》2010 年第 9 期。

[121] 罗雅丽、李同升：《城乡关联性测试与协调发展度研究——以西安市为例》，《地理与地理信息科学》2005 年第 21 期。

[122] 罗雅丽、张常新：《城乡一体化发展评价指标体系构建与阶段划分——以大西安为例》，《江西农业大学学报》2007 年第 19 期。

[123] 马晓河：《统筹城乡发展要解决五大失衡问题》，《宏观经济研究》2004 年第 4 期。

[124] 马雪彬、田程荣：《城乡一体化评价指标体系及量化分析》，《甘肃金融》2011 年第 8 期。

[125] 倪楠：《中国城乡经济社会一体化的历史演进研究》，博士学位论文，西北大学，2013 年。

[126] 聂华林：《区域发展战略学》，中国社会科学出版社 2006 年版。

[127] 聂世坤、胥清学：《城乡一体化发展评价指标体系的构建与实证分析——以贵州省为例》，新中国 60 周年与贵州社会变迁学术研讨会暨贵州省社会学学会 2009 年年会论文集，贵阳，2009 年 11 月 20 日。

[128] 欧阳敏、周维菘：《我国城乡统筹模式及其比较》，《商业时代》2011 年第 3 期。

[129] 浦再明：《城乡一体化发展系统论——以上海为例》，《系统科学学报》2009 年第 17 期。

[130] 邵峰：《浙江省城乡一体化研究——基于"三农"问题的视角》，博士学位论文，浙江大学，2013 年。

[131] 申茂向、祝华军、田志宏等：《中国农村工业化及其环境与趋势分析》，《中国软科学》2005 年第 10 期。

[132] 盛来运：《中国农村劳动力外出的影响因素分析》，《中国农村经济》2007 年第 3 期。

[133] 盛昭瀚、张军、刘慧敏等：《社会科学计算实验案例分析》，上海

三联书店 2011 年版。

[134] 石忆邵：《实现城乡统筹发展战略的意义与对策》，《农业经济问题》2004 年第 2 期。

[135] 宋葛龙：《建立统筹城乡协调发展的体制新框架》，《宏观经济管理》2004 年第 5 期。

[136] 宋建波、武春友：《城市化与生态环境协调发展评价研究——以长江三角洲城市群为例》，《中国软科学》2010 年第 2 期。

[137] 苏春江：《河南省城乡一体化评价指标体系研究》，《农业经济问题》2009 年第 7 期。

[138] 孙海燕：《区域协调发展理论与实证研究》，科学出版社 2008 年版。

[139] 孙健、魏丽英：《基于均值化主成分分析的交通安全评价方法研究》，《交通信息与安全》2012 年第 1 期。

[140] 孙津：《城乡统筹：城乡协调发展的政策机制》，《中国发展》2004 年第 2 期。

[141] 孙久文：《走向 2020 年的我国城乡协调发展战略》，中国人民大学出版社 2010 年版。

[142] 孙刘平、钱吴永：《基于主成分分析法的综合评价方法的改进》，《数学的实践与认知》2009 年第 39 期。

[143] 孙群郎：《郊区化对美国社会的影响》，《美国研究》1999 年第 3 期。

[144] 孙小素：《城乡一体化进程的统计监测方法探讨》，《山东工商学院学报》2007 年第 21 期。

[145] 汤铃、李建平、余乐安等：《基于距离协调度模型的系统协调发展定量评价方法》，《系统工程理论与实践》2010 年第 30 期。

[146] 唐根年、徐维祥、罗民超：《浙江区域块状经济地理空间分布特征及其产业优化布局研究》，《经济地理》2003 年第 23 期。

[147] 完世伟：《城乡一体化评价指标体系的构建及应用——以河南省为例》，《经济经纬》2008 年第 4 期。

[148] 完世伟：《区域城乡一体化测度与评价研究——以河南省为例》，博士学位论文，天津大学，2006 年。

[149] 汪婷：《上海城乡一体化指标体系构建与实证分析》，《西安电子科

技大学学报》2014 年第 24 期。

[150] 王广起、陈磊、吕贵兴：《区域城乡一体化测度与评价研究》，中国社会科学出版社 2014 年版。

[151] 王桂平：《东西部城乡一体化水平比较研究——以陕西省和浙江省为例》，硕士学位论文，西北大学，2008 年。

[152] 王怀超：《沿着中国特色社会主义道路前进——深入学习研究党的十八大报告》，中共中央党校出版社 2012 年版。

[153] 王建军、陈晓玲：《基于主成分分析法的西宁市城乡协调发展评价研究》，《青海师范大学学报》（哲学社会科学版）2011 年第 33 期。

[154] 王生荣：《合作市城乡一体化指标体系及综合评价》，《石河子大学学报》2011 年第 25 期。

[155] 王蔚、张生丛、魏春雨等：《湖南省城乡一体化评价指标体系及量化分析》，《湖南大学学报》2011 年第 38 期。

[156] 王阳、岳正华：《城乡统筹协调发展的实证研究：2000—2008——以四川省为例》，《农村经济》2010 年第 2 期。

[157] 韦薇：《县域城乡一体化与景观格局演变相关性研究》，博士学位论文，南京林业大学，2011 年。

[158] 魏宏森：《系统理论及其哲学思考》，清华大学出版社 1988 年版。

[159] 魏宏森、曾国屏：《系统论——系统科学哲学》，世界图书出版公司 2009 年版。

[160] 魏尧：《城乡一体化建设的实证研究——以马鞍山市为例》，硕士学位论文，中国科学技术大学，2009 年。

[161] 吴殿廷、王丽华、戎鑫等：《我国各地区城乡协调发展的初步评价》，《中国软科学》2007 年第 10 期。

[162] 吴建南、刘佳、M. W. Richard：《地方政府绩效评估中的利益相关者与绩效数据——基于德尔菲法的研究》，《华东经济管理》2011 年第 4 期。

[163] 吴跃明、张子珩、郎东锋：《新型环境经济协调度预测模型及应用》，《南京大学学报》（自然科学版）1996 年第 3 期。

[164] 武廷海：《纽约大都市地区规划的历史与现状——纽约区域规划协会的探索》，《区域规划》2000 年第 2 期。

［165］徐秀渠：《Altman's Z—Score 模型在企业风险管理中的应用研究》，《经济经纬》2010 年第 4 期。

［166］颜芳芳：《城乡一体化评价指标体系研究》，《经济研究导刊》2011 年第 33 期。

［167］杨光：《苏南城乡一体化评价指标研究——以无锡为例》，《中国商贸》2013 年第 4 期。

［168］杨世琦、高旺盛、隋鹏等：《湖南资阳区生态经济社会系统协调度评价研究》，《中国人口·资源与环境》2005 年第 15 期。

［169］杨湘云：《江苏城乡协调发展指标构建方法研究》，《北方经贸》2011 年第 1 期。

［170］杨学军、徐振强：《智慧城市中环保智慧化的模式探讨与技术支撑》，《城市发展研究》2014 年第 21 期。

［171］姚继军：《发达省份基础教育优质均衡发展的量化测度——以江苏省为例》，《教育科学》2014 年第 30 期。

［172］叶忱、黄贤金：《江苏省城市化发展研究》，《现代城市研究》2000 年第 6 期。

［173］叶兴庆：《关于促进城乡协调发展的几点思考》，《农业经济问题》2004 年第 1 期。

［174］殷林森：《基于复合系统理论的上海市科技经济系统协调发展研究》，《科技进步与对策》2010 年第 4 期。

［175］尹成杰：《农业多功能性与推进现代农业建设》，《中国农村经济》2007 年第 7 期。

［176］于水、谢逢春：《苏南地区农业现代化发展现状的调查》，《南京农业大学学报》（社会科学版）2007 年第 7 期。

［177］袁晓梅、崔海潮、何磊：《国外城乡一体化发展经验》，《世界农业》2012 年第 10 期。

［178］曾健、张一方：《社会协同学》，科学出版社 2000 年版。

［179］张桂文：《推进以人为核心的城镇化促进城乡二元结构转型》，《当代经济研究》2014 年第 3 期。

［180］张合林：《中国城乡统一土地市场理论与制度创新研究》，经济科学出版社 2008 年版。

［181］张继良、徐荣华、关冰等：《城乡收入差距变动趋势及影响因

素——江苏样本分析》，《中国农村经济》2009 年第 12 期。

[182] 张健明等：《上海"新二元结构"问题的成因和缓解思路》，《科学发展》2011 年第 11 期。

[183] 张竟竟：《基于二元结构与"三农"问题的河南省城乡协调度动态评价》，《中国农学通报》2011 年第 27 期。

[184] 张竟竟：《天山北坡经济带城乡区域系统关联发展研究》，中国农业出版社 2010 年版。

[185] 张竟竟、陈正江、杨德刚：《城乡协调度评价模型构建及应用》，《干旱区资源与环境》2007 年第 21 期。

[186] 张竟竟、陈正江、杨德刚：《天山北坡经济带城乡关联发展定量评价》，《中国农学通报》2007 年第 23 期。

[187] 张礼萍、林钧海：《试论美国十九世纪的土地政策与农业近代化》，《青海社会科学》1996 年第 4 期。

[188] 张楠、孟伟、张远等：《辽河流域河流生态系统健康的多指标评价方法》，《环境科学研究》2009 年第 12 期。

[189] 张宁、陆文聪：《中国农村劳动力素质对农业效率影响的实证分析》，《农业技术经济》2006 年第 2 期。

[190] 张淑敏、刘辉、任建兰：《山东省区域城乡一体化的定量分析与研究》，《山东师范大学学报》（自然科学版）2004 年第 19 期。

[191] 张伟倩、缪园：《组合评价模型在我国国立科研机构绩效评价中的应用》，《科学学与科学技术管理》2008 年第 4 期。

[192] 张永锋：《区域城乡协调发展水平测度及时空演变研究——西北地区为例》，硕士学位论文，西北大学，2010 年。

[193] 张永锋、杜忠潮、张阳生：《区域城乡协调发展度及空间分异特征研究——以陕西省为例》，《咸阳师范学院学报》2010 年第 25 期。

[194] 张中锦、范从来：《江苏城乡收入结构优化研究——基于分项收入不平等效应的视角》，《江苏社会科学》2011 年第 4 期。

[195] 张仲伍、杨德刚、张小雷等：《山西省城乡协调度演变及其机制分析》，《人文地理》2010 年第 2 期。

[196] 赵爱武：《SAP 环境下石化企业供应商风险预警研究》，博士学位论文，武汉理工大学，2012 年。

[197] 周尔鎏、张雨林：《中国城乡协调发展研究》，江苏人民出版社

1991 年版。

［198］周岚、于春、何培根：《小村庄大战略——推动城乡发展一体化的江苏实践》，《城市规划》2013 年第 37 期。

［199］周莉、黄河清、蒲勇健：《基于功效系数法的经营者相对业绩评价研究》，《软科学》2006 年第 20 期。

［200］朱永新、韩承敏：《江苏基础教育均衡发展研究》，《苏州市职业大学学报》2008 年第 19 期。

后　记

　　我国有着世界上最悠久的农业历史和规模最庞大的农民群体，地域差异、社会体制、历史遗留等问题导致我国城乡发展的复杂性超过了世界上大多数国家。而随着户籍制度改革的深入，农民不再是身份的象征，而仅仅是一种职业，这为农民与市民之间的角色转换扫清了障碍，也为城乡一体化发展的劳动力要素流动创造了条件。然而，如何根据城乡一体化发展的需要合理引导各生产要素的流动，如何找出城乡一体化发展中存在的"短板"问题，如何平衡经济发展与资源环境保护之间的矛盾，如何使全体居民共享社会发展的成果，这些都是城乡一体化可持续发展中亟待解决的问题。

　　目前，关于城乡一体化的概念、内涵尚没有明确的定义，而对城乡一体化发展水平的评价也各有不同的标准和方法。本书认为，城乡一体化是城乡之间统筹资源、优势互补、协调发展的渐进过程，但城乡一体化的最终目标不是城乡同一化。作为城乡一体化整系统的两个子系统，城乡之间的差别是永恒存在的。高度发达的现代化都市与鸟语花香的江南水乡交相辉映，城乡互为资源，互相服务，共同繁荣，城乡居民各有分工，生活方式、生态格局各具特色，且社会福利、公共服务、发展机会均等，这才是真正意义上的城乡一体化。因此，城乡一体化发展水平评价系统的构建必须立足城乡两个子系统的经济与社会发展现状，从协调度和发展度两个方面综合考虑整系统的发展问题。以此理论为基础，本书以总体发展水平、基本公共服务、基础设施建设及资源环境保护四个一级指标为基础，运用多学科交叉的方法构建了城乡一体化发展水平评测体系，通过横向与纵向的数据对比，在历史演化中总结城乡一体化发展的规律，探寻推进城乡一体化可持续健康发展的有效对策。通过本书的阅读，可让经济学、管理学和相关专业的学生开阔视野，引导其运用本书中介绍的理论和方法从事某些复杂系统演化问题的分析与评价。同时，本书中介绍的指标筛选和权重确定方法，也可作为一种通用的指标评价系统构建方法；尤其对于 Super Decision 软件系统的使用，本书给出了较为详尽的步骤介绍，可帮助读者运用该软件解决复杂指标系统的权重分配问题，提高工作效率和计算准确度。

由于通过城乡子系统的复合协调发展度评测城乡一体化发展水平的研究尚不多见，我们只能是边学习、边思考、边写作；同时，受限于可获取的统计数据，在城乡差异分析中没有做到面面俱到。呈献在读者面前的这本书，与我们最初的设想还是有一定差距的。加之我们的水平有限，书中难免存在一些疏忽或错误的地方，敬请读者原谅并指正。

本书是江苏省哲学社会科学基金基地重点项目"江苏城乡发展一体化战略的目标、内涵和实施重点研究"（10JD006）的研究成果，也是国家自然科学基金面上项目"基于计算实验方法的企业环境行为分析与引导策略研究"（71171099）的部分研究成果。借此机会，向国家自然科学基金委员会、江苏省哲学社会科学规划办公室给予的支持和帮助表示衷心感谢！除作者外，对在本书数据收集及书稿校对中付出辛勤工作的研究生张靖泉、赵龙等同学表示感谢。

最后还要特别感谢中国社会科学出版社卢小生先生，本书的出版得到了他的大力支持和帮助。本书参考了大量的报刊、教材、图书和有关资料，在此，向各位作者致以深深的谢意。

杜建国

2014 年 10 月于镇江